- 国家社科基金项目"马克思主义哲学的人民性及其创新问题研究"（批准号 17XZX003）
- 闽南师范大学学术著作出版专项经费资助

马克思主义哲学的
人民性及其创新问题研究

Makesizhuyi Zhexue De Renminxing
Jiqi Chuangxin Wenti Yanjiu

李晓元　李昂 ○ 著

中国社会科学出版社

图书在版编目(CIP)数据

马克思主义哲学的人民性及其创新问题研究/李晓元，李昂著.—北京：中国社会科学出版社，2024.3
ISBN 978-7-5227-3061-5

Ⅰ.①马…　Ⅱ.①李…②李…　Ⅲ.①马克思主义哲学—研究　Ⅳ.①B0-0

中国国家版本馆CIP数据核字(2024)第037595号

出版人	赵剑英
责任编辑	刘　艳
责任校对	陈　晨
责任印制	戴　宽

出　　版	中国社会科学出版社
社　　址	北京鼓楼西大街甲158号
邮　　编	100720
网　　址	http://www.csspw.cn
发 行 部	010-84083685
门 市 部	010-84029450
经　　销	新华书店及其他书店
印　　刷	北京明恒达印务有限公司
装　　订	廊坊市广阳区广增装订厂
版　　次	2024年3月第1版
印　　次	2024年3月第1次印刷
开　　本	710×1000　1/16
印　　张	15.5
字　　数	232千字
定　　价	79.00元

凡购买中国社会科学出版社图书，如有质量问题请与本社营销中心联系调换
电话：010-84083683
版权所有　侵权必究

目 录

导 论 ……………………………………………………… (1)
  一 "人民哲学"：研究的合法性 …………………………… (1)
  二 研究的内容、观点、方法 ………………………………… (9)
  三 研究的意义 ………………………………………………… (18)

第一章 哲学人民性的历史演进 …………………………… (20)
  一 从自然客体到精神客体：古代哲学的客体人民性 ……… (21)
  二 从精神主体到生活主体：近现代哲学的主体
     人民性 ……………………………………………………… (41)
  三 从生活主体到工作主体：当代哲学的工作世界
     人民性 ……………………………………………………… (53)

第二章 马克思主义哲学人民性的原生理论 ……………… (65)
  一 马克思哲学研究观的人民性逻辑：方法，对象，
     本位 ………………………………………………………… (66)
  二 马克思生活共同体思想的人民性 ………………………… (76)
  三 人民性：马克思人学理论的根本蕴涵 …………………… (84)
  四 共同体实践：马克思实践观的人民性 …………………… (92)

第三章 马克思主义哲学人民性的意义结构 ……………… (98)
  一 马克思主义哲学人民性概念的生成逻辑 ………………… (99)

二　人民与人民性：马克思主义哲学人民性的内涵……………（107）
　　三　工作共同体：马克思主义哲学人民性的核心
　　　　范式………………………………………………………（137）

第四章　马克思主义哲学人民性创新总论…………………………（149）
　　一　创新根据：人民性的理论与现实问题……………………（150）
　　二　哲学研究转型创新路径：转向人民的多重
　　　　现实世界…………………………………………………（167）
　　三　现实世界人民性创新路径：深入现实领域和
　　　　矛盾冲突…………………………………………………（185）

第五章　马克思主义哲学人民性关键领域的创新
　　　　——现实世界人民性创新实绩………………………（198）
　　一　文化世界的总体性意义
　　　　——人民性的总体生态…………………………………（199）
　　二　工作世界的本质蕴涵
　　　　——人民性的根本意义…………………………………（209）
　　三　人民健康的基础地位与价值选择…………………………（220）

参考文献………………………………………………………………（236）

后　记…………………………………………………………………（241）

导　　论

多年来，笔者一直遵循马克思主义哲学研究观，致力于现实世界哲学研究，并著有产业技术与城市化、日常生活世界、工作世界、文化世界等现实世界领域的著作，且这些著作总是有意无意地关涉到生活世界人民性、工作世界人民性、文化世界人民性等现实世界人民性问题。但是，这些现实世界哲学研究虽然具有人民性，却一直缺失人民主题，至少在命题或学名的称谓上尚未显现人民主题，而人民一直是现实生活世界的主体。这是一个研究逻辑的缺憾，带着这个缺憾走到2016年，幸运突然降临，习近平总书记2016年5月在哲学社会科学工作座谈会上的讲话强调，我国哲学社会科学要有所作为，就必须坚持以人民为中心的研究导向。这就启迪、激励和指引笔者思考人民、人民性以及哲学人民性特别是马克思主义哲学人民性问题。接着，2017年国家社会科学基金规划办公室将"以人民为中心的哲学社会科学导向研究"作为重要选题纳入哲学学科申报指南，这就又给了笔者在前期现实世界哲学和现实世界人民性研究基础上申报国家社会科学基金项目的大好机会。然后，幸运再次降临，笔者申报的"马克思主义哲学的人民性及其创新问题研究"获得立项，本书即该项目的最终研究成果。

一　"人民哲学"：研究的合法性

源于上述的研究机缘和本课题的研究主题、内容和逻辑，这里，为了凸显研究主旨，也为了称谓的方便，首先给本书一个学名或命名叫

"人民哲学"。那么，什么是人民哲学呢？概言之，人民哲学即人民元哲学和人民理论哲学的总体。人民元哲学是关于人民的存在、本质和本性的理论体系，人民理论哲学是关于哲学人民性的理论体系。人民哲学的实质是关于马克思主义哲学人民性的理论体系，因为探究马克思主义哲学人民性必须考察哲学人民性的历史演进意义和逻辑，必须探究人民的现实存在、本质与本性。人民哲学将生活世界人民性视为人民性的总体范式，将工作世界人民性视为人民性的核心范式。人民哲学即马克思主义人民哲学，其根本要义是确立人民在生活世界和工作世界中的中心地位，其基本要义是为人民立世、立人、立业、立德、立智、立心、立命、立言，其核心要义是为人民立世、立人、立业。那么，人民哲学有没有合法性呢？人民哲学是马克思主义人民哲学，其合法性即马克思主义人民哲学的合法性，亦即本课题"马克思主义哲学人民性及其创新问题研究"的合法性。

人民哲学的合法性首先是人民中心的合法性，即马克思主义哲学以人民为中心的合法性。人民哲学的人民性即人民中心性，即马克思主义哲学的人民中心性。源于"以人民为中心的哲学社会科学研究导向"观，学界关于人民性的研究在哲学社会科学的各个学科及领域如雨后春笋般地涌现出来，但唯独缺失马克思主义哲学人民性的总体性或元理论研究（注：关于国内外学界缺失马克思主义哲学人民性研究的具体述评在第三章第一部分有详尽阐述），也缺失人民哲学的概念，这是为什么呢？这个问题就是人民哲学研究的存疑问题，这个存疑源于一个既成的哲学观念，即把哲学中心论等同于本体论，认为哲学是世界观和本体论，而人民不能作为世界本体，从而也就不能成为哲学世界观的中心，而只可在实践观、历史观、改革观等哲学的某个领域成为中心。而实际上，哲学世界观或本体论与哲学中心论是既对立又统一的，不能把本体等同于中心，不能把本体论等同于中心论，世界的本体与人民中心可以共存于哲学世界观理论中。近代哲学以来的主客二分的二元论，实际上就是本体论与中心论的分离，我们在指责它的同时，也要看到这也是近代哲学的一个功绩，即把本体论和中心论分开了，使哲学既是本体论又是中心论。古代哲学把本体等同于中心是一个合乎历史逻辑的失误，但近代哲学的问题是将本体与中心分开的同时又绝对地将二者对立起来了，这一点康德的二元论富有代表性，这就使得它们没有找到真正的中心，而是把中心让渡给了抽象理性，现代哲学则是让渡给了孤立的非理性或自我中心，当代哲学则是让渡给了狭隘的主体间性意识关系。是马克思主义哲学将本体与主体、本体论与中心论在实践基础上统一起来，即马克思主义哲学既持有物质本体，又指向以人民为主体的实践中心或以实践为基础的人民主体中心。由此，基于世界观哲学的本体论与中心论同一的思维所造成的马克思主义哲学人民性或人民哲学的研究空场，是一种不该发生的研究生态。而马克思主义哲学的人民中心性不仅具有历史逻辑的合法性和马克思主义哲学雄厚的理论基础，而且还具有十分清晰明确的意识形态表征，那就是习近平总书记明确提出了以人民为中心的哲学社会科学研究导向观，这就将人民置于哲学社会科学特别是马克思主义哲学的中心地位，从而使人民哲学及其研究具有了哲学世界观逻辑和意识形态制度的双重合法性。

人民哲学的合法性不只在于哲学世界观运行的逻辑趋向和意识形态价值取向，更在于马克思主义哲学自身的性质，即马克思主义哲学实质是人民哲学，这就注定了关于人民的存在与本质及马克思主义哲学人民性问题的研究性质是人民哲学。"马克思主义是人民的理论，第一次创立了人民实现自身解放的思想体系。"[①] 习近平总书记这一论断从哲学本位上表征了马克思主义哲学实质是人民的理论即人民的哲学。界定一种哲学的实质不能只从研究对象、方法和内容来界定，也不能只从本体论性质上来界定，还要从它研究的本位或中心及目的来确定，即不只要从它研究什么来界定，更要从它研究谁、为谁研究来界定。一种哲学可以有多重性质，如本体论视角的唯物主义与唯心主义性质，发展观视角的辩证法与形而上学性质，现实与非现实视角的思辨性质与实践性质。但不管有多少重性质，一种哲学的中心性质却是它的实质性质，因为其

---

① 习近平：《论中国共产党的历史》，人民出版社2021年版，第198页。

他性质或研究都是为中心服务的。我们可以说马克思主义哲学是唯物论或辩证唯物论哲学，可以说它是辩证法哲学，是实践哲学，唯物史观哲学，更可以说它是人民哲学，因为人民是马克思主义哲学的中心或本位，马克思主义哲学的研究对象、方法都是围绕着人民中心进行的。马克思主义哲学研究的目的是让哲学成为"无产阶级的头脑"[1]，成为人民大众解放自己获得自由的精神力量。马克思主义哲学的人民哲学性质，不仅具有人民目的或本位的根据，还具有人民对象的根据。马克思主义哲学是关于自然、社会和思维发展的一般规律的科学，其中社会对象就是人民的现实生活世界，就是人民的存在与本质世界，或者说，马克思主义哲学研究现实生活世界就是研究人民的存在与本质。这是马克思主义哲学以人民为研究对象的最直接的呈现，而马克思主义哲学关于自然和思维普遍规律的研究也是为人民提供认识和改造世界的世界观、认识论和方法论工具，即为人民立智。

人民哲学的合法性不仅具有马克思主义理论特别是马克思主义哲学总体性质的根据，还可获得马克思主义人本学的支持。马克思主义人本学的实质是关于人民的存在与本质理论，实质是人民学或人民哲学（注：此观点的具体阐述见第二章第三节和第三章第二节）。马克思主义人本学与人民哲学二者是同一的。马克思主义人本学就是站在人民的立场上研究人，或以人的名义研究人民。从哲学发展的人本学趋向看，现当代哲学力图把哲学改造成人学，但都没有摆脱意识本体的抽象性或主观性，而马克思主义哲学是"人民实现自身解放"和"为了改变人民命运"的思想体系，是以现实生活或实践为基础、以人民为主体的现实人学即人民哲学。由此，马克思主义人本学本身和马克思主义哲学的人本学性质都支持人民哲学这一概念。

除了上述根据，习近平总书记的一系列重要论断凸显了人民哲学的合法性。人民哲学强调人民在现实世界或生活世界中的中心地位，生活世界人民性是其总体范式，工作世界人民性是其核心范式。习近平总书

---

[1] 《马克思恩格斯选集》第1卷，人民出版社1995年版，第16页。

记关于人民中心、美好生活、工作劳动等方面的重要论述开辟了马克思主义人民哲学中国化时代化新境界，表明了人民哲学的重要内涵和意义。

习近平关于"为天地立心"的重要论断凸显了人民在生活世界中的中心地位，开辟了马克思主义哲学中心论中国化时代化新境界。这里所说的为天地立心之心，非心之心，而是中心之心；这里所说的为天地立心之天地，是生活世界的天地或生活世界的空间。习近平总书记曾借用唐代房玄龄的《晋书·宣帝纪·制曰》的话指出："天地之大，黎元为先。"[①] 这里，"天地"是指国家、社会，即生活世界的总体；"为先"是指作为根本或中心；"黎元"是指黎民百姓即人民。可见，习近平总书记明确为"天地"立中心，将人民确立为天地即生活世界的中心，正如他所说，"把以人民为中心的发展思想体现在经济社会发展各个环节"[②]。哲学人民性的历史演进表明，哲学从诞生的那天起，就开始探究天地之中心，古代哲学以自然或精神实体等客体化的本体为中心，将人或人民客体化；近代哲学一边持有本体论，一边将本体中心移拖到主体中心，但主要是确定了抽象的理性或感性主体，在此意义上确定了抽象的非现实的人民性；现代哲学在意识的层面上抵达了生活世界，将主客体统一的自我意识视为本体和中心，在自我意识层面上弥合了近代主客二分的二元论，也仅仅是在此意义上使中心具有了人性或人民性；现当代哲学将主客体统一的自我意识拓展到主体间性关系的共同意识，在共同意识的层面上抵达了生活世界特别是工作世界，将主体间性关系的共同意识视为本体（尽管有些哲学流派不愿承认自己是本体论，但它实际上否定的是传统本体论）也视为中心，也仅仅是在此意义上使中心具有了人性或人民性。马克思主义哲学持有物质本体或物质的先在性，抵达了现实的生活世界特别是工作世界，将人民主体视为生活世界特别是工作世界的中心。但是，人民是一个历史范畴，人民和人民性总是随着时代的发展而发展。习近平总书记对马克思主义哲学人民

[①] 人民日报评论部：《习近平用典》第2辑，人民出版社2018年版，第11页。
[②] 《习近平谈治国理政》第2卷，外文出版社2018年版，第103页。

性的创新是立足于中国特别是新时代中国特色社会主义实践的时代化创新，为马克思主义哲学人民性创新树立了现实世界人民性创新的时代化典范。习近平总书记对马克思主义哲学人民性时代化的创新，从根本上说就是为天地立心，明确提出了人民在天地世界即生活世界中的中心地位，并把人民置于哲学的中心地位，明确提出了以人民为中心的哲学社会科学研究观。为天地立心亦即习近平总书记的生活世界人民性思想，它体现在习近平总书记关于人民的一系列重要论述中。

习近平总书记进一步确立了生活世界人民性的内涵。马克思主义哲学的人民中心论就是在坚持物质本体论的前提下，认为实践是社会生活的本质，人民是社会生活和实践的主体和中心，也是哲学社会科学研究的中心。这就注定了其人民概念的生活存在内涵，即立足人民的现实生活把握人民的存在、界定人民的概念。马克思批判了以费尔巴哈为代表的旧唯物主义人民概念的自然主义倾向，也批判了以黑格尔为代表的唯心主义人民概念的理性主义倾向，认为人民的自由和解放不只是从自然的奴役中获得解放，更是从社会关系的奴役中获得解放；不只是从资本主义的政治、法律关系中获得解放，更是从资本主义的物质生产关系中获得解放。马克思主义哲学将旧哲学自然化、政治化、理性化、意识化的抽象人民概念现实化为生活、实践的人民概念，并将人民置于哲学的本位或中心，把人民从单纯的政治概念转换成哲学中心论概念。而习近平关于以人民为中心的哲学社会科学研究导向的重要论述，以及关于人民美好生活、共同富裕、全面发展的重要论述，则更直接表明了马克思主义哲学的人民中心论和人民概念的生活存在意蕴。离开人民现实生活或生活存在，人民主体就成为抽象的主体，人民中心就成为虚妄的中心。

马克思指出："我们的出发点是从事实际活动的人，而且从他们的现实生活过程中我们还可以揭示出这一生活过程在意识形态上的反射和回声的发展。"[①] 马克思主义哲学人民概念对人民存在的规定，不是从资产阶级政治学的"天赋人权"或抽象人性论的理性原则出发，也不

---

① 《马克思恩格斯文集》第 1 卷，人民出版社 2009 年版，第 525 页。

是从先验的本质出发，而是从人民的现实存在出发，把人民的存在看作在矛盾中不断发展的现实生活过程。马克思主义人学是关于人的存在与本质的理论，其存在观是关于人的生活存在的观点，同时也是关于人民生活存在的观点，或者说，实质是关于人民生活存在的观点。人的生活存在实质是人民的生活存在。马克思指出："意识在任何时候都只能是被意识到了的存在，而人们的存在就是他们的实际生活过程"，"个人怎样表现自己的生活，他们自己也就怎样"。[①] 人民是人的主体，人的存在同时就是人民的存在，而人民的生活存在是生活世界的总体，即自然生活与社会生活、物质生活与精神生活、群体生活与个体生活、日常生活与社会生活的总体。人民的这一存在规定性注定了生活世界的人民性，注定了人民的自由和解放是其生活世界总体的自由和解放。由此，要从生活世界总体意义理解人民的存在意义，戒除把人民物化、资本化、工具化、道德化等单面倾向。资本主义生活世界的全面异化，使人民丧失了生活世界的总体意义，沦为异化、物化的"单面人"，使生活共同体成为"虚假的共同体"。因此，要通过社会革命消除资本主义的异化生活，构建社会主义和共产主义的美好生活世界。从这个意义上讲，马克思恩格斯列宁以及中国化马克思主义者的科学社会主义理论亦是人民的生活或存在的理论。习近平总书记更直接地界定了人民概念的生活存在内涵，他明确指出，"生活就是人民，人民就是生活。人民是真实的、现实的、朴实的，不能用虚构的形象虚构人民……"[②]。习近平以人民为中心的哲学社会科学研究导向观就是强调哲学社会科学要研究人民、以人民为价值核心，而研究人民不能停留在人民的一般概念上，而要深入人民的现实生活和实践中。习近平总书记始终将人民置于任何人和物都无法取代的位置，强调："始终要把人民放在心中最高的位置，始终全心全意为人民服务，始终为人民利益和幸福而努力工作。"[③] "以人民为中心的发展思想"是习近平总书记基于对马克思主义

[①] 《马克思恩格斯选集》第1卷，人民出版社2012年版，第152页。
[②] 《习近平谈治国理政》第4卷，外文出版社2022年版，第323页。
[③] 《习近平谈治国理政》第3卷，外文出版社2020年版，第139页。

哲学人民性的创新性发展。习近平总书记在继承马克思主义核心价值取向的基础上阐释了"人民至上"的价值旨归，始终将人民置于发展的最高位置。习近平总书记关于坚持人民至上、人民美好生活、全体人民共同富裕、全过程民主以及中国式现代化等重要论述都直接展现了生活世界的人民性。习近平总书记关于人民美好生活重要论述的出发点和落脚点都是人民，为人民确立了美好物质生活、精神生活、生态生活、工作生活的生活世界总体意义，充分彰显了马克思主义哲学人民性为人民立世的总体范式。

习近平总书记关于劳动的重要论述凸显了工作世界人民性。工作与劳动具有同一性。通过工作劳动实现人民幸福以及实现中华民族伟大复兴的中国梦是习近平总书记关于劳动重要论述的核心要义。习近平总书记强调工作就业是最基本的民生，人民是工作劳动的主体。习近平总书记强调幸福生活和美好生活都要靠人民的劳动创造，人民也在劳动创造中体现自己的价值及获得幸福："人民创造历史，劳动开创未来。劳动是推动人类社会发展的根本力量。幸福不会从天而降，梦想不会自动成真。实现我们的奋斗目标，开创我们的美好未来，必须紧紧依靠人民、始终为了人民，必须依靠辛勤劳动、诚实劳动、创造性劳动。"[①] 在民族复兴道路上，习近平总书记强调实现中国梦，需要我们每一个人继续付出辛勤劳动和艰苦努力，实现中国梦最终要靠全体人民辛勤劳动。

总之，马克思主义哲学是辩证唯物主义和历史唯物主义，也是实践唯物主义或实践哲学，同时也是以人民为本位或中心的人民哲学，本课题"马克思主义哲学的人民性及其创新问题研究"揭示了马克思主义哲学的人民中心性和人民哲学性质，从而注定了这种研究是人民哲学研究，这种哲学是人民哲学。

但是，这里还要附带说明一点，人民哲学不同于已有的"大众哲学"及各种哲学大众化研究，后者主要是把既成的哲学通俗化意义上的人民大众哲学，主要是用大众化的语言和理解方式向人民大众通俗地

---

① 《习近平谈治国理政》第1卷，外文出版社2018年版，第44页。

解释抽象的哲学概念和原理。人民哲学主要是研究人民的现实生活和工作世界，或者说是以人民为研究对象、场域和价值核心，它包括研究人民现实生活的现实世界人民哲学和研究哲学人民性特别是马克思主义哲学人民性的理论人民哲学。而这两种人民哲学既具有理论与现实意义上的区别，又具有理论与现实意义上的统一。任何理论化的人民哲学都是前人研究人民现实生活的哲学，研究理论化的人民哲学必然要触及并深入人民的现实生活，同样，研究人民现实生活的现实人民哲学，要以已有的或既成的理论化的人民哲学为导向。二者的区别主要在于切入点、侧重点和对象不同，一个指向哲学人民性的理论，一个指向人民现实生活。本课题探究马克思主义哲学的人民性及其创新问题，主要是指向理论的理论人民哲学研究，同时也是立足人民现实生活的现实世界人民哲学研究。

二 研究的内容、观点、方法

人民哲学的合法性即马克思主义人民哲学的合法性，亦即本课题"马克思主义哲学的人民性及其创新问题研究"的合法性。确定了人民哲学的合法性，也就预示和注定了本书的内容结构、基本观点及创新点。

本书内容的进展逻辑是，从历史逻辑前提论到原生理论基础论再到概念蕴含论再到创新论，其中创新论又呈现出从创新总论到关键领域创新实绩论的行进逻辑。本书内容的逻辑结构是由生成论（根据论）、概念论、创新论三大部分构成的关联体系。

第一部分是生成论，也是根据论，属于马克思主义哲学人民性为什么的问题。包括第一章"哲学人民性的历史演进"和第二章"马克思主义哲学人民性的原生理论"，主要阐明马克思主义哲学人民性生成的历史逻辑前提和原生理论基础。第一章主要考察哲学人民性从古代客体人民性到近代主体人民性再到现代主客体统一的生活世界人民性再到现当代主体间性关系的生活世界人民性的演进过程，从而揭示哲学人民性演进的生活世界特别是工作世界人民性趋向；第二章主要从马克思哲学研究观的人民性、生活世界理论的人民性、人学理论的人民性、实践观的人民性等维度，阐明马克思主义哲学人民性的原生理论基础即马克思哲学的人民性。

第二部分是概念论，即第三章"马克思主义哲学人民性的意义结构"，属于马克思主义哲学人民性是什么的问题。主要以前述历史逻辑为前提，以马克思哲学人民性原生理论为基础，阐明马克思主义哲学人民性意义的关联体系，包括概念的提出、概念的内涵、核心范式三大方面。其中，概念的提出包括历史逻辑前提论和学界研究现状的缘起论两个维度；概念内涵论主要包括人民和人民性内涵论、一个中心论、八个基本内涵及其三个基本范式论、特征论等内容；核心范式论主要基于马克思哲学的工作世界范式阐明马克思主义哲学人民性的核心范式即工作世界共同体范式。

第三部分是创新论，包括第四章"马克思主义哲学人民性创新总论"和第五章"马克思主义哲学人民性关键领域的创新"，属于马克思主义哲学人民性如何是的问题。主要是循着前述马克思主义哲学人民性的意义结构，揭示马克思主义哲学人民性创新的根据和基本路径，进而循着创新问题和基本路径，笔者自觉进行关键领域的创新。

本书的重点是概念内涵论、核心范式论以及现实世界人民性创新路径论，难点是历史逻辑论和核心范式论。整个哲学史即一部为天地立心的历史，哲学中心论演进的历史即哲学人民性演进的历史。本书的中心是马克思主义哲学的人民中心性即马克思主义哲学人民性的意义结构，核心观点是"为人民立业即工作世界人民性是马克思主义哲学人民性的核心范式"，由此，工作世界人民性构成本书的通篇主线。

本书的选题是原创性选题，研究的内容特别是主体内容和核心概念还是学界尚未开拓和展开的领域，这就注定了本书基本观点的新颖性或创新性，由此，下面陈述的基本观点亦是本书基本的创新观点，本书富有开拓性的基本观点或创新观点如下。

哲学人民性演进的历史过程表明，古代哲学以自然本体或精神实体为中心，具有客体人民性意义；近现代哲学以抽象的精神主体和生活主体为中心，具有抽象主体人民性意义；现当代哲学以主体间性关系为中心，具有片面的生活和工作世界人民性意义，但这些哲学的人民性都不是以人民为中心的人民性。马克思哲学的人民性是哲学人民性的科学形态，处在现当代哲学的链条和框架上，是哲学人民性演进的必然逻辑阶段和关键一环，现当代哲学的生活世界转向特别是工作世界趋向实际上是从马克思哲学开始的，并受到马克思哲学的重要影响。马克思哲学的人民性是以人民为中心的人民性，与其他哲学人民性有本质区别。

马克思哲学的人民性理论是马克思主义哲学人民性发端意义上的原生理论，包括其直接阐明哲学研究本位的元哲学人民性理论，以及其哲学基本理论呈现的人民性，前者是从总体上阐明哲学人民性思想，即马克思以人民为本位的哲学研究观，后者涵盖整个马克思主义哲学。马克思主义哲学是为人民立世、立命、立言、立业的理论，马克思的生活世界理论、人学理论、实践观的人民性具有马克思主义哲学人民性的标志性意义，体现了马克思主义哲学人民性总体性和本质性。

马克思哲学研究观的根本意义就是现实世界哲学研究观，其基本结构是现实世界描述方法论、现实世界研究视域论、现实世界研究目的论（民众目的论）的统一体。马克思哲学人民性是以人民为中心的人民性，这首先体现在马克思以人民为本位的哲学研究观，或者说，马克思的哲学研究观直接表明了哲学研究要以人民为本位，是其直接的哲学人民性理论。马克思哲学的人民性在研究价值旨归上首先源于马克思的哲学研究观，它认为哲学要走向多重现实世界，现实世界即以人民为主体的现实生活世界或文化世界，而工作世界是其基础或核心。马克思的哲学研究观具有划时代的变革意义以及重要的现当代价值，这一变革的主题就是用现实世界哲学研究观代替了脱离现实世界和人民大众的"独立哲学"研究观，其核心内容就是把现实世界研究同对人、对民众主体的研究融合起来，把服务现实世界同改变世界结合起来，走进生活世界、工作世界、社会世界、文化世界等多重现实世界的总体，其核心价值指向是实践化、现实化和主体化的工作世界，其终极目的就是为民立言、立世、立业、立命，从而实现了对思辨哲学、理性哲学、意识哲学、自然哲学以及抽象现实哲学等哲学研究观的超越。

马克思的哲学研究观主张哲学要走向多重现实世界，而现实世界的总体即生活世界，生活世界的本质即生活共同体。马克思的生活共同体思想的基本内涵是：人与生活的本质是生活共同体，共同体的历史发展趋向生活共同体，共同体、真正共同体的本质是生活共同体；生活共同体是以"共同占有生产力总和"为基础和纽带的人与人、自然和社会共生关系的总体，是人民大众对生活资源和财富的共有共创共享关系的总体，其本质是共创共享的工作共同体。人就是人的生活过程或生活世界，马克思的生活世界理论与人学理论都处在现实世界哲学的总体层面。马克思人学理论是一个由人的普遍范式和现实范式构成的关联体系。马克思人学理论总体的人民性和变革的人民性注定了人民性是马克思人学理论的根本蕴涵。马克思人学理论作为普遍范式与现实范式统一的总体，其普遍范式只有在总体结构中才能彰显出现实人学的活力和人民性价值，而"共同体人"是其最高意义所在和人民性的价值核心；马克思人学理论变革不是从一个普遍范式向另一个普遍范式的转换，而是总体结构对普遍范式的扬弃，是人民性对普遍人性的超越。人的存在即人的生活过程或生活世界，实践观与生活世界理论和人学理论一样，都处在马克思现实世界哲学的总体层面上。马克思哲学以生活世界即人的存在为出发点，再进一步描述这个世界或存在过程，就深入到实践层次，揭示了人或生活的本质是实践。在马克思看来，并不是所有的实践都能构成人的本质，异化劳动实践就是人的本质的沦陷，人的真正或最高本质并不是普遍的社会实践或一般的生产实践，而是人民大众共创共享的共同体实践。马克思主义哲学的本质特征就是要改变世界，为人民大众构建新的生活世界境界和实践生态。共同体实践观是马克思实践观的精髓，人民性是共同体实践的根本意义，注定了共同体实践的超越性。共同体实践观是对异化实践的否定和扬弃，是对抽象社会实践的现实化和对个人实践的总体化，是对"主体间性实践"的矫正与拓展。

马克思主义哲学人民性是一个逻辑生成意义、内涵意义、特征意义、核心范式意义的关联结构。马克思主义哲学人民性概念的探究或界定，不是一个概念思辨的问题，而是要以历史和现实为根据，融合哲学人民性历史演进逻辑，对之进行历史和现实的描述以及人民性递进逻辑分析。但是，哲学人民性的历史演进逻辑还只是马克思主义哲学人民性概念提出的历史逻辑前提，这一概念提出的直接缘起是学界还缺失这个重要概念。学界对马克思主义哲学人民性的研究大体可分为两种范式：一种是关于什么是马克思主义哲学人民性的元理论研究；另一种是用马克思主义哲学方法探究人民现实问题的现实研究。总体来看，国外学界对马克思主义哲学人民性的研究主要有实践人民性、文化人民性、生态人民性、空间人民性四种体例。国内学界对马克思主义哲学人民性的研究，在上述四种现实研究体例上与国外学界构成一个联动的格局，所不同的主要是一些现实场域和观点差异。而在关于什么是马克思主义哲学人民性的元理论研究上，则比国外更具有显性，但也一直缺失直接探究马克思主义哲学人民性问题的论题研究和专门研究。马克思主义哲学人民性概念的逻辑生成意义在一定程度上预示了马克思主义哲学人民性的内涵，那就是马克思主义哲学人民性是以生活世界人民性为总体、以工作世界人民性为核心的意义的关联结构或体系。

人民性是人民的现实存在，哲学人民性是现实人民性在意识形态上的回响。由此，探究马克思主义哲学人民性，首先要从人民和人民性这两个概念说起，进而立足现实人民性，建构哲学人民性。学界对人民的界定一直处在较为抽象的层面，需要进一步丰富和深化。从马克思主义人本学看，人民即人民的存在与本质。从人的存在看，人民的存在即人民的生活过程或生活世界；从人的社会关系本质看，人民的本质即一切社会关系的总和；从人的共同体或自由全面发展本质看，人民的本质即共创共享的共同体关系或全面发展关系。人民的存在与本质注定了人民的属性，即人民性。人都有人性，人民性就是人民的人性，人民的人性是最基本的人性，是总体的现实的本质的人性。马克思主义哲学关于人的本质和人性的思想实际上是关于人民的本质和人民性的思想。人民性是人民存在与本质的进一步展开和呈现，其第一属性是生活性，生活性、存在性、生命性是同一人民性，其根本属性是工作性，其最高属性是工作共同体性。工作性、生产性、劳动性、实践性都是同一人民性。工作性注定了创造性、革命性、真理性、智慧性、美善性、物质性、精神性、功利性、整体性、群体性、个体性、自主性、自觉性等其他人民性。

人民性是人民的现实属性，哲学人民性是对人民性的反映或建构，但这种反映有的是片面甚至歪曲的反映，有的是科学全面的反映。马克思主义哲学人民性是无产阶级和广大人民群众的科学意识形态，其意义结构包括一个中心、八个基本内涵以及三个基本范式和一个核心范式。一个中心即以人民为中心的人民中心性，人民中心性注定了马克思主义哲学人民性不同于其他哲学的人民性，其他哲学从总体来看虽然或多或少带有一定的人民性，但不是以人民为中心的人民性，它们或者以自然为中心，或者以精神实体为中心，或者以抽象理性或自我意识为中心。马克思主义哲学人民性的人民中心性，不仅具有合乎哲学人民性演进的历史逻辑的哲学合法性，还具有直接的理论确证和现实基础。马克思主义哲学的人民中心性具有丰富的内涵，这些内涵是马克思主义哲学人民性基本的运行逻辑，是马克思主义哲学研究遵循的基本的人民性方向。马克思主义哲学人民中心性主要表现或内含八个基本含义，即为人民立世、立人、立业、立德、立智、立心、立命、立言。其中，为人民立世是总体范式，为人民立人是主体范式，为人民立业是核心范式，这是马克思主义哲学人民性的三个基本范式，而为人民立业即工作世界人民性是核心范式，其他人民性皆由此而生。

为人民立世就是为人民确立生活世界总体境界特别是生活共同体境界，这是马克思主义哲学生活世界人民性的体现，马克思主要的生活世界理论是这一思想的直接表达。为人民立世同时也是为人民立人的过程，马克思主义哲学把人民理解为人民的存在，而人民的存在就是人民的生活世界。人或生活世界都处在总体的世界层面，都同时处在哲学世界观和世界境界的逻辑起点上。由此，为人民立人与为人民立世就成为马克思主义哲学人民性的双重逻辑起点。为人民立人就是为人民确立共同体人的生存范式和价值理想，这一思想的直接表达主要是马克思主义的人学理论。共同体人范式的人民性内涵主要是：人的本质是共同体，共同体的本质是人民共同体；共同体人以人民"共同占有生产力总和"为根基；共同体人按美的规律创新发展；共同体人即总体的人或全面的人，以工作世界共同体为存在根本和核心价值依托。生活世界人民性、人类世界或人的存在的人民性都离不开工作世界人民性，为人民立业就是为人民确立工作世界共同体范式，这一思想直接体现在马克思主义哲学的工作世界理论和实践观中。一切意义和社会财富都靠工作劳动创造，不能立业就不能立世，也不能立人，工作世界的价值支撑人、生活、实践、社会的价值，是一切价值的意义源。工作世界在生活世界中的基础地位注定了为人民立业或工作世界人民性是马克思主义哲学人民性的核心范式。为人民立业也是为人民立行，即为人民确立实践行为。为人民立业也是为人民立功，因为人民的功业都是工作劳动创造的，都实现于工作世界。为人民立功也是为人民谋功利或代表人民的根本利益，这也是由人民的功利性决定的。而功利、利益主要实现于工作世界的占有、分配和权力关系。为人民立业与为人民立行、立功是同一人民性，都是马克思主义哲学人民性的根本内涵。为人民立世、为人民立人、为人民立业同时也是为人民确立价值取向或价值原则的过程，而价值关系又决定道德伦理关系，人们总是循着一定的价值关系或价值取向确立和选择自己的道德原则。为人民立德即为人民确立总体性和根本性的道德伦理原则，这是马克思主义哲学的道德人民性，是马克思主义哲学人民性的又一重要内涵，这一内涵直接体现在马克思主义道德哲学、价值哲学和审美哲学中。工作世界人民性注定了价值、道德伦理和审美的人民性，也注定了智慧的人民性，为人民立智即为人民确立生活、工作、认识和改造世界的科学智慧或方法论，这一思想体现在整个马克思主义哲学体系中。为人民立世、立人、立业、立德、立智都离不开立心，为人民立心即为人民确立和建构美好的精神世界或精神家园，这方面的思想直接体现在马克思主义精神哲学或心灵哲学中。人的生活被心灵指引和照耀，但心灵需要作为肉身的身体或健康生命的庇护，或者说，人的生命或身体是心灵的居所，由此，马克思主义哲学在为人民立心的同时，还要为人民立命，即为人民确立生命的价值、身体的居所及强健体魄的健康哲学。为人民立命与为人民安身、健身是统一的总体。为人民立世、立人、立业、立德、立智、立心、立命都是为人民立言，为人民立言即代表人民的利益，替人民说话，说人民的话，这是马克思主义哲学的话语人民性，这一内涵体现在整个马克思主义哲学的思想体系中。

马克思主义哲学人民性的内涵注定了其特征。马克思主义哲学人民性是以人民为中心的人民性，不同于其他哲学将人民非中心化甚至边缘化的人民性；是生活世界总体的人民性，不同于其他哲学将人民性自然化、物化或精神化的片面人民性；是工作世界根本的人民性，是对人民性现实本质的正确反映，不同于其他哲学将人民性归结为物质客体、精神实体及自我意识等非根本的人民性；是在现实中已经实现并将继续实现的真实的人民性，不同于其他哲学的一些乌托邦幻想的人民性；是随着时代的发展而不断创新发展的人民性，不同于其他哲学将人民性归于普遍的永恒不变的人性；是马克思主义哲学的本质属性，与实践性、科学性、革命性、创新性等属性共同构成马克思主义哲学的本质属性；是鲜明的人民性，即公然申明自己的哲学是以人民为本位、中心，是代表无产阶级和最广大人民群众的利益，这不同于其他哲学将人民性消解或遮蔽在普遍的主体、人、全民、人类之中的虚假人民性。

工作世界是生活世界和人民存在的根基，工作世界人民性是生活世界人民性的基础。工作世界人民性的价值核心是工作世界共同体，并注定了马克思主义哲学的工作世界人民性，即为人民确立工作世界共同体价值核心，亦即为人民立业。工作世界人民性或工作共同体既是现实的人民性，也是马克思主义哲学人民性的概念范式。由此，在马克思主义哲学人民性的理论层面，为人民立业、工作世界人民性、工作共同体三个概念具有同一意义，都是马克思主义哲学人民性的核心范式。马克思哲学的工作世界范式为马克思主义哲学的工作世界人民性奠定了理论基础。马克思哲学工作世界范式有其生成的历史逻辑、文本确证和理论呈现，始于对资本主义异化劳动的工作世界和思辨哲学的批判，确证和呈现于马克思哲学的经典文本和唯物史观的基本理论，而工作共同体是其价值核心，亦是马克思主义哲学人民性的根本体现，更是人民大众的本质所在和安身立命的根基。

马克思主义哲学人民性研究存在的问题和现实世界人民性的矛盾冲突是马克思主义哲学人民性创新的根据。马克思主义哲学研究现实世界人民性要深入到工作世界结构的冲突。人民性路径是21世纪或当代中国马克思主义哲学创新的根本路径，而马克思主义哲学人民性创新的基本路径是哲学研究转型创新路径和现实世界人民性创新路径，而工作世界人民性是创新的根本路径。哲学研究转型创新路径即哲学研究要从过度的理论哲学研究转向现实世界哲学研究；现实世界人民性创新要坚持生活世界总体方法和工作世界本质方法；哲学研究要深入到生活世界人民性、工作世界人民性、文化世界人民性以及空间和生态人民性等现实世界人民性的基本领域，同时要深入到工作世界人民性的矛盾冲突，建构工作世界人民性特别是工作世界共同体境界。

我们要循着人民性创新问题和基本路径，自觉进行现实世界人民性创新研究。生活世界人民性、工作世界人民性、人民健康是现实世界人民性创新的三个关键领域。我们这方面的主要创新观点是：文化世界或生活世界的总体意义即人民的总体生态；文化或生活世界的本质是工作世界，共创共享的工作世界共同体关系构成工作世界人民性乃至整个文化或生活世界人民性的最高本质和价值；人民健康是生活世界的第一基础，并与物质生产共同构成生活世界的基础，这就注定了人民健康是第一价值选择，并与物质生产共同构成生活世界的核心价值取向。

上述研究内容和观点都基于一定的研究方法。近代哲学以来特别是现当代哲学，在哲学研究中研究方法对于研究内容的优先性越来越凸显和张扬，同时，研究方法也是在研究过程中随着研究内容的进展越来越明亮、越来越丰盈。本书的主要方法是逻辑与历史相统一的方法、从抽象到具体的方法、矛盾分析方法、唯物史观方法，而文化世界哲学方法是本书较为个性化的方法。文化世界哲学方法是生活世界总体方法与工作世界本质方法的统一,核心是工作世界分析方法。它是基于唯物史观的有些创意的新方法。唯物史观方法主要是宏观社会生活分析方法特别是社会结构分析方法,即社会生产方式或社会基本矛盾分析结构,工作世界分析方法即立足于人民大众的工作力和工作关系的结构进行现实世界人民性的分析,它不同于现象学家许茨和西方马克思主义者的工作世界分析方法,许茨对工作世界的分析是基于主体间性的意识结构分析,缺少现实工作世界结构分析,而西方马克思主义者的实践文化哲学对日常生活和社会生活的分析,虽然主要指向工作世界,但主要指向的是工作世界的技术关系和精神意识场域,亦缺少对工作世界本质结构的分析。

三 研究的意义

本课题的研究对象是马克思主义哲学的人民性及其创新问题,是一个事关马克思主义哲学初心和价值旨归以及本质属性的基本理论问题,还是一个响应和践行习近平总书记以人民为中心的哲学社会科学研究观的问题,更是一个关切人民现实生活和根本利益的问题,又是一个尚缺失直接命题或专门研究的原创性选题问题。本书以马克思主义哲学人民性研究存在的滞后问题为契机,首先考察马克思主义哲学人民性的生成机理和理论生态,再以此为基点并融合人民性的现实问题,提出和阐明马克思主义哲学人民性新概念,探究马克思主义哲学人民性的意义构成,进而以此为导向,针对创新不足的问题,探究马克思主义哲学人民性的创新根据和路径,从而建构以工作世界人民性为核心范式,集生成论、意义构成论、创新论三位一体的马克思主义哲学人民性新理论体系,即人民哲学理论体系。

马克思主义哲学人民性即人民中心性,是马克思主义哲学区别于其他哲学的根本标志,关乎马克思主义哲学的本质属性、价值中心、根本目的和创新发展的根本路向以及以人民为中心的研究导向。由此,本书处在马克思主义哲学基本理论、总体性问题和关键领域层次,又是原创性选题，有重要理论价值或学术价值。本书从本体论与中心论的关联结构视角，开启哲学人民性研究的历史逻辑以及马克思主义哲学人民性的原生理论生态，使马克思主义哲学人民性理论和研究更具有学理根据。本书提出和深度开发马克思主义哲学人民性这一概念，探究其意义结构，使其成为马克思主义哲学学科概念和研究内容的新增长点，如由此概念还可衍生出生活世界人民性、工作世界人民性、文化人民性、生态人民性、空间人民性等新概念。本书从马克思主义人本学视角，立足人民的现实生活和现实人民性，对人民和人民性进行新的界定，使其意义更丰富、更具有时代性。本书开拓马克思主义哲学人民性的理论和现实世界人民性双重创新路径，并循着一般创新路径，自觉进行关键领域的创新，使马克思主义哲学人民性创新论形成一个从创新总论的一般创新路径再到关键领域创新实绩的较为完备的创新体系。

本书为马克思主义哲学创新发展开拓人民性路径。人民性是马克思主义哲学基本理论和变革的根本蕴涵，是马克思主义哲学创新发展的根本路径。马克思主义哲学人民性问题是马克思主义哲学以人民为中心的问题，即为什么、什么是以及怎样以人民为中心的问题。这就涉及马克思主义哲学的研究主题、内容、核心价值等创新发展的根本问题。厘清马克思主义哲学的人民性才能厘清马克思主义哲学在研究对象、主题、内容等方面的创新发展方向和路径。马克思主义哲学不管是概念体系创新还是原理创新，都要立足人民性，立足人民的生活世界特别是工作世界，否则，就是脱离人民现实生活的概念哲学或虚构的体系哲学。

本书的实践应用价值在于为人民大众主体提供践行人民性的哲学意识和导向；为国家、政府、企事业单位等决策部门提供以人民为中心的执政理念、决策参考和行为导向；为技术创新、制度建设、文化发展、意识形态建设提供人民性意义的价值依托，从而戒除资本中心、个人中心、权力中心、物质中心、神本中心、道德中心等各种非人民中心和反人民中心倾向；为高等院校提供马克思主义哲学人民性教育的理论参考，弥补这方面教育的不足。

第一章

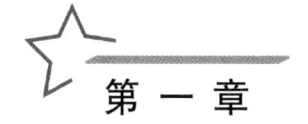

哲学人民性的历史演进

哲学总是离不开人这个话题或主题,即使本体论哲学也是在为人探寻存在的根本,正如费尔巴哈所说"真正的哲学不是创作书而是创作人"①。而人总是以人民为主体的存在者,在此意义上,本章对哲学本体论的考察都是关涉哲学人民性的考察,且最后都落在人民性上。哲学作为社会意识形态是"人们的存在"即社会存在的意识,而人们的存在或社会存在即人们的"现实生活过程"即生活世界。哲学的人性或人民性就是人或人民的生活性。而生活是人与人、自然和社会关系的总体,哲学的人性或人民性一方面存在或表现于人与自然的关系,另一方面存在或表现于人的社会关系,本章将主要立足于这两种关系探究哲学人民性问题。而哲学作为意识形态或精神生产,又是物质生产的"特殊形式",由此,本章对哲学人民性的探究总是要关涉一定的物质生产活动特别是物质生产方式。哲学或文化都是相对而生,既有同源性又有差异性,这就要求对一种哲学及其人民性的理解,要采取比对、比较的方法,即理解一种哲学要同其他哲学以及宗教、神话、文学艺术等文化相比照,使它们互相映照、交相辉映、互通有无、互相理解。又由于马克思主义哲学是以人民为中心的哲学,是科学和真理,且坚持马克思主

---

① [德]费尔巴哈:《费尔巴哈哲学著作选集》上卷,荣震华等译,商务印书馆1984年版,第250页。

义在意识形态的主导地位是我国的一项基本制度,所以还要用马克思主义哲学观点评价哲学史上其他哲学及其人民性问题。任何一种哲学都是有用的,都有它适用的时间和空间,或者此时此地有用,或者彼时彼地有用,或者对人民有用,或者对统治者有用,或者对个人有用,而这些功用不是截然分开或孤立存在的。因为哲学本质上是世界观和方法论,只要是哲学就有一定的普遍适用性,比如儒家思想是统治者的统治工具,但在仁爱、孝道、和而不同等思想层面也是人民大众或个人的意识形态,"人民不是抽象的符号,而是一个一个具体的人"[①],人民大众也是由个人组成的,对个人的有用性在"各个人"的意义上亦是对人民的有用性。由此,哲学都或多或少有一定的人民性,哲学史上的哲学能流传或承传至今便确证了这一点,即使某种哲学在总体上不具有人民性,但在某些或某个枝节和观念上也具有一些人民性。由此,本章主要从哲学对人或人民的有用性即功能视角,考察哲学人民性的历史演进问题。

通过本章的考察可知,哲学人民性的历史演进大致经历了这四个递进的阶段:古代哲学的客体人民性—近代哲学的主体人民性—现代哲学主客体统一的生活世界人民性—当代哲学主体间性关系的工作世界人民性(从生活世界人民性到工作世界人民性,从对工作世界的异化人民性批判到工作世界主体间性关系人民性的建构)。马克思哲学的人民性是现代哲学人民性的科学形式,是哲学人民性演进逻辑的关键一环,对其考察将在第二章单独进行。

一 从自然客体到精神客体:古代哲学的客体人民性

古代哲学的客体人民性就是把人理解为客体而非实践主体。唯物主义或自然主义哲学把人理解为自然造化的客体,唯心主义或精神哲学把

[①] 《习近平谈治国理政》第 2 卷,外文出版社 2018 年版,第 317 页。

人理解为精神实体造化的客体，其实质都是把人归于客体世界，否定或遮蔽了人民性的主体意义，但又在客体人民性的意义上展现了人民性。古代哲学的人民性主要是在自然本体和精神实体的意义上为人民立世、立智、立德。

秉承逻辑与历史相统一的方法，哲学人民性的历史演进要从古代哲学说起，古代哲学人民性的生成与生态要从人的诞生说起。人或社会历史是怎样诞生并进入文明社会的？从文化人类学视角看，摩尔根认为，最早期的人类诞生在热带亚热带的果木林中，主要以棍棒为采集坚果的工具和对付野兽的武器，而"周围到处都是凶猛的野兽，那么，为了保障安全，他们很可能栖息在树上"①。摩尔根认为，最早期的人类是极其幼稚的，这"幼稚"就意味着身心的健全处在十分低级的水平，这就使人类历史长时期处在以采集水果和坚果为生的蒙昧低级阶段；用火知识的获得使人类开始吃熟食，并沿着江河捕鱼，过移居生活，进入蒙昧中级阶段；进而又发明弓箭过上狩猎和采集并行的生活，进入蒙昧高级阶段；进而又学会制造陶器进入野蛮低级阶段；学会饲养动物、种植农作物并开始定居进入野蛮中级阶段；而冶铁技术的发明和铁器的使用标志进入野蛮高级阶段；文字的使用标志进入文明时代②。"整个所谓世界历史不外是人通过人的劳动而诞生的过程，是自然界对人来说的生成过程"③，而劳动就是人的生成过程，"劳动创造了人本身"④。人首先是身体和精神健全的人，劳动的过程即人的手脚、语言和大脑形成的过程，即人的健全的身体和精神意识的形成过程。劳动是人类诞生的基础，也是社会文明的基础，历史文明的产生过程表明，人类智力的不断提高推动"生存技术"的不断进步，进而使人类走进文明社会。但是，人类从诞生到步入文明社会，这期间生产力和生存技术落后，由于

---

① ［美］路易斯·亨利·摩尔根：《古代社会》（上），杨东莼等译，商务印书馆1977年版，第19页。
② ［美］路易斯·亨利·摩尔根：《古代社会》（上），杨东莼等译，商务印书馆1977年版，第9—12页。
③ 《马克思恩格斯全集》第42卷，人民出版社1979年版，第131页。
④ 《马克思恩格斯选集》第3卷，人民出版社2012年版，第988页。

生活极大地依赖自然地理环境，人们看不到物质生产活动特别是生产方式对人类活动和社会历史的决定性作用，而作为贵族阶层的知识分子和哲学家，更是漠视甚至歧视人民大众的物质生产活动，这就注定了古代哲学的客体化旨趣，即将哲学指向客体本体，从而将人民性归于客体人民性，即主要在客体本体论意义上具有人民性意义。

哲学世界观的初级形式是原始宗教或神话的世界观。原始宗教经历了从自然崇拜到拟人化的神灵崇拜到超自然的一神崇拜过程。自然崇拜或图腾崇拜亦可视为原始神话，即最初的原始的神话和宗教是很难分开的，神话、宗教乃至哲学世界观都融合在一起，成为原始人们的日常意识形态或精神生活。但是自然崇拜无论是作为神话世界观还是宗教世界观，其崇拜的实质都是人的工作创造力的崇拜，而在观念上异化为对自然界、自然物的崇拜，即把人化的力量或文化的力量完全理解为自然物的力量，把文化世界、人化世界完全理解为自然造化的世界，这就把人类世界或生活世界以自然的形式客体化了，是自然客体化世界观。而当这种世界观从神话或宗教中分离出来成为独立的哲学世界观时，这种多元的自然客体就被归结为某个或某几个具有本体意义的自然元素。由此可以说，原始宗教的初级阶段即自然崇拜阶段，也是原始神话阶段，这个阶段的宗教世界观或神话世界观是用自然力、自然物来构造世界的，可视为自然主义世界观或唯物主义世界观初级形式。它虽然是对创造力的崇拜，但却把人的工作创造力异化为自然力。而原始宗教的一神教阶段超越了自然崇拜，神灵具有了无自然规定性的精神实体的意义，成为善或道德实体。这个阶段的宗教世界观可视为古代精神哲学或唯心主义世界观的初级形式，它把人类世界看作超自然的精神实体的创造，其本质亦是对工作创造力的崇拜，但却把人的工作创造力异化为客体化的精神实体，从而把人类世界理解为精神实体造化的世界，是一种精神客体化世界观。

（一）自然客体人民性

古代自然主义哲学的自然客体人民性即把人民性归于自然客体，认为自然客体决定人民的存在与发展，决定人民的自然属性与社会属性、物质属性与精神属性。古代自然哲学的元素论把人和世界理解为自然物质元素，把人归于自然存在物，把人与自然的关系看作人归依自然的过程，认为水、火、土、气、原子等自然元素是人和世界的本体或最高存在，它的文化递进性在于崇尚自然，并用自然本体的意义规范、规定人和自然状态，这样就使人的自然获得了"逻各斯"的本质规定和人化的道德关系，超越了原始神话世界观的具体自然或本能的"原逻辑"以及原始宗教世界观虚幻的神灵本体，其局限性则是用自然客体消解了人或人民的主体性或主体化意义。这里仅以泰勒斯、赫拉克利特和《老子》的自然哲学为范例，考察古代自然哲学的自然客体人民性问题。

泰勒斯的世界观是以水为本体的客体化世界观，把水看作人和世界万物的造化者。"水是最好的"；"水是原质，其他一切都是由水造成的"；"大地是浮在水上的"[①]。这些思想是他水本论的主要的直接的表达。这好像不是哲学思想而是诗句。古希腊哲学就是充满诗性的哲学。理解古希腊哲学不能单靠抽象化的概念逻辑，必须唤醒与古代原逻辑相契合的诗性意识。对这种诗性哲学的诗化理解，这里首先借助诗歌理解泰勒斯的水本论。中国当代具有浓郁自然主义倾向的诗歌当首推海子的诗歌，海子在长诗《但是水、水》的后记中称自己为"拖儿带女的东方人"，视水为"真正的实体"和生活最高的意义和价值，说自己宁愿"手提水罐如诗歌"而舍弃永恒。可见，海子对水的酷爱抵达了本体论的水，展现了东方人民在本体的意义上追求水的水文化。最美的风景、事物和人总是与水有关，这里先不说其他，只说诗歌之水，它又让人情不自禁地想起《诗经》里的《关雎》一诗："关关雎鸠，在河之洲，窈窕淑女，君子好逑。"《关雎》之所以能流传千古，从根本上说，亦在于其在生存论的意义上抵达了本体意义的水，即以"窈窕淑女"的形

---

① [英]罗素：《西方哲学史》上卷，何兆武、李约瑟译，商务印书馆1963年版，第31页。

象和"君子好逑"的追寻描述和展现了劳动在水边、生活在水边、沐浴在水中的生命之爱、之美。大地、生命、植物都是被水滋养和灌溉的,正是在此意义上,海子又在诗歌中将水比喻为"少女","我所看见的少女,河流的少女,请你把手伸向麦地之中……",这里,少女已不只是少女,更是水或律动的河流。"自然界,就它自身不是人的身体而言,是人的无机的身体。人靠自然界生活。"① 这表明,海子对少女或生命的理解及对美的审视,又一次超越了人的肉身,抵达了水的本体意义。海子将水、土等自然主义哲学崇尚的自然元素称为"实体"或"巨大元素",并试图"循着巨大元素的召唤"去生活,并将这种生活视为"手提水罐如诗歌"的诗化生活,认为主体的意义在于追寻水这种自然本体的意义,而水的意义无所不在。"父亲也是被母亲灌溉和淹没过的";"女人生于桥下",这些海子的诗句都将水视为生命的本质状态和最高价值与审美趋向。大地如水,因为包含水;母亲如水,覆盖了父亲,父亲亦如水;女人如水,覆盖了男人,男人亦如水。由此,世界如水,因为包含水。但是水后来却被遗忘,自然被精神遗忘,水被追求物质利益和经济效益的经济人所污身……我们借助诗歌之水理解泰勒斯的水本论,同样我们只有借助古代哲学的元素论特别是泰勒斯的水本论,才能理解海子的自然主义诗歌。而这两种意识形态最后都归于客体化的人性或民性之水。泰勒斯的水本论也是人本论,即认为人的本质是自然化或客体化的水。作为世界和人本的水是诗人和哲人共同崇尚的造化世界的"巨大元素"、共同追寻的世界之初和人的原本。

我们借助诗歌理解泰勒斯的水本论,使水这个本体更具有了诗性的审美意义和人性价值。我们再借助其他哲学之水来理解,就会进一步丰富它的意义,并感受到东西方文化的通约性。中国《易经》文化中的"五行说"把世界的本源本质归结为金、木、水、火、土五种元素,认为这五种物质元素相生相克构造万物,五行之水同样具有本体的意义,而五行之本则避免了泰勒斯只推崇一个水本源的单一性;老子说"上

---

① 《马克思恩格斯选集》第1卷,人民出版社1995年版,第45页。

善若水"，即认为最好的东西是水，这与泰勒斯所言"水是最好的"如出一辙。可见，推崇水的本体意义是古代东西方哲学的共鸣。哲学不仅与哲学文学通约，还与宗教和神话通融，我们再借助宗教和神话之水来理解泰勒斯的水本论。从宗教文化看，《圣经》记载上帝初现时其灵魂漂在水上，上帝创造人类后，因不满人间的腐败邪恶，就发了一场洪水毁灭了人类，又指定善良的诺亚一家人打造"诺亚方舟"拯救了人类，这表明水在宗教文化里亦具有创世灭世的本源意义，当然这个本源是通过上帝的意志实现的，但上帝的意志也靠它实现，没有水，上帝就不能实现那种毁灭邪恶的意志，上帝实现他的意志总是要借助水、火等自然物质。再如妈祖教崇拜的海神妈祖，即海的化身，妈祖神明的扶危济困、惩恶扬善等主宰生命和创世灭世意义即水的本源意义。宗教不同于神话，但与神话亦有很多相通之处。神话之水也有创世灭世的本源意义，古希腊神话中关于大地母亲盖亚拯救人类的传说也是源于一场洪水灭世。传说天神为了惩罚人间的罪恶，也是用洪水来毁灭人类，是大地母亲盖亚指使普罗米修斯的后裔丢卡立翁和他的妻子皮拉，用她自己泥土的血肉和石头的骨骼重新塑造了人类。文学、哲学、宗教、神话，这些意识形态文化都是历史和现实世界的反映、折射、回声或超越性的建构，水在意识形态中的本体意义不过是其历史和现实本体意义的回响。最后，我们再借助历史文明之水和现实生命之水来理解泰勒斯的水本论。根据摩尔根的描述，用火知识的获得使人类开始吃熟食，并沿着江河捕鱼过移居生活，进而又发明弓箭过上狩猎和采集并行的生活，进而又学会制造陶器、饲养动物、种植农作物，开始过定居生活，冶铁技术和文字的发明使人类进入文明时代。从这个过程来看，水和火对于人类历史的进步和文明的产生都起到了一定的本体作用，没有用火知识，人类就不能吃熟食，就不能沿江河捕鱼并狩猎烧烤烹饪猎物，就不能烧制陶罐及发明弓箭和冶铁技术，就不能步入文明时代，而吃熟食是从沿江河捕鱼开始的，是从水开始的，即火的效用最初发生在河岸或江畔，发生在水边或水上，依水而居也是人类定居生活的最初选择，从这个意义上讲，没有水就没有人类文明的诞生，这一点也早已被考古学充分确证，即人类文明大多起源于江河水域。而水对文明起源的本体意义即水对生命的本体意义，任何生命都是靠水滋养和灌溉的，没有水就没有生命的存在，而"水是原质，其他一切都是由水造成的"，水即自然，水滋养生命即自然造化生命，水或自然界"是人的无机的身体"，"人靠自然界生活"。

泰勒斯水本论的本体意义注定了其人民性意义，那么，它蕴含了哪些人民性意义呢？众所周知，古希腊哲学被称为智慧学，或者古希腊人认为哲学就是爱智慧，就是智慧学，从这个意义上讲，泰勒斯的水本论是为一般的人从而也是为人民立智的哲学，它至少蕴含下面一些人民生存或生活的智慧。

水本论启示人民遵循水本身的智慧。以水为本就要遵循水的智慧，这对于古代社会特别是文明初期的人类尤为重要，因为那时人类自身的智力还相对落后，更有必要向自然学习，依靠自然的力量和法则生存。水是充满智慧的存在，它以本体的姿态滋养万物、构造世界就是最大的智慧。孔子曰"仁者乐山，智者乐水"，他把智者与水视为一体，也是对水的智慧的洞见。崇尚水就要崇尚智慧、自然的智慧。"子在川上曰：'逝者如斯夫'"；"一切皆流，无无常住"，这些都是说水的流变的智慧，教人们不断地改变，改变自己，改变世界，不墨守成规。"静水流深"说的是宁静的智慧，教人们不仅要善于改变，还要安于平静，以静制动，以静修身。"水滴石穿"是水的耐性、柔性的智慧，教人们要成就一件事情或一个事业必须要有持久的耐力、耐性、柔性。"水是最好的"，"上善若水"，"水利万物而不争"，这是水的德性的智慧，教人们积德行善，以德服人，以德立世，善行天下，如水之行，润物无声。"君为舟，民为水，水能载舟，亦能覆舟"，这是水的凝聚或汇聚的智慧，教会人们团结凝聚就是力量，就能创世或灭世。

水本论为人民确立生存根本的智慧。水的流变性、宁静性、灵动性、凝聚性，水的耐性、善性、柔性，水的毁灭性与建构性，等等，如果说这些水本身的智慧是水本论的总体的智慧，那么以水为本则是水本论为人民确立的根本的生存智慧，而根本的生存智慧就是生存的大智慧。人要有大智慧，不要耍小聪明，或者更周延地说，人要有小聪明，更要有大智慧。所谓大智慧，首先是要选好人生的大方向，大方向不对，小聪明再多都是徒劳，甚至适得其反，而大方向就是本体论或世界观意义上的方向。以水为本就是以自然为本，尊崇自然和客观规律，而不是迷信神灵、抽象的理念或精神实体，这是一个无神论的人生路向，是本体论意义上的根本人生路向。而本体总是总体的本体，离开总体，本体就失去了在世界总体中作为本体的地位。"阐明世界的总体意义是哲学的中心任务。"① 泰勒斯就是用水这个本体将人、生活、自然、社会万物关联成一个世界的总体，由此，追寻本体的智慧亦是追寻世界总体的智慧，从此意义上说，泰勒斯的水本论亦为人民确立了追寻世界总体性的智慧，即做一个"总体的人"的智慧，尽管这是一个缺失社会性的自然主义的总体。当然，泰勒斯也讲过"磁石有灵魂"、"万物有神"②，但他说的灵魂或神都生于自然物，都是自然物，是把自然奉为神灵，而水是生成万物的万神之神。人要有大智慧，还要摆置好人生的大格局，那就是洞见人和世界的本体、把握总体的智慧，就是追寻本体和总体的生命存在意义。水本论的大智慧，还教会人们认识自己的自然本性，尊崇自然，以自然为自身，以自然为安身立命之所。它是"我们从哪里来到哪里去"这一存在之谜的自然主义的解答，水的家园或自然的家园就是人类的存在之根和真实的故乡。

  水本论为人民确立理想信念的心灵智慧。如果说生存之根的智慧主要是"做什么"的行为或实践的智慧，那么理想信念的智慧就是"想什么"的心灵的智慧。以水为本即以自然为本，这就注定了心灵或精神追求的自然本性和本体深度，即心灵的智慧就是要确立对自然本体的理想信念，而不是沉迷于脚下的具体事务或眼前的世俗名利。泰勒斯的一个逸事或事迹预示了这一理想信念的心灵智慧。据记载，泰勒斯曾在一个夜晚仰望天空，不小心掉进了脚下的水坑里，并被仆人当作笑谈，

---

① Martin Heidegger, *The Fundamental Concepts of Metaphysics*, trans: WcNeill and Nicholas Walker, Bloomington: Indiana University Press, 1995, p. 209.
② ［英］罗素：《西方哲学史》上卷，何兆武译，商务印书馆1963年版，第31页。

嘲笑他脚下的事都没弄明白，还要管天上的事。嘲讽者因为根本就不知道自己躺在水坑里，甚至以为水坑就是最美最幸福的地方所以不会爬起来，抑或因为没有仰望星空，心中没有光的照耀即使想爬也爬不起来，抑或因为没有仰望星空，不知星光在哪里，即使爬起来了也不知如何走出水坑、走向何方，而这一切都是因为没有仰望星空而缺失智慧之光造成的，在古希腊文化里，光和火都隐喻智慧。泰勒斯因为仰望星空追寻光明而掉进水坑，这是走在真理和光明途中的智者都要经受的磨难和挫折，真理的道路就是不平坦的，但这种不平坦和失败不会阻止他前进，因为仰望星空心中有光明的指引和智慧的力量，他必会从水坑里爬起来继续前行。从隐喻的意义来看，泰勒斯仰望星空事件，就是他追求智慧、光明和真理的人生写照，它能成为一篇千古传诵的隐喻哲学的华章，就在于它能为人民立智，告诫人们不能目光短浅只顾眼前，要在黑暗、安逸或顺利时仰望星空，追求真理、光明和智慧，否则就会像泥鳅或猪猡一样躺在水坑或睡在水沟里，因为没有光或智慧而失去人之为人的意义。正如黑格尔读到这个记载时所说的，只有那些永远躺在坑里从不仰望高空的人才不会掉进坑里，一个民族只有那些关注天空的人，这个民族才有希望。而水是泰勒斯的本体，从水坑里爬起来并走出去，也意味着主体对本体的超越，尽管他说"水是最好的"，但本体也是有缺陷的，比如污泥浊水会弄脏身体玷污生命，这就又给人们提供了一个智慧，那就是不迷信本体、超越污浊本体走向主体的智慧。这不失为一束闪耀在泰勒斯水本论中的主体性智慧的微光。

水本论为人民确立价值选择的智慧，就是教人民以追求本体的意义和真理的价值为根本价值取向。泰勒斯崇尚自然，认为水是最好、最有价值和创造力的，因此不屑于世俗的工作世界和工作创造活动，这从亚里士多德在他的《政治学》中记载的泰勒斯的一个逸事可见一斑，泰勒斯由于精通天象和哲学靠低价租用榨橄榄油作坊而赚了一大笔钱，但他的志趣不在赚钱上，而在用哲学的智慧探寻和追求自然本体的意义上。泰勒斯为人民确立的核心价值取向就是追寻自然本体的意义即追求自然真理，而不是盈利赚钱等世俗的功名利禄，而能把握真理，认识自然规律就自然会获得世俗的名利或功利。

在水生万物的世界观里，泰勒斯的价值中心在水上或在水里，而不在钱财上。或者说他的中心在对世界之水、自然之水的"观看"上，而不在商务买卖和与人竞技的竞争上。这种观看在他看来正是最高层次的存在，它优于其他任何一种生活、工作或文化。而这种观看就是观看世界的沉思活动，就是"理论"，它与世无争，无害于他人，且戒除了商人的奸诈和竞争、竞技的残忍，并给人提供认知和理解世界的智慧，是造福世界的德行和真理。英国古典学家伯奈特指出了这种观看的世界观、价值观、道德观意义："我们在这个世界上都是异乡人……在现世生活里有三种人，正象到奥林匹克运动会上来的也有三种人一样。那些来作买卖的人都属于最低的一等，比他们高一等的是那些来竞赛的人。然而，最高的一种乃是那些只是来观看的人们。"[1] 这里的"观看"不只是对存在之精神本质的探寻，也是对生活之自然本体的观照；是灵魂对商业、竞技、竞争等世俗文化的超越与狂欢；是灵魂从物欲的世俗的"异乡"向精神实体的故乡的回归，也是从世俗生活的"异乡"向自然本体故乡的回归。

但是，泰勒斯自然化的理想信念或观看，将人性或人民性完全自然化，又具有消解主体性、创造性等人民性的倾向。泰勒斯不屑于做赚钱的生意，就是沉浸于对自然本体之水的观看，就是用水本论的自然客体世界观遮蔽主体化的世俗生活世界，将水这一自然客体的意义置于人化或社会化的生活世界意义之上。水的意义就是全面的覆盖、淹没和浸透，泰勒斯用水这一自然客体的意义覆盖了生活世界的主体化意义特别是民众的工作世界意义。但是，这种自然客体对生活世界的覆盖和遮蔽，与那些精神客体对生活世界的"摆脱"、"超越"一样，所有这些关于世界本体的观看、理论、沉思、真理、德行乃至狂欢与沉迷，都是靠世俗的工作世界养育的。作为观看者的君子和圣贤，都不可能不食人

---

[1] 转引自［英］罗素《西方哲学史》上卷，何兆武译，商务印书馆1963年版，第40页。

间烟火，而他们的沉思、真理亦源于人间烟火或生活世界的工作世界基础。自然客体的人民性都要在人化自然、人化世界特别是在人化社会中实现，都要在社会性的生活化、实践化或工作化中实现，离开这些主体化的人民性，就没有主体的自然化或自然的主体化，主体就不能造化自然，自然也不能造化主体，自然性、水性就与人性或人民性处于分裂的状态，由此，主体化的人民性是一个主客体间性互为过程，主体要循着主客体的双重意义去理解、顺应、改变和造化客体。

"我们在这个世界上都是异乡人。"泰勒斯不屑于人类栖居和筑造的工作世界，寻求着并力图回归自然之水的故乡，而另一位自然的游子，尘世的"异乡客"赫拉克利特却视自己的故乡为火，视自己为"火人"，视人和世界是火造化的世界，并一生都走在向自然之火的回归途中。据记载，他放弃了世俗生活的荣华富贵，隐居山林，体验林木的自然之火，并最终葬身于火。而人类恰好是从山林的自然之火学会了人工取火，进入蒙昧中级阶段，学会了烧烤食物吃熟食，有了吃文化，有了人间烟火的人文化。而赫拉克利特却弃绝了人间烟火的文化世界，崇尚和回归自然之火，并把这一自然之火的客体视为人间生活或文化之火的本体或生成与创造者。他说："这个世界对于一切存在物都是同一的，它不是任何神或任何人所创造的；它过去、现在和未来永远是一团永恒的活火，在一定的分寸上燃烧，在一定的分寸上熄灭。"人、世界、文化、生活，一切都是火的生成与创造。泰勒斯以水为本体的客体化世界观，只留下了几句诗一样的哲学叙说，与之相比，赫拉克利特以火为本体的客体化世界观则更具有自然客体化世界观的丰富性、完整性和体系性。那么，火本论蕴含哪些人民性呢？其最大的人民性就是教人们"听自然的话，按自然行事"，这也是其为人民确立的最大的智慧。而火即自然，自然即火，按自然行事即按火的自然本性行事，具体表现为教人们遵循火的智性、理性、德性、规律性等方面。

火本论教人们遵循火或自然的智性行事，超越黑暗或蒙昧状态。赫拉克利特最崇拜古希腊神话中的盗火英雄普罗米修斯。在古希腊神话里，人的智慧和光明都是火的照耀和创造，在没有火之前，人的智力还不如动物并过着裸体的不知羞耻的生活，这与摩尔根描述的人类蒙昧低级阶段的生态相吻合。普罗米修斯从天上盗火给了人间，人才有了光明和智慧，由此，在古希腊神话里，火是标识光明和智慧的文化符号。而实际上，智慧、光明、人间烟火的火文化都是人类自己的创造。赫拉克利特认为人类就像未开化的没有智慧的"猴子"一样，只有上帝才有智慧，所以要遵循火的智慧行事，而上帝就是本体的火，人类的火、肉体与灵魂的火都是上帝之火的创造，人有了这上帝之火才有光明和智慧，才有正义、勇敢和美德。赫拉克利特把人的智慧完全看作上帝之火即自然之火的客体化过程和结果，这就把智慧的人民性完全看作自然客体化的人民性。

火本论教人们遵循火或自然的理性行事，超越身体的感性，追寻灵魂的自由和智慧。赫拉克利特认为人的无知、无智状态并不是绝对的，因为灵魂就是智慧，无智的人是因为灵魂沉溺于感性的快乐从而丧失了智慧，最优秀的灵魂就是摆脱了潮湿的感性身体的最干燥的理性之火，灵魂高于肉体和感性，是与上帝之火合而为一的智慧存在。由此，他崇尚战争，因为战争就是战火，就是火场，能直接进入火的本体。他奉战争为王，战争之王就是火的本体之王，是灵与肉、血与火的激烈对抗，是火造化的冲突之美与和谐之美的双重境界。

火本论教人们遵循火或自然的规律行事，追求逻各斯的大智慧，并弃绝梦中的谵妄和主观的虚妄。在赫拉克利特看来，火是宇宙之火，火的运行遵循自然规律即逻各斯，逻各斯与智慧、灵魂、理性、德性和神是同一层次的火，都是火的高级生态。火是万物的主宰，如神一样决定着万物的存在，"火在升腾中判决和处罚万物"。真正的智慧（逻各斯）就是认识万物的主宰，就是认识火。认识了火，就达到了对世界本体、本质的认识；认识了火就认识了逻各斯即规律，就抵达了智慧的境界，"不听从我而听从这个逻各斯，就会说万物是一，就是智慧"。"唯有智慧是一，它既不愿意又愿意被人称之为宙斯。"由此，他认为人的愚蠢与智慧就是火性的微弱与强烈，火性越强，人就越智慧；火性越弱，人就越愚蠢和蒙昧。

火本论教人们遵循德性之火，追求德性的大智慧。智性之火即理性之火，理性之火即灵魂之火，灵魂之火即德性之火，德性之火即逻各斯和神性之火。赫拉克利特认为，"战场上捐躯的灵魂比在瘟疫中病死的灵魂更纯洁"，战场就是火场，战火中的人就是火人，火人就是最本质、纯洁、有道德和德行的人，即具有勇敢德行的人或为国家、民众捐躯的人是最炽热的火人，最炽热的火人是最具有道德的人。赫拉克利特将人性与火性融合在一起，用火性解构人性、神性，又用人性、神性解构火性。逻各斯代表着公义和善，是完美道德的化身，逻各斯就是神，逻各斯的根本规律就是对立统一规律，人的生成与幻灭就是自然元素循着对立统一规律的聚合与离散过程，就是火的本体在一定分寸上燃烧又在一定分寸上熄灭的过程。由此，逻各斯造化人和世界又是一个动态的流变过程。赫拉克利特把世界比作一条川流不息的河流，并且断言"人不能两次踏进同一条河流"，"踏进同一条河的人经常遇到新的水流"。这种运动和变化无论是作为自然的过程还是人的存在过程，又都是客体的逻各斯特别是对立统一规律作用的结果，是自然本体即火的客体化的过程。人像河流一样流动、流变，人在干与湿、冷与热、正义与非正义的矛盾中生存、流变，这是人的现实世界，人要正视这种矛盾，学会这种流变，适应这个逻各斯统治的世界。

赫拉克利特把火与神、逻各斯、道德、智慧同性化，这种"火神"思想是对其他神性思想的创新。当时的色诺芬尼批判了拟人化和自然化的神，反对把神人化和自然化，认为神是没有任何规定性的"一"。赫拉克利特的火神之火虽然也是自然物质，但也是不定型的没有具体规定性的逻各斯化的神，亦是作为本体的"一"，即神这种精神实体也被自然火客体化了。在赫拉克利特看来，宇宙、神、逻各斯、火、灵魂、智慧、人、德性是一个对立和谐的共同体世界，但这是一个被自然之火客体化的共同体，智慧、灵魂、生命乃至社会公平、正义和德性，都是被这自然火或神火、逻各斯之火客体化的对象和结果。这就使火本论的人民性囿于自然客体化的人民性，失却了实践、生活方面的主体化意义，从而陷入了另一种命定论即逻各斯主义的自然客体命定论。人的矛盾与冲突关系、生成与幻灭过程、流变与动态的存在性等，都是人的存在的本意，只不过这些意义要在人的主体化过程中实现，要在人民大众的生活化、工作化、实践化和社会化的主体化中实现。但这种自然主义的自然命定论比那些神灵命定论具有更多的贴近人民实际的实体和现实，更比那些否定运动特别是害怕社会变革、繁华流转与人生变幻的哲学和文化具有更多的人性和人民性自觉、生命信念和进取意义。

"我们在这个世界上都是异乡人。"在泰勒斯、赫拉克利特等古希腊自然主义哲学向水、火等自然家园回归的同时，中国古代的自然主义哲学也走在向自然本体的回归途中，如《易经》的"五行说"，《老子》的"道法自然说"，这些哲学思想都蕴含着丰富的生存生活智慧，至今仍在中国和世界广为流传，都具有丰富的人民性，《老子》更是被翻译成几百种文字在世界流传，这也是其世界人民性和当代人民性的确证。鉴于人们对《易经》的智慧、《老子》的智慧已有诸多研究和道说，这里仅就被人们忽略了的《老子》哲学的创新智慧来阐述中国古代自然主义哲学的人民性意义。《老子》内含丰富的创新智慧，其过程创新思想从方法论的维度解决了怎样创新特别是怎样使创新成为一个持续过程的问题，这对于展现《老子》哲学乃至整个传统文化的创新形象，以及塑造人民的创新精神和思维方式，增强人民的自主创新活力，具有重要的人民性价值和意义。《老子》的自然之道蕴含丰富的创新之道，是人民创新思维和实践的方法论遵循。

《老子》认为，创新是天地万物的运行规律和过程。"天之道，利而不害；圣人之道，为而不争。"这是对自然与社会和谐创新过程和规律较为清晰的表达。"利而不害，为而不争"即和谐创造、创新；"道"即是规律。《老子》认为，人要循天道，天道的本性之一就是生成与创造，即"道生一，一生二，二生三，三生万物"，而创新就是在矛盾冲突中寻求同一性的过程。《老子》又认为，创新是创新要素的累积过程，即"合抱之木，生于毫末"，"图难于其易，为大于其细"。即要素不断累积才能"新成"、"为大"、"图难"，才能取得"合抱之木"、"九层高台"的创新成就。《老子》揭示了从"为"到"新成（不盈）"

再到"不持"的过程创新的动态模式。"为天下溪，常德不离，复归于婴儿。"《老子》对婴儿状态的顶礼膜拜实际上是对新生、创新的顶礼膜拜和弘扬。《老子》不仅崇尚创新，而且特别关注如何"保新"的问题，"孰能浊以静之徐清？孰能安以久动之徐生？保此道者，不欲盈，夫唯不盈，故能蔽不新成"。即有节制、有保留、不过度，才能使生命、生活成为一个可持续的创新过程。实现可持续的创新，还要"生而不有，为而不恃，功成而弗居。夫唯弗居，是以不去"。创新成功之后不可居功固守，要把它转让出去，再开始新的创新，这样，一个创新过程过去了，还会进入另一个创新过程。当代的技术创新扩散理论认为，技术到了成熟期就从创新中心向边缘扩散，这样，中心总是处在成长期，总是处在技术创新地位。这与《老子》的过程创新思想如出一辙。

综上所述，《老子》的过程创新之道揭示了创新的自然规律，是人民创新思维和实践的方法论遵循，具有丰富的人民性意义，但它把创新完全归结为自然之道，这就把创新的人民性意义自然化和本体化了，从而消解了人民创新的主体化或实践化意义，这是中国古代哲学自然客体人民性在创新观上的反映。

（二）精神客体人民性

精神客体人民性即把人民性归于精神客体，认为精神客体决定人民的存在与发展，决定人民的自然属性与社会属性、物质属性与精神属性，而精神客体即精神实体，主要表现为神灵、理念、天命、天理、绝对精神等形式。"我们在这个世界上都是异乡人。"探寻、热爱和追求故乡是人类的一个天性，因为故乡是人的生成与存在之根，在这个故乡之地，人们可以不断地重获存在的本意或原初的生命能量。泰勒斯、赫拉克利特等自然主义的自然客体化世界观，视水、火等自然元素为本体，力图向自然本体的故乡回归，与此同时，苏格拉底、柏拉图等精神哲学的精神客体世界观，则沿着精神实体的路向，向精神本体的故乡回归，但这种回归并没有回归到人民现实的精神家园，而是把人民性归于或消解在精神实体的神性理念世界中。

古代哲学以精神实体为本体的精神客体化世界观较早始于巴门尼德。巴门尼德认为具体的世界万物都是不真实的，唯有"存在"本身才是真实的，存在"不是产生出来的，所以也不会消灭"，而"思维与存在是同一的"。巴门尼德第一次提出了"存在"概念，并把存在归于思维，这似乎是把客体主体化了。巴门尼德第一次使客体抽象成了一般性的主体，开始赋予客体以主体的意义。而古代客体化世界观向主体化世界观转向的标志性思想，应该首推普罗泰戈拉提出的"人是万物的尺度"的命题。古希腊自然主义哲学主要致力于探寻宇宙人生的自然本体，主要关注的是自然客体化问题，与之相对，智者派的普罗泰戈拉提出了主体化思想："人是万物的尺度，是存在的事物存在的尺度，也是不存在的事物不存在的尺度。"[1] 黑格尔指出这是一句伟大的话，一个伟大的命题，因为"它表明主体是能动的，是规定者，产生内容"[2]。"人是万物的尺度"思想否定了神的存在，对被大多数哲学家所忽视的人的主体意义给予肯定，第一次把人作为判断和衡量神、自然、权力和法律等一切存在的"尺度"，把人提高到人的生活世界的主宰地位。但这一思想还只是一个抽象的原则，因为它没有对人做任何规定，没有任何规定的人实质是"无主体"状态，但它毕竟为哲学的世界观开启了一个主体化的方向。苏格拉底哲学就是循着这个方向提出"认识你自己"的命题，开始较为具体和丰富地指向主体，但却构建了一个精神客体化世界观，并用神性的理念世界遮蔽、否定现实生活的人民性，把人民或人民性完全看作神灵或神性的附属品。

苏格拉底转向对主体化的生活世界的思考，并对普罗泰戈拉"人是万物的尺度"提出了异议，强调"认识你自己"。他认为"未经思考的生活是没有价值的"，会思考的人才有价值，生活才有意义，人只有以知识理性而不是感觉作为"尺度"去认识和衡量世界，才能对自然关

---

[1] ［英］罗素：《西方哲学史》上卷，何兆武译，商务印书馆1963年版，第96—97页。
[2] ［德］黑格尔：《哲学史讲演录》第2卷，贺麟等译，商务印书馆1960年版，第27—28页。

系和社会关系的本质做出客观的判断。在他看来，并非人人都能成为万物的尺度，只有作为思维者的人才是万物的尺度。所谓会思维的人就是懂得"精神接生术"或辩证法的理性的人，这样的人能够从特殊上升到普遍、由相对性把握绝对性。这样，他就给了人或人民一个精神性的理性规定，而这个理性的规定者是一个精神实体，那就是这个自己，就是善，就是神化的道德实体。由此，这个自己或这个理性主体最终就陷入了被神客体化的存在境地，而对他来说却是最高的认知境界和存在境界。对于知识，苏格拉底更注重的是公正、正义、节制、勇敢等道德知识，而不是那些自然知识，"美德即知识"构成了他的德性知识论，而德性、知识都是关于神的德性和知识，由此，德性知识论即是神性知识论，它消解了人民大众的实践美德特别是劳动创造美德，把人民性抽象为这种贫乏的神性化的知识美德。而获得这种知识的一个重要途径就是"精神接生术"或叫"助产术"，即教育者通过对话的方式，不断提出问题，诱导启发受教育者自己觉悟到知识内容，而这些知识都是先天地存在于人的灵魂中。由此，这种启发式教育只是在形式上给了受教育者自由和自主性，但实质上，这些诱导出来的知识是先天存在的神性化和德性化的客观知识体系，既不是教育者主体主动建构的，也不是受教育者主体自己发生和觉悟的，只不过是以后天的教育方式诱导出即成的客观知识而已。这样，苏格拉底就从德性和知识的双重意义上把人和知识文化神性化了，把人或人民的德性生活变成了精神客体化的生活，变成了"神人合一"的非现实的生活，把人民的生活世界变成了被精神实体客体化的世界。总之，苏格拉底的世界观，形式上具有德性主体化世界观的意蕴，但本质上还属于德性（神性）客体化世界观，其价值取向就是让人民服从于精神实体即神灵的主宰和统治。

被苏格拉底精神客体化世界观所牵引，柏拉图更加轻视甚至歧视现实的人或人民的生活世界，用理念论构筑了较为完整的精神客体化世界观。柏拉图崇尚理念世界，贬抑人的现实生活世界。在柏拉图看来，现实世界的人都处在"囚徒困境"的生态中。他提出了一个有名的洞穴的比喻：洞穴里有一群被锁链锁起来的面壁而生的囚犯，他们只能看到墙壁上的影子，以为这洞穴和墙上的影子就是真实的世界；有一天，一个囚徒逃出去看到外面真实的世界，他再回到洞穴把自己看到的真实的世界告诉同伴，指示给他们出来的道路，但是，那些看惯了墙壁上影子世界的同伴并不相信他的话，而认为洞穴里的影子世界才是真实的，并说他很愚蠢①。在柏拉图看来，这囚徒困境就是人和生活世界的现实生态，人生活于各种锁链和手铐的束缚和囚禁之中，没有自由和能动性，沉沦于虚幻的影子世界，没有主体性、创造性。这个囚徒困境亦是理念世界的影子世界，是被理念客体化的世界。柏拉图的囚徒困境说虽然含有一些对现实生活的批判意味，但从根本上看，是对以人民为主体的现实实践生活的歧视和贬抑，是对脱离现实和人民性的虚妄理念世界的美化。

苏格拉底认为未经理性审视的生活是没有意义的生活，"对生活的理性审视"即是摆脱肉体的感性生活进入理念化的理性"沉潜"境界。柏拉图承传了苏格拉底这一思想，认为感性的生活世界是肉欲纷争的堕落世界，是非人的虚幻的世界，只有神化的理性、理念、德性即精神本体才是真理和实有的世界，现实生活世界只能是精神本体的摹本和影子。而抵达这个精神本体靠的是灵魂摆脱肉体生活的束缚和羁绊，就是净化灵魂，这种净化就是德和善，就是进入理念世界与神合而为一，而沉潜于理念世界的"沉思"是抵达这个境界的一个根本的通道，且只有哲学家才能步入这条与神想通的道路，过上理念世界的真理和德性生活。而这个过程并不是一个精神创造的文化过程，而仅仅是对理念的"回忆"。现实生活是理念的摹本、影子，而理念世界是神灵的创造或神灵的实体存在。柏拉图看到了现实生活堕落、贪欲、腐朽的一面，但却不想用理念世界去改造它，而只想摆脱现实生活进入理念的天国即"理想国"的乌托邦世界之中。理念以摹本和影子的方式造化了现实世界，但又不想生活在其中，只想过自己的纯粹的精神本体的生活。由此

---

① 参见［英］罗素《西方哲学史》上卷，何兆武译，商务印书馆1963年版，第158—159页。

可见，柏拉图的身心关系说和理念论，制造了人民世俗生活和理念世界的对立，制造了肉身与灵魂的对立，试图让世俗生活的人民性服从于理念世界的神性，这虽然在精神理念的形式上有助于人民精神的净化和升华，但其实质是对现实人民性的消解和否定。

柏拉图的理念论把人或人民归于理念客体，强调现实世界的虚幻性和理念世界的真实性、高级性，让人民追求理念世界境界，超越现实的世俗生活，认为精神理念客体是人们的唯一去处。这种理念客体化世界就是他的"理想国"境界。柏拉图一生都致力于从政治沉沦与混乱中拯救雅典人，建立一个美德、公平的和谐社会。他认为只有用理性的"哲学王"来治理国家才是最合适的，他大声疾呼，要让哲学家获得政权并成为政治家，或者让政治家成为哲学家，在他看来，统治者如果没有哲学的指导，就会变成暴民。柏拉图构筑了一个以"哲学王"治世的理想国境界即乌托邦化的精神实体境界：全社会以哲学家为王；统治阶级实行财产、亲属共产制；女子要在职务上、责任上与男子平等；消除赤贫与暴富等。柏拉图的"理想国"试图建立一个主体理想化的社会世界，而非自然客体化的世界，这个世界是循着理念客体建构的，由此，这个主体化或社会化的世界实质上是被理念客体主宰和统治的客体化世界，在这个国度里，统治者理所当然地享受着劳动者的劳动果实，理所当然地撒谎，理所当然地在等级制的尊卑中过着奢华的生活；而工匠、平民、奴隶天经地义地受苦受累，且只能世世代代地做好自己的职业，不许改变自己的职业、地位和命运，他们没有主体化的一点权力和尊严，还要绝对地戒除人的私心；孩子都是公共的孩子，妻子都是公共的妻子。这种歧视平民百姓和反人性的存在境界，更使人的主体化特别是大众主体化世界丧失殆尽。但是，柏拉图的理想国对精神、理念等精神世界的崇尚和追寻，在主体意识的层面上或在一般精神生活的意义上，具有主体化存在及人民性的重要意义和价值，特别是对于一个物欲横流的物化世界或物化人来说，这种在精神客体化世界观的意义上展现的主体化世界或精神世界意义，有助于人民大众戒除物化的单面性意义和价值。

如果说苏格拉底和柏拉图在美德知识或精神实体的抽象的善的德性方面呈现出一些人民性,亚里士多德则在人的求知本性和精神生活的静观形式上呈现出一些精神世界的人民性。亚里士多德认为"求知是所有人的本性","观看"是生活世界或文化世界的最高境界,而观看是一种理智或理性活动,从事理智活动特别是哲学思辨是生活的最高幸福、价值和德性。他认为神的活动是最静观的,而哲学家的生活是最通神的,是最幸福、最美好的,幸福的本质或源泉不在于占有财富,而在于心灵的教养和高尚的德行;静观是一种被神性客体化的知识生活或精神生活,是理性或智慧的生活,它高于感性、经验和技术。亚里士多德认为,从感觉、记忆、经验到技术,前三项是人和动物共有的,技术是人特有的,这确实看到了人与动物的一个本质区别,那就是人能制造工具,能通过技术改变环境,这一点不仅蕴含着人的主体化思想,更接近人民大众的劳动或实践本性。但亚里士多德认为,主要是为了实用的目的技术还不是真正的智慧,在技术之后还有一个更高的层次的智慧。智慧的目的不是实用,而是为知识而知识。他把技术看成人的感性存在、感性本质,而把智慧看成人的理性存在、理性本质。在亚里士多德看来,求知、获得智慧的途径就是研究哲学,而研究哲学的目的不是实用,而是求知。亚里士多德把精神静观视为生活和存在的最高境界,这虽然有助于人民追求精神生活的价值,但却贬低了人民大众的物质生活特别是物质生产活动的价值和意义。由此,从根本上讲,他的"知识人"理念实际上是把人民的精神世界道德化和神灵化了,这就消解了人民主体自主理解、现实经验和实践创造知识。在他看来,知识、文化产品不是由人民创造的,而是由形式这种客体精神创造出来的,这就将人民的实践性、创造性、主体性完全客体化为神性的精神实体。

苏格拉底、柏拉图、亚里士多德等精神哲学呈现出来的人民性及其问题,与中国儒家哲学思想有共通之处。儒家的中和思想、和而不同思想、民本思想、仁爱观、和谐观、与人为善的交往观、淡泊名利的处世观等,都是具有一定限度的为人民立德、立世、立言的意义,但最终把这些具有人民性的观念和存在都归于"天命"或"天理",亦即归于精神实体，而这一精神实体的实质就是道德本体。儒家亦不太关注社会实践特别是物质生产活动的人民性，其蕴含的人民性的实质亦是道德精神本体意义上的精神客体人民性。鉴于这些儒家思想已有诸多论说，这里不再赘述，只是表明其作为古代哲学思想处在精神客体人民性的逻辑链条和框架上就够了。我们这里的主题不是具体考察古代哲学都有哪些丰富的人民性——那是我们无法在这里言说尽的——我们这里的主题是阐明古代哲学人民性处在什么逻辑链条和框架上，无论是对古代自然哲学还是精神哲学的考察都秉承这样一个逻辑。下面对近现代乃至当代哲学人民性的考察亦遵循这样一个逻辑进路。

二 从精神主体到生活主体：近现代哲学的主体人民性

人类从古代农业文明到近现代的工业文明再到当代的信息文明，从手工技术到机器技术到以信息技术为核心的高技术，从乡村文明到城市文明，从手工技术支撑的古代城镇到近现代的工业化城市再到现当代的信息化城市，这些文明过程都是由以人民为主体的实践创造过程，近现代工业文明对古代农业文明的超越，张扬了主体性特别是人民的创造力量，从而注定了近现代哲学的主体人民性对古代哲学的客体人民性的超越。近现代哲学以抽象的精神和生活主体为中心，具有抽象主体人民性意义。

（一）理性主体与经验主体：近代哲学的主体人民性

崇尚主体化的理性、科学、感性，与神性客体对抗以及征服、奴役自然客体，是近代哲学世界观的意义指向。近代哲学世界观把人理解为理性、感觉和经验的产物，唯理论哲学用理性造化人或人民，把人或人民归结为理性存在；经验论哲学用经验造化人或人民，把人或人民归结为经验主体。二者的人本观都是意识主体化的人本观，都具有意识主体化的人民性，又都是脱离社会实践的抽象人民性，而理性主体人民性是意识主体人民性的主要趋向。

1. 唯理论哲学的理性主体人民性

近代理性主义哲学认为主体与客体或精神与物质处于对立的关系中。笛卡尔提出"我思故我在"的著名命题，确定了从理性出发的第一哲学原理，这就把人的理性提升到生活世界的基础地位和最高价值层次，但他又从理性推导出上帝和物质世界，最终又回到上帝神灵创造一切的精神实体本体论，但他实际上是用理性主体消解了古代哲学精神实体和物质实体的本体意义。18世纪法国唯物主义哲学则从本体论、认识论和人本学中弘扬了客体性原则，认为世界背后存在着不以人的意志为转移的客观规律，主张用理智的自然科学方法认识世界背后的本质和规律，但它同样以理性为中心，认为人是理性的存在，主张以人类理性去反对迷信和蒙昧[①]。这两个方向的理性主义就构成了近代哲学的理性主体人民性的两种形式，即精神理性主体的人民性和技术理性主体的人民性。

精神理性观将人的理性置于世界中心的位置，张扬了人的主体性、创造性和个体性，突出了人化世界的精神主体性。但是，精神理性主体观把人或人民的自主性、价值性看成可以离开对象世界的独立自存的东西，从而丧失了现实生活基础，割裂了现实世界的总体性。笛卡尔从普遍怀疑的原则出发，认为一切都可怀疑，但我不能怀疑我的怀疑，否则就无法怀疑，而怀疑是思，我思故我在，我的思想绝对可靠。这就把人的存在或世界理性化、精神化了，在理性精神的意义上突出了主体意义。但他制造了心物或身心二元对立的世界，即把人的精神世界和物质世界对立起来，最终又把人的精神世界归于精神实体上帝的创造。笛卡尔把世界分为物理世界和精神世界，认为这两个世界互不相干、平行发展，而上帝是这两个世界的缔造者。笛卡尔"我思故我在"思想张扬了主体和人性、张扬了人的理性，消解了神性和物质性，但他又把人的

---

① 何林等：《日常生活世界的意义结构——许茨〈社会实在问题〉初探》，知识产权出版社2005年版，第2页。

理性和人性归结为客观的精神实体，归结为神或上帝。笛卡尔首先用理性消解了神性，又用神性神化了理性。他的神性不同于神学的神性，是理性化的神性，是一种理性精神或精神理性。可以说笛卡尔在一定程度上用理性主体架空了上帝神灵。但是，笛卡尔的主体化世界观不包括物质世界或物质实践的理性化世界观，即把主体化的精神理性当作人和世界的主体、主宰。这一方面具有张扬和推崇主体化的人或人民的理性、反对和消解客体化的神性的意义，另一方面又把人或人民、人性或人民性都归结为纯粹的或抽象的理性存在，使人们在实践或现实生活的意义上失去了主体性。

技术理性和精神理性是近代西方理性主义的两种不同形式。技术理性哲学的代表是18世纪唯物主义哲学，拉美特利的《人是机器》是这一思想的集中展现。随着以机器技术为核心的近代产业技术的发展，生产、生活越来越被机械化了，在拉美特利看来，人不过是比动物多几根发条和弹簧的机器。技术理性与精神理性的共同点是都弘扬了理性，从而在一定意义上展现了人民的主体性和创造性，但都把人或人民归于片面的理性存在，从而消解了人民的实践主体性和实践创造意义。技术理性世界观虽然强调客体性原则，但已经远远地超越了古代自然客体化世界观，它遵从自然规律不再是为了把人归于客体，而是为了征服客体，把客体归于人，归于技术理性。但是，技术理性却为把人归于另一个客体即技术特别是技术物质客体埋下了伏笔，最终导致了现代人的技术客体化或技术异化的存在生态。

2. 经验论哲学的经验主体人民性

经验论哲学的经验主体化世界观就是主张靠经验和科学构造生活世界。经验论哲学强调经验的可靠性、真实性，把人或生活世界归于经验主体的存在。培根控制、奴役自然的思想和对经院哲学神性世界观的批判，是经验主体化世界观的典型表现。培根生活在英国革命的序幕时期，为发展资本主义生产而热心提倡科学技术的进步，而当时独占英国思想界的经院哲学阻碍了科学的发展。因此，他要建立一种反经院哲学的能促进科学发展的新哲学，为人类建构一个新的生活世界境界。培根认为，经院哲学以维护神学为职，势必把研究自然看成亵渎"神圣事物"和"损害人心尊严的事"；哲学不应以上帝为对象，而应以自然为对象；哲学的任务是研究自然，研究自然的目的则是控制自然；哲学和自然科学应结成"合法的婚姻"。他提出"知识就是力量"的口号，为发展科学知识而大声疾呼，崇尚科学知识，而科学是造福人类的事业，从这个意义上讲，培根崇尚科学、批判愚弄人民的神学，就是其哲学人民性的重要体现。培根认为，为促进科学知识发展需要清除人们思想中的一些错误观念和偏见，他把这些错误观念和偏见归类为"种族假象"、"洞穴假象"、"市场假象"、"剧场假象"四种假象。培根的四假象说在认识论上具有一定的人民性意义，它有助于人民确立科学认识方法，从而戒除各种错误认识特别是对宗教权威的盲目崇拜和崇信，不被各种"假象"所蒙蔽。但培根把"假象"看成来源于人的天性，这是脱离了人的社会性来说明"假象"产生的原因，因而不能全面地揭示出人所以犯错误的现实世界根源。

怎样才能避免被四种假象所蒙蔽或欺骗呢？那就要用经验和科学清除这些假象，用经验认识事物的本质即形式，形式是事物内部的"潜伏结构"、"潜伏过程"。培根认为，只有把感觉经验与理性思维相结合才能获得真正的科学知识。他说，我们既不应该像蜘蛛，从自己肚里抽丝结网，也不可以像蚂蚁，单只采集，而必须像蜜蜂一样，又采集又整理[①]。但是，培根因反对经院哲学而过分重视归纳推理，轻视演绎推理。培根推崇"潜伏结构"就是崇尚和拓展了人民的潜能存在意义和存在结构，他重视经验和理性的融合，有助于激发人民追求经验和理性的双重精神和文化力量。但是，他认为有两种真理：一是从神的启示和信仰得到的真理；二是从自然和感觉经验而来的真理。前者属于神学领域，后者属于科学领域，两者各自独立、互不相扰。培根哲学的不彻底性，反映了培根经验论哲学的人性或人民性具有矛盾的双重性，它一方面需要人民的经验知识和科学真理，另一方面又要与神性和谐，这是当

---

① [英]罗素：《西方哲学史》下卷，何兆武译，商务印书馆1963年版，第73页。

时英国资产阶级和新贵族人性的现实体现。而他主张人类要像拷打女巫一样拷打自然界，让自然交出矿藏和财富的秘密，这一认识背离了人与自然的和谐发展关系，损害了人的自然界这一"无机的身体"，陷入了抽象的人类中心主义，远离或背离了人民主体中心。

洛克继承了培根的经验论原则，认为人的大脑是一块白板，经验和知识都是客体印在"白板"上的印记，这就在否定神性客体知识的意义上把人民的经验知识进一步主体化了，当然，这种主体化又带有物质客体化的严重倾向。近代哲学中最为强调主体作用的是贝克莱，但他把主体完全主观化了，完全上消解了客体。贝克莱继承了经验主义强调个人感觉的倾向，并将个体主观因素的作用强调到了极端，认为物是感觉的复合，存在就是被感知，人们唯一能确信的是各种感觉，至于物本身是不存在的，这实际上主要是张扬了自我的主观感觉或主体性，在很大程度上消解了人民物质生产的创造意义和物质生活的总体意义。

经验论和唯理论从不同角度突出了人的主体性，这两种观点各自的片面性给康德哲学留下了"先天综合判断"生成的契机。康德强调主体性是感性和理性合二为一的主体性，康德首先肯定人们的一切知识都从经验开始，认为客观对象刺激人们的感官才产生经验和观念，而客观对象本身是不可知的。康德认为感觉经验是有缺陷的，不同主体有不同的经验，经验不具有普遍性，要获得普遍性的知识就要靠理性，而理性是天赋的即"先天纯知识"。康德如此认为，认识的形成过程就是以经验为原料，依靠先天知识形式对经验进行加工整理的过程，在这个过程中，理性和经验、普遍和个体在形式上统一起来了，主体的认识能动性也真实地表现了出来。康德哲学把认识看作感性经验和理性形式的总体，在认识论的层面上消解了理性主体与感性主体的分离和对立。但是，另一方面，他又将"自在之物"和"为我之物"分离开，制造了主体和客体、人与自然的对抗，并使这种对抗比休谟更加明朗化了。从哲学人民性上讲，康德哲学在感性和理性的双重意义上突出了人民认识活动的主体性和总体性，但同样又消解了人民大众的物质性存在特别是实践人民性意义，这就使其认识论的人民性仅限于认识形式上的感性和理性的抽象统一。

综上，近代哲学的人民性是一种精神主体化的人民性，它强调人们靠理性或经验造化世界，使世界成为精神主体化的世界。这与古代哲学的精神客体化人民性和自然客体化人民性形成巨大的反差，其本意是精神主体化的人民性，而这种主体人民性的主旋律是理性主体人民性，它的这种主体化人民性的存在和过程，仅仅是精神主体化的存在和过程，尚严重缺失实践主体化和主体间性的共同体化的认知。当然，这种意识主体化也夹杂着或存在着一些自然客体化和精神客体化的倾向，前者如培根、费尔巴哈等人的自然主义倾向，后者如笛卡尔的上帝观念、康德的"绝对命令"原则以及黑格尔的"绝对精神"主体。我们将近代哲学人民性归结为主体人民性特别是理性主体人民性，只是一种总体的逻辑归结，任何逻辑都不能囊括所有的存在，任何存在都有与逻辑背离的情况，而逻辑之所以为逻辑就在于它是一种主导或总体性的存在结构或趋向。

（二）从主客体统一到主体间性关系——现代哲学的生活人民性

古代哲学的客体化世界观消解了人民主体化世界的意义，近代哲学的经验和理性主体化世界观又遮蔽了人民客体化世界的意义。现代哲学世界观试图消解客体化哲学和主体化哲学二元对立的倾向，把客体化哲学和主体化哲学在生活主体化的基础上融合起来，但只是保留了客体的空壳，甚至承认作为没有任何意义的物质的先在性，把客体的意义全部看作意识主体给予的，并如此来实现客体与主体、客体化世界与主体化世界、客体化人与主体化人的统一，其实质是意识生活主体化哲学。现代哲学的世界观试图在主客体统一的生活世界中进一步显摆、推崇主体，把生活世界视为这种统一的根基。在生活世界，现代哲学用个体对抗普遍的群体，用自我对抗社会，把人和世界归于自我意识、自我存在，这虽具有一些人民个体意义上的人民性，但却造成了人民个体与人民总体的分裂，从而又打消了个体人民性的意义。由于自我与社会的强烈的对抗性，现代哲学总体上是一种崇尚个体与他人、自我意识与社会意识对抗的个人主义的世界观，而这种对抗又是以推崇非理性精神主体的存在实现的，由此，崇尚非理性精神主体就构成现代哲学世界观的又一个特征和基本精神。他们对人与世界的关系作了非理性主体化的解构，对非理性这一直被哲学遮蔽的主体化存在的解蔽，是对人或人民的主体化意义或主体化世界的进一步开拓和展现，这对于重视非理性主体的人民性意义有一定价值，但它把非理性主体绝对化，这就把主体化世界单面化为非理性的存在，这在很大程度上消解了主体化或实践人民性的丰富性和现实性。

叔本华和尼采的唯意志论哲学在意识的意义上建立了主客体统一的生活世界观，把生活世界归结为主体化的意志世界，并展现了人与人、社会和世界的对抗。叔本华提出"世界是我的表象"这一著名的主观唯心主义的命题。叔本华形式上不同意唯我论，认为真正的唯我主义在精神病院里也绝对找不到。他提出这一命题的真正目的在于说明周围的世界只是作为表象而存在于主客体关系之中。他认为表象就其本质而言已经包含主客体之间的关系。没有客体，主体的表象是不可能的；反之，没有主体的意识去表象，单纯的客体也谈不上表象。他认为整个世界，只不过是与主体发生关系的客体，只不过是表象而已。叔本华又从"世界是表象"的命题过渡到"世界是意志"的命题。叔本华认为，世界是我的表象，表象就是意志或意志的表现，一切都由意志而生，随意志而去；意志是我的意志也是客体世界的意志；意志是一种神秘的生活力，是一种盲目的不可遏止的冲动；意志是全部事物的本质与核心，它既存在于盲目的自然力之中，也表现在人的自觉的行为中。叔本华认为，科学与理性只能以表象世界为对象，不能认识意志世界本身，只有用直觉的方法即在直觉的静观中，主体达到丧失其自身，只作为纯粹的主体即意志而存在，从而达到主客体直接"合二为一"，达到对物自体即意志本身的认识。这样，叔本华唯意志论哲学就呈现出主客体统一的意志世界观。当他说世界是我的表象的时候，主客体统一于意识主体的表象，世界就成为意识主体化的世界，即主体用意识表象造化主客体统一的世界；而当他说世界是意志、是客体的意志，主体在表象中沉入客体意志或世界意志的时候，是精神客体化世界观，是用客体化的意志和精神造化世界和主体。由此，他的世界观具有意识主体化和意志客体化的双重特征，而这种双重性是一种对立的没有统一起来的矛盾的双重性，即他只是在意识的形式上表达了主客体统一的生活世界观。即他的世界观一半是以主体意志为造化者的生活世界观，一半是以世界意志为造化者的客体化的非生活的世界观。但他的世界观总体上趋向生活世界观，这从"世界是我的表象"这一理论前提可以得到确证，也可以从他的生活意志概念得到明示，即他把世界意志转化为人的生活意志，认为生活意志是生活世界的造化或构造者。这就使其哲学的人民性在形式上或意志本体的意义上，从精神主体的人民性过渡到生活世界主体的人民性，或从片面的精神主体人民性过渡到主客体统一的人民性，或从理性人民性过渡到非理性人民性。非理性是每个人或人民大众都具有的精神存在域或精神生活向度。当然，叔本华在非理性的本体意义上又使人民失去了诸如意志、直觉等非理性的精神生活，使非理性的人民性与近代哲学精神主体的人民性一样，成为脱离现实生活世界的抽象的或神秘的非理性人民性。

  叔本华的主客体统一的意志世界观导致了他的悲观主义人生哲学。他认为人的本质是生活意志，而生活意志的本质特征是企求、欲望和行动的意向。所以生活意志的本身就是痛苦之根源。如果没有企求与欲望，也就没有意志；有意志必有企求与欲望，而有欲望则必然存在"欲求与达到"之间的矛盾，痛苦就是在这中间产生的。他认为痛苦不是从没有中产生的，而是首先从想有而又没有中产生的。如果仅仅是没有，而又根本不想有，那无所谓痛苦，但当人们想有而又没有时则一定是痛苦的。人的生活意志越强大也就是说他的企求越大、欲望越强烈，则痛苦也越深重。他指出，人的欲望是永远没有止境的，欲望的满足只是暂时的、相对的、有限的，一旦人的某一愿望得到满足，不满足的心理会暂时消除，但很快会产生新的欲望、新的企求、新的不满足、新的痛苦，这样连绵不断、永无止境。尽管死亡最后总要战胜我们，我们仍追求我们的无益的目的，他说："就像我们把肥皂泡尽量吹得久、吹得大，固然我们完全知道它总归是要破裂的。"① 因为意志的本质就是无休止的企求，不断的求生的冲动。倘若没有欲望、没有企求，也就没有了生存意志。另一方面所谓幸福就是欲望的连续不断的满足，但幸福不是生命的目的。因为如果一切欲望都满足了（这显然是不可能的），那人会感到难以忍受的孤寂、空虚和厌倦，这实质上同样是痛苦的。所以，叔本华的结论是只有痛苦才是世界唯一实在的东西，痛苦对生命来说是本质存在，所有的生命就是痛苦，每一部生命史也就是病苦史；人生不过是一场悲剧，只是在个别细节上才有一点喜剧的意味；人生不过是一场大梦，自然就是不断地互相吞并，历史就是不断地互相屠杀，道德就是伪装起来的罪恶，人生根本没有什么幸福可言。由此，在叔本华看来，人的生活世界就是一个被生活意志主宰着的从痛苦到幸福再到痛苦的循环往复的过程。这种唯意志论的生活世界观，在意志论或意识哲学以及唯我论的意义上是一种主体化的世界观。叔本华反对近代哲学主客体分离的二元对立的世界观，强调主客体的统一关系，但只是在形式上即在非理性意识自身的意义上把主客体统一起来了。也正是因为这种形式上的意识自身的统一，并没有解决现实中的主体与客体的对立、主体化世界与客体化世界的对立，所以，他的主体世界充满了痛苦、矛盾和挣扎，他的主体与客体、人与人的关系充满了对抗和异化的状态，不可能为人民建构真正的主客体统一的生活世界观，其生活世界观的人民性仅仅在展现意志、直觉、欲望、痛苦等非理性精神的意义上关注到人民的非理性存在意义，并在意识本体论的形式上将精神主体人民性拓展到主客体统一的更为总体的生活世界人民性。

尼采继承了叔本华的意志主义，但他不同意叔本华世界意志、绝对禁欲主义、扼杀生存意志的悲观主义。他恰恰要使人的意志和欲望最大限度地发挥，使主体化存在从叔本华的晦暗世界中解放出来、明亮起来，从而建立个人主宰一切的"行动哲学"。他把主体、客体都归结为权力意志，认为主客体都统一于个人主观的权力意志，认为人的存在与

---

① ［英］罗素：《西方哲学史》下卷，何兆武译，商务印书馆1963年版，第349页。

本质、人的生活世界就是权力意志，而追求物的权力、追求财产和奴仆的权力是权力意志的基本结构。他认为不择手段地谋取权力是正当的，用最残酷的手段去剥削和压迫群众是天经地义的。他说："我根本上就是一个战士，攻击是我的本能。"尼采的"权力意志"与叔本华的"生活意志"不同，他认为"权力意志"是世界的基础和本体，只有"权力意志"才是可以确定的基本事实，才能给人以信心、希望和力量，给人以财富、地位和快乐。所以"权力意志"是一种"创造本能"，是万物的本原和动力，是世界的物自体。他认为，生命的基础是一种粗暴的利己主义本能，即掠夺的利己主义和防御的利己主义。这种利己的本能同利他主义绝对不相容，是生物进化的一条规律。尼采认为，弱肉强食、生存竞争是宇宙的普遍规律；任何有生命的机体都要发泄自己的力量，从而达到自我保存和自我发展，这就是权力意志的表现。尼采认为世界是虚假的，真理仅仅是一种价值判断，由主观意志决定，由权力意志决定。"真理的标准就在于提高权力感。"这就是说，谁的权力越大，谁的真理也就越多。由此可以说，尼采把人民大众的合理正常的非理性存在归结为单一的权力意志，这就更加背离了非理性精神的人民性，使权力意志论哲学成为少数强权者的哲学，使他的非理性哲学不仅成为反理性哲学，而且具有严重的非理性异化倾向。

从权力意志论出发尼采建立了一种非道德主义社会伦理观。他声称要"对一切价值重新估价"。他从反传统的立场出发，否认那些善人的典型和普遍承认的观念或理论。他认为最大的恶属于最大的善。"超人"是它的权力意志的体现和化身，超人非同凡人，超人是"半神、半兽、半人，背上长着天使的翅膀"，超人是金发野兽，只有超人才能主宰世界。尼采站在少数统治者的立场上，主张对群众进行残酷的镇压和奴役。他认为，超人的本性就是奸淫掠夺、杀人放火、滥施暴政、无恶不作，而且对这一切如同儿戏一般。超人要胜利，如果没有残忍，那是不可思议的。超人使用的武器就是"撒谎"、"暴力"和"最无耻的自私自利"。这一切全是权力意志的体现，是使人类免于退化的手段。对待民众只能使用愚民政策，正是从这种超人哲学和反动阶级立场出发，尼采主张暴力专政，赞赏军国主义，认为军国主义是复兴人类的手段。这一切为法西斯主义的兴起奠定了思想理论基础。尼采还十分轻蔑妇女。"妇人的天性没落，如浅水上漂游的一层浮沫。""男人应当训练来战争，女人应当训练来供战士娱乐。其余一概是愚蠢。""你去女人那里吗？别忘了你的鞭子。"① 总之，尼采哲学把人归结为极端的个人主义的权力意志，完全把人置于与他人、社会和世界对抗的境地。他虽然在权力意志的基础上将主客体关系统一起来，使生活世界成为一个主体化世界，但这统一只是一种主观意志化的统一，严重缺少现实生活世界基础。这种非理性甚至反理性的唯意志哲学对人民来说虽具有一些反资本主义传统、虚假理性及现实批判意义，但严重消解了人民大众的生活价值，甚至沦为反人民的哲学，使人民性在权力意志的世界里几乎消失殆尽。

现当代哲学的世界观呈现出明显的从生活世界观向工作世界观演进的生态和趋向，总体上是主体间性关系的生活世界观和工作世界观。现代哲学虽从叔本华开始就提出了生活世界的概念，海德格尔等人也对之做了进一步的阐述和发挥，但总体上还是围绕主体与客体、存在与本质等话题展开的，总体上还是用非理性的精神意识来完成主客体统一、存在与本质统一以及人与世界统一的任务。但是，离开生活世界总体和工作世界本质，这些统一和总体就很明显地流于抽象和空泛。于是当代哲学将主客体统一的世界纳入生活世界总体存在，并用生活世界和主体间性关系话题逐渐消解和淡化了主客体关系话题，主体间性生活世界就构成了当代哲学的世界观趋向，而现象学社会学家许茨又将生活世界建立在工作世界基础上，将主体间性生活世界观推进到主体间性工作世界观。这里需要说明两点：一是当代哲学的生活世界主题并不是从当代开始的，如胡塞尔的现象学就在现代哲学的意义上较早阐述了生活世界概念，且持有生活世界理论的哲学家很多都是跨现当代的哲学家；二是生活世界成为当代哲学的主题主要是从把主客体关系话题消融于生活世界

---

① [英] 罗素：《西方哲学史》下卷，何兆武译，商务印书馆1963年版，第360页。

话题意义上规定的。由此，当代哲学的生活世界观亦是现代主客体关系哲学进展的一个逻辑阶段，即主体间性生活世界哲学。由此，当代主体间性生活世界哲学亦可称为现当代主体间性生活世界哲学。而当代也是现代，现代包括当代。由此，这里所谓"当代"的考察亦是现当代交叉式的考察，同样，这里所说的"现代"亦是现当代交叉的现代。

从生活世界观的意义上说，现当代哲学世界观是更直接的生活世界观。如胡塞尔所言"人文哲学即是对人生意义的思考"①。现当代哲学对意义问题的探讨也就是对人或人民大众的生活世界意义的探讨。它认为，人的现实生活之外并不存在一个独立于生活世界的理念世界或科学世界，唯一存在的世界即人的现实生活世界，哲学研究、价值标准、存在意义都只能从这个生活世界出发。如果说近代哲学是探究人与自然或客体关系的主客体关系的哲学，那么，当代哲学则是指向人与人之间关系的主体间性关系的哲学。当代哲学把人的生活世界看成是唯一真实的世界，是人在其中生活、交往、工作、创造的文化世界。而这里所说的生活世界是内含了工作世界的生活世界，现当代哲学对生活世界的观照，更多的是指向工作世界这一生活世界或文化世界的价值核心。现当代哲学的生活世界观，在很大意义上甚至在核心意义上已经触及和指向工作世界意义和问题，特别是西方马克思主义和各种异化论，都具有强烈的工作世界批判向度和工作世界建构意蕴，其日常生活世界理论在很大程度上是日常工作世界理论，日常生活批判在很大程度上是日常工作世界批判，而现象学社会学家许茨则循着生活世界的意义，在意识哲学的意向性基础上较为明晰地探究到工作世界基础与核心意义。总之，现当代哲学的生活世界观特别是其工作世界趋向，进一步拓展了人民性的意义域，都或多或少地在生活世界或工作世界的批判与建构意义上具有一定的人民性，但现当代哲学世界观的生活世界的转向，不是缺少世界观的总体性，就是没有从根本上摆脱意识总体性或个体总体性的单面性。

---

① [德] 胡塞尔：《欧洲科学危机和先验现象学》，张庆熊等译，上海译文出版社1988年版，第5页。

三 从生活主体到工作主体：当代哲学的
##　　工作世界人民性

当代哲学超越了现代哲学的主客体关系，走进以主体间性关系为中心的生活世界，进而由主体间性关系拓展到工作世界，从生活世界人民性趋向工作世界人民性。人民是工作世界的主体，工作世界是人民性最丰富最深厚的领域，当代哲学人民性递进的工作世界趋向激励和启示我们，哲学要研究生活世界人民性，更要探究生活世界及其人民性的基础和核心即工作世界及其人民性。

（一）西方马克思主义对工作世界异化人民性的批判

西方马克思主义者列斐伏尔和马尔库塞等人的日常生活和社会批判理论，主要指向就是工作世界。列斐伏尔认为如果哲学远离基础性的日常生活世界，就会陷入自我矛盾和自我破坏之中。列斐伏尔认为，日常生活是每个人的现实生活世界，主要是指个体化的生存生产活动，具有个体相关性、平凡性、重复性等特点。列斐伏尔认为，当今资本主义社会的日常生活的异化使个人丧失了革命性、主体性和创造性。他只主张通过日常生活批判改变人们的存在生态，使每个人认识到自身的异化处境，从而在精神观念上解放自己，进而以实际的行动变革社会关系。他认为，旧的革命忽视了日常生活革命和个人解放的意义。列斐伏尔的日常生活世界理论主要指向个体化的生产和再生产活动即人民大众的日常工作世界，其对日常生活的批判与建构主要是对这种日常工作世界的批判与建构。他诉诸"生产新的生活空间"，而这种新的生活空间的生产即他所说的"诗性实践"，即用爱、激情、艺术等诗性精神来消解日常生活特别是工作世界的物化、客体化和异化。他视这种精神为乌托邦精神，他说："今天比过去更明显的是，没有乌托邦意识，就不会有思想。否则一个人就会满足于说明眼前所看到的东西。"乌托邦精神也要付诸实践："没有乌托邦——没有对可能性的探索，就没有思想；没有涉及实践，也就等于没有思想。"① 可见，列斐伏尔对日常生活的批判指向资本主义的空间生产，对日常生活的重构则指向创造新的生活和工作空间，即都是指向工作世界人民大众异化的生产活动，这在一定意义上代表了人民对资本主义生产或异化工作世界的否定和反抗精神，从而在批判和反抗意义上具有一定的工作世界人民性。但是，他认为日常生活的重构以及社会关系的改变主要靠个人行动和精神文化的解放，这就将整体的人民拆解为各个个人，将工作世界的总体存在消解为精神文化存在，特别是缺失对根本的社会关系或工作关系层面的诉求与批判，从而使工作世界人民性的建构在根本的层次上带有不切实际的乌托邦色彩。

西方马克思主义的日常生活世界理论直接指向工作世界，而弗洛姆、马尔库塞等人的社会批判理论亦较为明晰地指向工作世界的批判与建构。弗洛姆指出，在当代资本主义，工人是异化最深重的阶级，他们完全丧失了人性和创造性，只是一个被动的零件，一个"机器原子"；资本家是金钱的化身，"资本家作为人，他是除了金钱以外别的什么都没有的人"；资本家"是这一非人格机器的组成部分，而不是同雇员进行个人接触的人"。② 可见，这些批判都是直接指向工作世界的异化生态。马尔库塞亦认为，社会中的每个个体都像社会这部大机器的一个"零件"；资本主义制造"虚假的需求"，人们接受了这种"虚假的需求"就意味着"不自觉地和自觉地接受和屈从于制度的控制和操纵"③。可见，西方马克思主义对社会异化的批判，直接指向工作世界压制和控制人民的工作技术、工作文化和工作制度。"技术控制"是对大众工作者的直接控制，使他们按技术合理性和技术规范行事，丧失了自由创作和自觉活动能力和精神。"制造虚假的需求"则是一种资本化的工作世界制造的过度的消费文化，这种消费文化亦是一种对工作者制度化的控制和操纵，它激励和迫使大众工作者拼命工作赚钱，以跟上这种消费文

---

① Smith, M. P. (Ed.), *Cities in Transformation: Class, Capital and the State*, Beverly Hills: Sage Publications Inc, 1984, p. 211.
② [美] 弗洛姆：《健全的社会》，欧阳谦译，中国文联出版公司1988年版，第111页。
③ [美] 马尔库塞：《工业社会与新左派》，任立译，商务印书馆1982年版，第4页。

化制造的消费时尚和潮流,使得工作完全成为消费的工具和手段,丧失了人的本质意义,成为异化的工作活动。马尔库塞试图通过构建审美的和艺术的理想主义,再建人的主体性意义,确立主体化的世界境界,这个境界就是艺术化的工作世界审美和诗性精神境界。

马尔库塞认为,与资本主义前期相比,发达资本主义极大地推动了科技进步,使得非生产性工人增加,工人在政治上已屈从于资本主义的统治。这就是说,发达资本主义由于工作技术、工作结构、工作关系的变化消解了工人的革命和反抗意识,使得他们丧失了批判精神,取而代之的是服从和屈从,而这个结果源于"权力中心转向了对生产程序和技术组织机构的控制",即资本阶级从政治权力统治转向工作世界的技术权力控制。马尔库塞对经济异化的分析和批判直接就是对工作世界异化的分析和批判,并把工作世界的异化归结为技术异化,即技术对大众工作者的统治和压制,使得他们只按技术合理性行动和思维,丧失了能动性和创造力,成为技术化的"单面的人",并由此导致"单面的社会"。马尔库塞认为,除了政治与经济领域,更严重的异化是人民大众的文化角色的改变。文化是主体的灵魂,是价值的载体,然而社会政治、经济形态的巨变导致了文化的剧变,即大众文化沦为经济的工具,成为物化的商品或消费品,丧失了否定性、批判性和创造力。技术合理性导致了政治一体化和文化全面被控制的现实,使得文化都服从既定的秩序。人民大众作为文化主体角色的异化,使其丧失应有的主体创造意义。马尔库塞对大众文化的批判,显然也是立足人民的文化诉求,批判以资本为中心的工作世界的物质文化、金钱文化、消费文化、商业文化及功利主义的道德文化。马尔库塞不仅批判了人的异化的本质即工作世界的异化,而且探寻了对工作世界的艺术化的拯救与还原之路。他认为这种拯救就是实现爱欲自由和解放,他把工作世界的自由和解放看作爱欲自由和解放的结果,爱欲文明的价值在于工作能量的发挥和爆发,而工作世界的自由和创造也有助于爱欲文明的构建。在他看来,爱欲的解放、主体性的拯救需要寻求一种非压抑的文明即爱欲的文明。他把艺术看作人民的爱欲解放和自由存在的最高形式,而这种艺术就是与技术、自然和人相融合的艺术，就是将工作世界艺术化的艺术。所谓艺术还原即艺术对生活世界特别是工作世界的拯救行动，是用艺术的自由、批判、创造精神消除人民生活和工作世界的异化状态。

马尔库塞从异化理论的角度特别是工作世界批判的向度，为当代人民走出主体化困境提出解决方案，是对人民主体性意义的关怀。从理论意义上看，在精神文化、艺术文化、技术文化等方面，马尔库塞的工作世界批判理论是对马克思异化劳动理论或工作世界批判理论的时代化补充。（1）马尔库塞的社会批判理论立足人民的自由解放，把对资本主义工作世界的批判置于批判的核心，并提出以艺术来克服异化，实现爱欲的解放、主体化的拯救目的。可以说，这种对工作世界技术、关系、环境、资本中心和权力中心的批判，抓住了批判的价值核心，而其对艺术精神的建构，张扬了人民心灵生活和主体精神的价值，特别是张扬了艺术审美和艺术精神价值。（2）他对大众文化的批判实质是对工作世界人民异化的精神文化的批判，这在一定程度上是对马克思异化劳动论或工作世界批判理论的一个时代化的进展和补充。（3）他主张艺术与科学技术的融合，特别是提出艺术向自然、技术和人还原的"艺术还原论"，并以此来拯救工作世界和生活世界主体化的沉沦，实际上是尊崇、追寻和建构了艺术主体化的工作世界境界。其艺术向技术、人性和自然回归的艺术还原思想，具有强烈的工作世界现实艺术内涵和意蕴，实际上是把艺术建立在人民主体化工作世界基础上的。（4）他强调人民主体的创造性本质和艺术的创造性本质以及艺术的感性特质，这也是对工作世界人民性和艺术的工作世界人民性的真知灼见。（5）在马尔库塞看来，人的本质是爱欲本能和冲动，人民的自由与解放就是爱欲的自由与解放，最终靠艺术实现自由与解放，靠沉入艺术的精神境界，这是主体性的拯救与实现的基本路径。由此，改变异化的工作世界是主观个体的精神意识过程，即"心理革命"或精神"大拒绝"的过程。这虽具有精神境界的实有意义和现实世界的针对性，但无疑带有浓厚的乌托邦梦想的色彩，使工作世界人民性陷入一种艺术化的抽象和虚幻。

马尔库塞对工作世界的批判实质是对工作世界异化人民性的批判，

他与马克思相比较，二者有以下关联和不同。（1）都是以工作世界为批判的价值核心，但批判的层次不同。前者主要是工作世界的文化关系，如技术、意识形态等方面，后者主要是工作世界物质关系特别是占有分配关系的批判。（2）都把工作世界批判同社会批判结合起来，但批判的基础不同，前者主要批判社会意识形态、大众文化，后者主要是物质生产关系、资本关系或资本主义社会关系总体。（3）都是把工作世界批判同人民的生存状态的批判结合起来，但批判的指向不同，前者主要指向人民的精神、心理等文化层面，后者主要指向人民的总体存在和本质。（4）都把工作世界批判同人民的解放结合起来，但解放的对象不同，前者主要是爱欲，后者主要是工作世界生产力、工作力与工作关系。（5）都把批判与建构结合起来，但建构的方式不同，前者主要诉诸人民的心理革命、艺术还原等方式，后者诉诸人民的物质力量、阶级力量以及社会关系特别是物质生产关系。

（二）许茨对工作世界主体间性关系人民性的建构[①]

任何异化都不是绝对的，异化的社会、生活、工作无论怎样异化和对抗，总是在一定层面存在着这样或那样的和谐或共同体关系。西方马克思主义关注的主要是生活和工作世界的异化问题，而现象学社会学家许茨则从主体间性关系即个人共同体关系的视角关注生活世界，并将生活世界理论建立在工作世界基础上，从而构造了以主体间性关系为核心的工作世界人民性。

1. "现象即本质"的方法与工作世界本质还原

从理论的内容结构看，许茨现象学的工作世界走向首先表现在用"现象即本质"的现象学还原法还原了生活世界的工作世界本质。在许茨看来，我们生活在其中的这个世界是一个常识世界，而"常识世界从一开始就是一个文化世界"[②]。"我们生活在其中的这个世界"即我们所谓的现实世界，即现象学的"现象世界"。许茨把现象世界看成一个

[①] 此部分内容笔者以《从生活世界到工作世界——许茨现象学的文化世界走向》为题发表于《齐鲁学刊》2013年第5期，收入本著作时有删节。

[②] [美]阿尔弗雷德·许茨：《社会实在问题》，霍桂桓等译，华夏出版社2001年版，第388页。

"常识世界"或文化世界,又把文化世界看成一个生活世界,进而又还原了文化世界或生活世界的工作世界本质。对于现象学来说,"现象即本质"既是一种世界观又是一种研究方法。作为世界观就是说世界的本质就是人的经验世界即现象世界,不存在预先设定或与人无关的本质、本体。现象学所说的现象世界就是人的现实世界。这虽否定了"物质世界的先在性",但在"世界的本质是人的现实世界或实践世界"这一点上,与马克思的实践哲学有共通点。马克思认为现实、事物、感性、对象,如果离开主体人的实践活动就没有意义。[①] 许茨承袭了这一观点,指出:"对于我们的自然态度来说,这个世界首先不是一种我们思想的客体,而是一个我们支配的领域。我们对他具有突出的实践方面的兴趣。这种兴趣是由满足我们生活的基本需要的必然性造成的。"[②] "现象即本质"作为研究方法即是悬置以往各种关于本质、本体的先验认识,以抵达"按事物的本来面目认识事物"的境界。由此,作为研究方法即是现象学的悬置法、还原法或描述法。胡塞尔把现象或现实世界描述为或还原为一个由纯粹意识指向的生活世界,认为主体意识化的生活世界是现象、现实世界的基础,也是各种科学和文化的基础。而许茨则不满胡塞尔先验现象学的抽象生活世界观,试图探究现象学也是整个现实世界的更为世俗的基础,这个基础就是工作世界。"世界首先是一个我们支配的领域"、首先是一个"实践兴趣的世界",即是说工作世界是基点和价值核心。"精明成熟这个概念合理而且实用地为解释我们的认知生活揭示了出发点"[③],"精明成熟"即是许茨指谓的"精明成熟的自我"即"工作的自我"。他悬置了胡塞尔先验的纯粹意识或先验自我,认为现象、现实、生活世界都是被工作世界连接起来或总体化的,认为工作世界是一个自然而然的世界,是最现实、最现象、最可经

---

① 《马克思恩格斯选集》第1卷,人民出版社1995年版,第54页。
② [美]阿尔弗雷德·许茨:《社会实在问题》,霍桂桓等译,华夏出版社2001年版,第306页。
③ [美]阿尔弗雷德·许茨:《社会实在问题》,霍桂桓等译,华夏出版社2001年版,第290页。

验的世界,是最高的实在和意义。

许茨现象即本质的方法即是自然态度的悬置法。与胡塞尔通过"括弧法"抛弃"自然态度"的做法不同,许茨关注的是"自然态度"本身。胡塞尔把各种所谓的实体悬置起来即是悬置人们的"自然态度"。许茨认为,对于自然态度我们应该采取与传统现象学不同的悬置。这种"自然态度的悬置"就是还原了被胡塞尔悬置的"自然态度"。在《论多重实在》一文中,作为方法论的自然态度悬置法虽是放在后面阐述的,但却是初始使用的方法,即他的还原过程一开始就使用了这种方法。而许茨之所以能持有这种自然态度,关键就是从抽象的或先验的生活世界走进工作世界,发现了工作世界是现实世界或生活世界的"出发点"和"最高实在"。日常生活和生命时空依靠工作世界组织、拓展和延续。"精明成熟的自我在它的工作中并且通过它的工作,把它的现在、过去和未来结合成一种特殊的时间维度;它通过它的工作活动实现作为一种整体性的自身;它通过工作活动与他人进行沟通;它通过工作活动把这个日常生活世界的不同空间视角组织起来。"① 生命的时空维度、存在的"完整性"和过程以及交往都靠工作世界拓展和组织并在其中实现。

按照现象即本质的方法,越是现象的就越是本质的,日常生活无疑是首先经验的最现象的东西,进入这个世界就会发现现代生活都被工作化了,工作世界又是现象的现象、现实的现实。现象学的这个过程就像婴儿首先进入的是日常生活世界而不是工作世界,随着生命的生长,他才开始就业进入工作世界,尽管他一出生就直面护士、接生婆的医疗工作世界,但那不属于他,属于他的最强烈、最初级的现象是母亲温暖的怀抱。从这个意义上讲,现象学的最初是进入生活世界,后来才抵达工作世界,这既符合现象学哲学行进的逻辑,也符合生命生长的逻辑。总之,许茨通过"现象即本质"或"自然态度的悬置"方法,还原了现象世界或生活世界的工作世界本质、基点、出发点。

---

① [美] 阿尔弗雷德·许茨:《社会实在问题》,霍桂桓等译,华夏出版社2001年版,第289页。

2. 意义理论与工作世界的总体性和主体间性意义

现象即本质的方法还原了现象世界的工作世界本质，那么工作世界及其本质又是什么？或者说工作世界的意义结构是什么？这是许茨现象学意义理论的主要指涉，即他的意义理论建立在工作世界基础之上，而工作世界主体间性意义是其意义理论的核心。许茨首先从世界总体性上揭示了工作世界的总体性意义。许茨用工作世界而不用工作这个概念，就在于强调工作的世界性，而世界是一个总体，生活世界、文化世界、工作世界、社会世界、个人世界……世界的多重性意味着总体的多重性，强调世界性即强调总体性。许茨明确地描述了工作世界的总体性，认为工作世界是一个由自然、身体的运动与操作、工作任务、工作目标目的、工作成功与失败的效果以及工作同伴关系构成的总体，工作世界或工作行动总体化并改变外部世界，是现实世界或生活世界的基础和核心，且主体间的沟通交往关系即主体间性关系只有在工作世界总体性中才能实现。"我们建议把这种被个体当作实在核心来经验的工作世界的层次，称为处在他力所能及的范围之内的世界（the world with in his reach）。"[①] 而"处在我力所能及的范围之内的世界"的整个系统只是一个"现在时态"，随着"我的工作运行"的改变而改变。工作世界的意义产生或总体化生活世界的意义，那么工作世界总体的意义又是由什么总体起来的？许茨进一步探讨了工作世界的结构或本质就是主体间性的伙伴关系，即主体间性关系生成于工作世界并构成工作世界的意义源。胡塞尔指出："作为一个个人活着就是生活在社会的框架之中，在其中我和我们都一同生活在一个共同体之中，这个共同体作为一个视界而为我们共同拥有。"[②] 这个共同体是生活世界共同体，"它是一个持久的有效性的基础，一个不言而喻的一劳永逸的源泉，我们无论是作为实践的人还是作为科学家，都会不加考虑地需要这个源泉"[③]。在胡塞尔

---

① ［美］阿尔弗雷德·许茨：《社会实在问题》，霍桂桓等译，华夏出版社2001年版，第302页。
② ［德］胡塞尔：《欧洲科学的危机和先验现象学》，张庆熊译，上海译文出版社1988年版，第3页。
③ ［德］胡塞尔：《生活世界现象学》，倪良康等译，上海译文出版社2002年版，第259页。

看来，生活世界或主体间性的共同体是意义的源泉，而先验自我是一切意义的最终源泉。许茨把胡塞尔的意识化的主体间性共同体或生活共同体原则置于工作世界，揭示了工作世界的共同体本质或主体间性的伙伴关系。在许茨看来，主体间的现实关系——交往、沟通、相互理解和作用以及面对面的情境、互相关照的伙伴关系、共同经验等，不是存在于胡塞尔的纯粹意识或先验意识中，而是只有在工作世界之中才是可能的，他将工作世界的主体间性关系称为"伙伴关系"。

主体间性关系产生于工作世界并构造工作世界的意义，是工作世界意义的源泉。工作世界是产生自我、主动、自由、思想意识、经验等意义的源泉和根据。"希望和畏惧以及与它们相关的满足与失望，都以这个工作世界为依据，而且只有在这个世界中才成为可能。"① 许茨还认为，梦、游戏、虚构或想象、童话、神话这些"有限意义域"的意义也都来自工作世界及其主体间性关系，这些精神世界或幻想世界的意义来自作为最高实在的工作世界，又有相对独立性或自由。许茨还认为理论静观的意义也来自工作世界及其主体间性关系："这种静观思维的全过程都是为了实践的意图和结果而进行的，正因为如此，他在这个工作世界中、而不是在一个有限意义域中，构成了理论静观的'飞地'（enclave）。"② 一个人离开工作活动及其创造的财富和生活条件，既不能在深夜梦想，也不能进行科学静观，连精神病患者的精神意义也会因为没有生存条件的支撑而消失。

工作世界作为意义域，是众多有限意义域之一，作为意义源，是其中的核心。许茨把工作世界作为意义源，实际上是承袭了马克思"社会生活以物质生产活动为基础"的思想，超越了柏格森、詹姆斯以及胡塞尔的精神、意识主体意义源。但是，这似乎背离了现象学的意识意向性这一首要原则，其实不然，他是把胡塞尔的生活意识转换成了工作

---

① ［美］阿尔弗雷德·许茨：《社会实在问题》，霍桂桓等译，华夏出版社2001年版，第307页。
② ［美］阿尔弗雷德·许茨：《社会实在问题》，霍桂桓等译，华夏出版社2001年版，第326页。

世界意识，认为意义来源于工作主体的意识或意向性，许茨的意义源最终在胡塞尔意向性的意义上返回到工作意向主体自身。

3. 意向性理论与工作行动的意识设计过程

工作世界主体间性关系构成工作世界的意义，工作世界的意义总体化生活世界的意义，那么工作世界及其主体间性关系的意义又来自哪里？许茨认为工作意向性即工作行动设计是整个意义世界的源泉。胡塞尔的意向性是先验或纯粹的主体间性意识意向性，他把世界理解为由这种纯粹意识的诸基本的意向性形成的意义构成物。许茨的意向性理论没有停留在胡塞尔先验而纯粹的意识意向性活动的层次，他从工作行动意向性开始，把行动分为内化的自我意识设计行动和外化的公开活动，"为了把单纯思考的（隐蔽的）行进与那些需要身体运动的（公开的）行进区别开来，我们可以称后者为工作（working）"[1]。这就使意向性成为有现实或世俗感的工作意向性或工作意识活动，成为一个完整的过程总体。这里的自我不是一个以物质活动为本质的人，而是有意识张力即意识延伸力、设计力或现实建构力并在主体间性关系中存在的工作的精明成熟的自我。正是"精明成熟这个概念合理而且实用地为解释我们的认知生活揭示了出发点"，工作的自我或行动的自我是出发点，是认知的出发点，也是生活的出发点。

许茨的还原最后完成在意向性理论，意义首先来自工作世界主体间性，最后来自意识意向性，即最后回到意识的指向性赋予对象意义问题。如此，许茨与胡塞尔在意向性问题上是殊途同归的。但有一点不同，即胡塞尔的意识构造力是先验存在，而许茨是后天绵延、行动的过程，是在设计行动修正中累积的能力，即意向性或意向性能力是一个后天行动作为的过程。但不是行动修正设计而是设计修正行动，即设计才是行动有没有意义的参照者，行动的过程方式都是意识设计的，行动的意义在于是否符合设计。而设计的不断修正和改变则是意识本身的张力

---

[1] ［美］阿尔弗雷德·许茨：《社会实在问题》，霍桂桓等译，华夏出版社2001年版，第289页。

或意向性本性和能力。意识就是这样一个自我驱动、自我行动、自我修正、自我实现效果的意向性过程，过程的每一个环节都是意向的活动，行动是意向的设计，效果是意向的外化，修正是行动不符合意向或原有的意向的自我改变和行进。当然这主要是一种逻辑的分析，在实际阐述和实际工作世界中，意向性始终存在，意义理论和主体间性理论，也就是他的意向活动理论。如前所述，行动理论是他整个研究的起点，始于对韦伯的兴趣，最后又落在工作行动上，工作行动最后落在工作行动设计即工作意向性上。"工作是存在于外部世界之中的行动，它建立在一个设计基础上，并且由通过身体运行造成经过设计的时态的意向描述其特征。对于构成日常生活世界的实在来说，工作形式是我们描述过的全部自发性形式中最重要的一种形式。"①

由此，许茨的意向性理论以工作意向性理论的方式最终解决了韦伯等人没有解决的"意识如何给予行动意义"的问题。其基本环节是：(1) 把行动转化为工作行动，使得行动实体化、实在化，为描述行动意义做铺垫或提供经验材料；(2) 意识设计行动；(3) 以一定的知识储备为基础，不同知识储备有不同的设计，并导致不同结构；(4) 设计要有动机，动机不断变化；(5) 把设计外化为公开化的行动；(6) 意识修正行动，发现行动偏离了设计就要修正，或者发现自己不能公开化、外化也要修正行动；(7) 行动意义在于效果是否符合设计，而不是效果本身；(8) 行动、设计都基于主体间性的伙伴关系；(9) 意向性就是意识行动或工作设计、修正的全过程，它给工作行动意义，赋予工作世界意义，又给社会世界及生活世界意义，即意识行动总体化现实世界。韦伯、詹姆斯等现代意识哲学大量阐述行动，试图通过亲近行动获得意识的现实感。许茨与之不同的是把行动转换成工作行动，这就更具有实在感和现实境遇，与之相同的是最后回到意识自身，这是意识哲学普遍的生存轨迹。"我们可以说，现象学家并不与客体本

---

① 〔美〕阿尔弗雷德·许茨：《社会实在问题》，霍桂桓等译，华夏出版社2001年版，第289页。

身发生什么关系,他所感兴趣的是它们的意义,因为它是由我们的心灵活动构造的。"① 他的"意义源"否定了客体的意义,最终回到了现象学的主观意向性。

综上,许茨现象学的文化世界走向呈现出从生活世界到工作世界的进展,其工作世界理论还原了文化世界或生活世界的工作世界基础,探究了工作世界的总体性和主体间性结构与本质,阐明了工作世界是意义的源泉,最终确立了工作意向性是意义的最终源泉,这就在工作世界的意义上关注到人民大众的根本意义,使其工作世界理论具有一定的人民性,因为人民是生产、工作、劳动的主体。它对我们具有一定的启示与借鉴意义:哲学不仅要关注生活世界,更要关注工作世界;不仅要关注工作世界,更要关注人性化或主体间性关系的工作共同体世界;要循着工作世界的意义结构,追寻工作世界的过程、总体和共同体的价值意义,而不能停滞于某个片段或痴迷于某种物化;工作世界是生活世界或文化世界的核心,以人为本要以建构主体化的工作世界为本。但是,许茨的意义理论特别是主体间性关系意义理论,最终是建立在意识意向性理论基础上的,他认为,意义首先来自工作世界主体间性关系,最后来自意识意向性,即意识的指向性赋予对象或工作世界的意义。许茨将人民大众的工作世界置于生活世界的基础,建构了工作世界主体间性关系的人民性意义。但是这种人民性还囿于个体之间的主体间性交往关系,不具有"共同占有生产力总和"的人民性意义,且这种主体间性关系最终又被归结或还原为主体间的意识关系,如他所说:"我们可以说,现象学家并不与客体本身发生什么关系,他所感兴趣的是它们的意义,因为它是由我们的心灵活动构造的。"② 他的"意义源"否定了客体的意义,最终回到了现象学的主观意向性,这需要予以马克思主义哲学的改造和矫正。

---

① [美]阿尔弗雷德·许茨:《社会实在问题》,霍桂桓等译,华夏出版社2001年版,第167页。
② [美]阿尔弗雷德·许茨:《社会实在问题》,霍桂桓等译,华夏出版社2001年版,第167页。

第二章

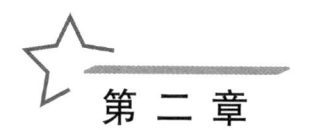

马克思主义哲学人民性的原生理论

前述哲学人民性演进的历史过程表明，古代哲学以自然本体或精神实体为中心，具有客体人民性意义；近现代哲学以抽象的精神主体和生活主体为中心，具有抽象主体人民性意义；现当代哲学以主体间性关系为中心，具有片面的生活和工作世界人民性意义，但这些哲学的人民性都不是以人民为中心的人民性。马克思哲学的人民性是哲学人民性的科学形态，处在现当代哲学的链条和框架上，是哲学人民性演进的必然逻辑阶段和关键一环，现当代哲学的生活世界转向特别是工作世界趋向实际上是从马克思哲学开始的，并受到马克思哲学的重要影响。马克思哲学的人民性是以人民为中心的人民性，与其他哲学人民性有着本质的区别。

马克思哲学的人民性是马克思主义哲学人民性发端意义上的原生理论，包括其直接阐明哲学研究本位的元哲学人民性理论，以及其哲学基本理论呈现的人民性，前者是从总体上阐明其哲学人民性思想，即马克思以人民为本位的哲学研究观，后者涵盖整个马克思哲学。本章第一部分从总体上阐明马克思以人民为本位的哲学研究观，第二、第三、第四部分分别阐述其生活世界理论、人学理论、实践观等具有总体意义的哲学思想的人民性。马克思主义哲学是为人民立世、立命、立言、立业的理论，马克思的生活世界理论、人学理论、实践观的人民性具有马克思主义哲学人民性的标志性意义，体现了马克思主义哲学人民性的总体性和本质性。

附带说明一下，因本研究主题不只是研究即成的马克思主义哲学人民性的理论形态，更是立足哲学人民性的历史演进逻辑和马克思主义哲学人民性的理论基础，探究马克思主义哲学人民性的一般意义结构及其创新问题，所以尽管恩格斯、列宁、毛泽东、邓小平等马克思主义哲学经典作家也都具有丰富的马克思主义哲学人民性思想，但是限于研究逻辑、篇幅特别是主题的指向，这里将不再特别或单列论及其他马克思主义哲学经典作家的思想，但在很多章节里都融入了这些经典作家的人民性思想。另外，由于结构平衡和核心范式的需要，对于马克思哲学工作世界思想人民性的阐述，将放置在第三章中作为马克思主义哲学人民性核心范式的理论基础。

一 马克思哲学研究观的人民性逻辑：方法，对象，本位[①]

马克思哲学人民性是以人民为中心的人民性，这首先体现在马克思以人民为本位的哲学研究观中，或者说，马克思的哲学研究观直接表明了哲学研究要以人民为本位，是其直接的哲学人民性理论。马克思哲学的人民性在研究价值旨归上首先源于马克思的哲学研究观，它认为哲学要走向多重现实世界，现实世界即以人民为主体的现实生活世界或文化世界，而工作世界是其基础或核心。

（一）马克思哲学研究观的生成动因：现实世界人民性的驱动

马克思哲学研究观的产生，有其外生动力和内在根据，这种动力和根据也规定了其内涵和变革意义。就其外生动力来看，是针对"独立

---

① 本节内容曾以《马克思的哲学研究观及其当代价值》为题发表于《井冈山大学学报》2015年第4期，选入本著作时有较大删节和改动。

哲学"的哲学研究观和研究状况。这里,"独立哲学"一词取自马克思一语"对现实的描述会使独立的哲学失去生存环境"①,其根本内涵就是脱离现实世界,从概念到概念、从理论到理论、从文本到文本的以理论哲学为价值轴心的哲学研究方式,如此,这里把"独立哲学"或"独立哲学研究方式"也称为"理论哲学"或"理论哲学研究方式",其表现主要有三种形式。其一,经院哲学研究方式。马克思在《关于费尔巴哈的提纲》里把离开实践将理论神秘化或讨论思维的真理性的研究称为经院哲学研究,其基本特征是只解释、注释、阐述经典和权威的理论和概念,是一种引经据典式的头头是道但又毫无现实内容和意义的烦琐空洞的哲学研究,其所探讨的问题,就如同中世纪经院哲学所研究的诸如"天堂里的玫瑰花有没有刺"、"一根针尖上能站多少天使"一样无意义。其二,思辨哲学研究方式。马克思在《德意志意识形态》里把黑格尔的理性哲学和青年黑格尔派的自我意识哲学称为思辨哲学,它是经院哲学的理性化形式,是一种立足于理性演绎,从概念到概念或从概念推导出现实世界的哲学研究方式。思辨哲学满口讲的都是"震撼世界的词句",只进行反对"词句"的斗争,而"绝不反对现存的现实世界"②。其三,抽象现实哲学研究方式。马克思把费尔巴哈等人对人、实践和现实的研究称为抽象的现实哲学研究。这种哲学研究的基本特征就是口头上讲哲学要研究人、现实和实践,要以人为本,而实际上却没有实实在在研究一个现实世界或实践、人本问题,或者至多研究一些饮食男女之类的日常生活琐事。这种哲学研究方式也是泛指整个旧唯物主义哲学,即这种哲学虽然在本体论上保持着自然界的优先性,但对人、社会和现实生活世界的理解,都是一种不切实际的纯自然化的抽象,即也是从概念和理论推导出人的现实生活和实践。另外,抽象现实哲学也包括空喊现实口号并用概念推演现实的思辨哲学。

上述经院哲学、思辨哲学、抽象现实哲学都是"独立哲学"或

---

① 《马克思恩格斯选集》第1卷,人民出版社1995年版,第73页。
② 《马克思恩格斯选集》第1卷,人民出版社1995年版,第66页。

"理论哲学"研究,这三种形式互相内含、交叉存在,它们的共同性就是经典注释、权威解释、理性思辨,用先在的概念和理论推导、主导或统领现实世界和哲学研究,是一种照着或接着原有的或既定的概念和理论讲的哲学。如老年黑格尔派照着或接着黑格尔的客观精神讲,青年黑格尔派照着或接着黑格尔的主观精神或自我意识讲。马克思深感这种照着讲或接着讲的"独立哲学"的概念范式的陈旧、话题的无聊、虚幻和迂腐,用现实世界的话题打断了他们"关于意思的空话连篇"的空话话题,用现实世界的概念范式弃绝了绝对精神、自我意识、实体等独立哲学的概念范式。只有解释、总结、研究概念和理论的理论哲学才照着讲或接着讲,而研究现实世界则不必,只要照着实际讲或接着实际讲就可以了。马克思以哲学家、思想家的勇气、果敢和实力,毅然决然地打断了独立哲学的话题,提出了以现实世界研究为首要原则的现实哲学研究观,认为每个时代哲学研究的前提"只能从对每个时代的个人的现实生活过程和活动的研究中产生"[1];"对现实的描述将会使独立的哲学失去生存环境"。马克思的哲学研究观就是主张哲学以描述的方式研究现实的人、实践、生活世界即现实世界总体,是与独立哲学研究观相对峙的现实哲学研究观。它是对独立哲学研究观在研究方法、研究视域、研究目的等方面的一次深刻的哲学研究观的变革,并试图通过对现实世界的描述和改变使独立哲学"失去生存环境"。

那么,马克思的哲学研究观为什么主张哲学要研究现实世界呢?显然,仅仅是独立哲学不研究现实世界这一外生动力还不足以构成马克思哲学研究观产生的依据,它还需要有内在的动力,即现实哲学本身的驱动力。马克思也表明了这种内在依据。首先,现实哲学研究是有效研究。这种有效性就体现在它能掌握大众,能抓住事物的根本,是彻底的理论,而"理论一经掌握群众,也会变成物质力量"[2]。现实哲学研究能使人认知现实世界和改变现实世界,实现哲学的现实世界化。其次,

---

[1] 《马克思恩格斯选集》第1卷,人民出版社1995年版,第74页。
[2] 《马克思恩格斯选集》第1卷,人民出版社1995年版,第9页。

现实哲学研究是容易被人民大众理解和掌握的哲学研究。马克思认为德国哲学或"独立哲学"由于脱离现实而晦涩难懂，他在1842年写的《〈科隆日报〉第179号的社论》中指出，德国哲学"喜欢幽静孤寂、闭关自守并醉心于淡漠的自我直观"。现实哲学研究基于人民大众的生活、生产和工作世界，使大众有亲近感、存在的主体感、话语的熟悉感，从而比独立哲学研究的那些"高深莫测"的创造物、自我意识、实体、神灵更容易为人理解。再次，现实哲学研究是科学研究，有实际应用价值。它不是从虚幻、想象出发，也不是从既成的哲学观或先在的哲学理念、结构出发，其前提、基础"只能从对每个时代的个人的现实生活过程和活动的研究中产生"，因而认识和理解了世界的本来面目，用马克思的话说是"符合实际的描述"。最后，现实哲学研究是一个动态的可持续的不断创新发展的过程。马克思认为，现实哲学研究的一般结论或总体描述，不是一成不变的药方和公式，它离开现实的历史就没有任何价值，每个时代的现实哲学都要对每个时代的现实生活或现实世界进行符合实际的描述。这就使现实哲学研究成为一种开放的不断注入新意义的永葆生机和活力的研究。

马克思哲学研究观的根本意义就是现实世界哲学研究观，这里简称现实哲学研究观，其基本结构是现实世界描述方法论、现实世界研究视域论、现实世界研究目的论（民众目的论）的统一体。它集中呈现于1845年的《关于费尔巴哈的提纲》和1847年的哲学成熟作品《德意志意识形态》（以下简称《形态》），它是在哲学研究过程和活动中流露和表明的，而不是一个先在的哲学研究观或研究结构。

（二）现实世界描述方法论：描述人民的现实世界

马克思的哲学研究观首先是现实世界描述方法论。马克思哲学研究观对其哲学观有先在性或逻辑上的优先性，而现实描述方法论对其哲学研究观有先在性，其内涵是从回到世界本身到总体描述再到深层结构描述的关联体系。

现实世界描述方法的本质是回到世界本身，按世界本来面目认识世界。这一方法的要义就是：搁置先在的或给定的哲学观和研究结构，打断"独立哲学"的话题，走进现实世界，叙说和建构现实世界。马克思不顾"独立哲学"的哲学观、哲学理念、哲学方法和哲学话题，只顾按世界的本来面目认识世界，即描述现实世界，让现实结构统领或主导哲学观和哲学结构，并通过走在现实世界的研究途中来表达自己的哲学研究观或哲学观。"不从观念出发"就是对已有哲学特别是当时盛行的"独立哲学"话题的打断，也可视为一种对已有哲学观念抛空似的"悬置"。马克思认为通过对现实世界或实践的描述，那些诸如"实体"、"自我意识"等"高深莫测的存在物"问题，"就会自行消失了"。"打断"后即进入现实世界的新语境或新话题，新话题是由一些新的概念和命题构成的，都来自现实世界，如实践、生活过程、生产活动、生产力和生产关系等。这里，"把哲学搁置在一旁"并不是弃绝所有的哲学观或哲学理论，也不是否定已有哲学的导向作用，而是把它们保存在手头、手边，在描述现实世界的过程中，需要应用和借鉴的就拿过来应用和借鉴，需要批判否定的就拿过来批判否定。马克思对黑格尔、费尔巴哈乃至整个哲学文明的续接，就是在对现实世界的描述过程中用现实哲学概念和话题对其进行批判、改造、继承与创新，而不是用它们来审视、评判现实世界。而对于纯思辨的没有现实世界意蕴的"独立哲学"的概念和话题，马克思则予以坚决彻底的打断，决不"接着讲"，更不"照着讲"。如此，现实世界主导即按世界本来面目认识世界是第一原则，先在哲学观的导向服从现实世界主导原则，现实世界是先在哲学观或哲学理论的评判者，而不是相反。如此，马克思的现实世界描述方法正确处理了现实世界主导和先在哲学理论导向的关系。

马克思的现实描述方法与黑格尔从观念出发的逻辑演绎方法不同，也与胡塞尔等人的现象学的描述法或悬置法根本不同。马克思认为黑格尔是以先验的绝对观念、自我意识为前提，靠理性自由运动推演出自然界、人类社会、生活世界等现实存在，由于现实世界是靠概念推演出来的，所以黑格尔不可能演绎出真实、具体、丰富的现实存在。胡塞尔的还原法悬置了各种实体，但却返回到先验意识这一纯粹的精神实体。胡

第二章　马克思主义哲学人民性的原生理论　◆◇　71

塞尔认为,生活世界"是一个持久的有效性的基础,一个不言而喻的一劳永逸的源泉,我们无论是作为实践的人还是作为科学家,都会不加考虑地需要这个源泉"①。把生活世界作为出发点、基础和源泉,这似乎是现实世界描述方法,但在胡塞尔看来这个现实世界是预先被给予的世界,"这个客观世界……从作为先验自我、作为只有借助先验现象学的悬搁才会呈现出来的自我的这个我中,获得它每次对我所具有的全部意义及其存在效果的"②。如此,这种所谓的现实描述或生活叙事,实质上或最终又回到对先验意识或意识结构的描述,这就使作为自由理性的精神实体从括号中又走出来,与悬置者的意向性意识合为一体,重获自由与解放,使得被打断的话题、被打断的自由理性又接续下来,继续讲着构造现实世界的神话或乌托邦梦想。而马克思则彻底地"跳出哲学的圈子去研究现实世界"。

那么,怎样才能回到世界本身呢?世界本身是一个总体,如此,描述的内容是对现实世界总体意义的描述,而不是对某个或某些具体现实问题的描述。而这种总体性又是多层次的。其一,它是对人类化现实世界总体的描述。马克思在《形态》中首先通过对物质生活的生产、新的需要的生产、人与人和自然关系的生产、生命的生产以及精神文化的生产五种生产活动的描述,描述了生产活动的总体性。又通过对生产力、生产关系、经济基础和上层建筑及其关系的描述,描述了社会历史活动的总体性。还从人的存在与本质、物质生活与精神生活的视觉描述了现实人的总体性。这种总体的描述是对本体论哲学的超越,后者只是从一个本体演绎、推导出总体的存在。其二,它是对每个时代现实人的现实世界总体性的描述,是一个动态发展的描述过程。马克思除了认为对总体性的描述"离开现实的历史就没有任何价值",还特别指出了每个时代的现实哲学前提"只有在对每个时代的个人活动和生活过程的

---

① [德]胡塞尔:《生活世界现象学》,倪梁康等译,上海译文出版社2002年版,第259页。
② [德]胡塞尔:《笛卡尔式的沉思》,张廷国译,中国城市出版社2002年版,第35页。

描述中产生"。这就使现实哲学研究成为一种开放的不断注入新意义的永葆生机和活力的研究。其三，总体性描述预示着对事件和问题的描述。在马克思看来，一切事件和问题都根源于现实的物质生产活动这一根本，而这一根本又构成现实世界的总体，缺失对现实世界总体和结构的哲学研究，就会"只能在历史上看到政治历史事件"和"一般的理论斗争"，从而导致"虚幻"或"妄想"式的研究。[①] 马克思强调哲学研究是"完整地描述事物及其不同方面的相互关系"。哲学是对现实生活过程总体的研究，是在对现实世界总体研究中预示现实问题和事件并为之提供生活世界基础。孤立研究事件或用既成的概念解释事件，就会割断、遮蔽事件或问题的现实总体性结构。马克思哲学出发点也不是从重大事件或理论问题开始的，而恰好是从日常生活吃穿住行开始，描述现实世界总体意义结构。马克思强调哲学"世界化"和"改变世界"，即是强调哲学的世界观和世界境界总体意义，他从未说哲学是解决具体现实问题的"问题哲学"或处理事件的"事件哲学"。

那么，怎样才能描述总体呢？总体不是表层现象的罗列和各个部分的机械叠加，总体是靠内在结构有机关联或总体起来的。如此，现实世界描述方法描述的层次是对现实世界结构本质深层的动态描述。现实世界或生活世界就是人与人、自然和社会的关系世界，这种关系恰好就是世界的结构。哲学世界观就是这种"世界关系观"或"世界结构观"，哲学研究就是描述这种世界关系或结构。马克思描述了人与人、自然和社会关系的基本结构，如生产力、生产关系、社会基本矛盾结构，这些结构都是现实世界意义的生成结构。在马克思看来，生产结构或生产方式决定社会结构，结构描述方法就是从生产结构描述出整个社会结构。生产方式的动态性注定了现实世界的结构是动态结构，如此，现实描述方法是改变现实世界状况的动态描述。

（三）现实世界研究视域论：以人民的现实世界为对象

与"独立哲学"或思辨哲学空喊研究现实而自己从未研究过一个

[①] 《马克思恩格斯选集》第1卷，人民出版社1995年版，第93页。

现实世界不同，马克思不仅指出了现实哲学研究方法和路径，而且自己就按照这个方法和路径走下去，实实在在地进入现实世界，并在研究过程中表明了哲学研究的现实世界对象视域是一个关联的存在总体和递进的过程，且与上述方法描述的内容、层次在差异性上相互通融、依托和观照。

第一，哲学沉入的世界对象是多重现实世界总体。描述是对现实世界总体的描述，这一方法同时也规定或表明了哲学的研究对象是现实世界总体。实体、自然、意识都在实践基础上统一于现实世界这个总体，没有能创造一切的本体或统领一切的中心。马克思对哲学研究对象的总体规定，不仅超越了本体论或中心论对本体或中心研究对象的规定，也超越了"事件哲学"研究观对事件、问题研究对象的规定，如前所述，在马克思看来，现实哲学研究既不是孤立地研究现实问题或现实事件，也不是离开现实生活抽象地研究现实世界一般意义结构，而是融合时代境遇研究现实世界总体。作为哲学研究对象的现实世界总体具有多重世界总体性，从共时性看，如生活世界、工作世界、文化世界、生态世界等，从历时性看，不同时代不同社会境遇下有不同的现实世界总体。对这些总体对象的研究需要每个时代的哲学研究者去完成。

第二，哲学行进的出发点对象是现实的总体的人，即人的生活世界。现实世界是人的世界，人的世界就是人的生活世界，确立了哲学研究的现实世界对象视域，必然导致以现实的人或生活世界为出发点的哲学研究观。马克思认为自然界的优先地位需保持，但离开人或生活世界，"被抽象地孤立地理解的、被固定为与人分离的自然界，对人说来也是无"[①]。这就在研究对象上把现实世界研究和人的研究融为一体，而融合统一的基础就是生活世界或实践。

第三，哲学探寻的核心对象是实践活动或工作世界。现实就是现实世界，现实世界是人的生活世界，而"全部社会生活在本质上是实践的"。哲学研究以现实的总体的人为出发点，必然会进一步深入到这个

---

① 《马克思恩格斯文集》第 1 卷，人民出版社 2009 年版，第 220 页。

现实总体的核心即实践活动，而实践的核心是生产实践。马克思通过五种生产活动描述生产活动的基本结构，并把现实世界描述成一个由生产活动构成的总体。现实哲学研究以实践哲学研究为核心，但又不等于实践哲学研究，这种差异性在于现实与实践存在的时空域不同。现实的范围大于实践，实践仅是践行思想理论、观念计划的行动，人的实际存在并不都是实践，如睡觉做梦、理论静观、潜意识活动、非理性举动等，都是实际或现实，但很难说是实践。现实哲学研究既包含了对现实实践的研究又包括对非实践的诸多现实存在域的研究。如此，马克思的现实哲学研究观具有比实践哲学研究观更为广阔的现实存在视域，这一点使它进一步获得了存在的合法性。而实践的具体化、现实化、实体化、主体化就是工作世界。如此，哲学研究以实践为核心还要主体化、实体化为以工作世界为核心。马克思的《资本论》既是从社会世界层面研究现实的生产实践活动，又是从主体层面描述现实的工作世界，这是马克思对其哲学研究观核心价值取向的践行。

第四，哲学抵达的终极对象即研究解决的全部问题或根本问题是改变现实世界，为民众确立未来梦想世界境界。哲学研究现实世界并不是一味地持有现实世界，而是立足现实探寻潜能或未来世界走向，建构理想或梦想世界境界，并探寻实现梦想的道路。这是哲学研究对象视域的一个重要向度或终极关切。马克思认为，哲学不只是解释世界，而重在改变世界。马克思在《形态》中通过对现实世界总体与结构的描述，最后得出研究的四点结论，都是围绕生产力、生产关系以及社会结构的改变、变革或革命，并批判资本主义异化的对抗的虚假共同体，提出建立未来共同创造、占有和享受生产力总和的真实共同体的构想。马克思哲学就是在生活、生产、工作等多重视域为民众确立未来梦想世界境界，并探寻实现梦想的道路。这些世界境界的总体就是《形态》中建构的生活世界共同体，其核心是工作世界共同体，而社会主义和共产主义是马克思哲学的社会世界境界。

（四）现实世界研究目的论：以人民为本位

哲学研究的目的就是研究的价值指向和归宿，归根结底是为谁研究的问题。马克思哲学研究观的目的论同其研究方法论、对象视域论一样，总是特别顾及哲学对现实存在者或实践应用者的价值，表明了哲学研究的现实世界目的即为民立命、为民筑梦的服务担当和主体旨归。

哲学研究的总体目的是使哲学世界化或世界哲学化即改变世界。这一目的与上述哲学研究的全部问题或根本问题是一致的，哲学研究的根本问题也必然是哲学研究的根本目的所在。改变世界是对现实世界总体的改变，是物质世界和精神文化世界的双重改变，即哲学的世界化和世界的哲学化过程。哲学不能只在观念意识中成为现实，只有成为现实世界的实践活动才能成为现实，这样哲学就实现了对独立的意识哲学的否定或"消灭"。研究者要通过描述现实世界使哲学成为现实世界哲学，哲学应用者或民众实践者要用现实世界哲学思维方式或精神力量去改变现实世界，抵达理想或梦想世界境界。

哲学研究的根本目的是为人民大众提供精神力量，确立生命存在的总体世界境界，实现人的自由、解放和全面发展。改变世界这一总体目的要靠人民大众实现，这就要给民众提供改变的精神力量和未来世界境界，以此驱动民众改变世界也改变自己的命运，且改变世界也是为了人民大众。马克思指出，思想本身根本不能实现什么东西，思想要得到实现，就要有使用实践力量的人。理论要掌握群众，要抓住人这个根本，为民众立言、立命，为民筑造生活、工作世界境界或梦想。马克思批判那些经营绝对精神的哲学研究者，当黑格尔哲学瓦解的时候，靠抱着黑格尔绝对精神的残片保持自己的哲学地位、维持自己的利益。他指出哲学研究的目的是让哲学成为"无产阶级的头脑"[1]，成为人民大众解放自己获得自由的精神力量。这种民众本位的哲学研究目的论与国家本位、政府本位、个人本位以及抽象的理性自由本位的哲学研究目的相对峙。

哲学研究的科学文化目的是进行文化批判，为科学文化奠定实践或工作世界基础。哲学要现实化和改变世界，必须批判与现实世界和人民

---

[1]《马克思恩格斯选集》第1卷，人民出版社1995年版，第16页。

大众相对峙的"独立哲学",并使其"失去生存环境"。马克思认为德国哲学家们从来不注意人的物质生产活动即工作世界,所以他们从来没有为历史提供世俗基础。如此,要通过哲学研究把历史科学以及道德、法律、政治、艺术等意识形态都建立在生活世界、生产活动或工作世界的基础上,甚至宗教研究也要"从当时的现实生活关系中引出它的天国形式",这是"唯一的唯物主义方法,因而也是唯一科学的方法"。

总之,现实世界是人的总体存在,而人的主体是人民大众。由此,现实世界描述方法论、现实世界对象视域论、现实世界目的论必归于人民大众本位论,现实世界哲学研究必归于对民众主体的研究,研究他们的生活世界、工作世界和文化世界,而研究大众必归于对现实世界的研究。哲学不能只为研究经典作家的思想理论而存在,也不能像黑格尔哲学那样沦为国家和政府的论证工具,更不能像一些"独立哲学"那样只为维护研究者个人的学术地位、圈子、功利而存在。马克思的哲学研究观具有划时代的变革意义以及重要的现当代价值,这一变革的主题就是用现实世界哲学研究观代替了脱离现实世界和人民大众的"独立哲学"研究观,其核心内容就是把现实世界研究同对人、对民众主体的研究融合起来,把服务现实世界同改变世界即立足现实的梦想世界结合起来,走进生活世界、工作世界、社会世界、文化世界等多重现实与梦想世界的总体,其核心价值指向是实践化、现实化和主体化的工作世界,其终极目的就是为民立言、立世、立命,为民立业,为民筑梦,从而实现对思辨哲学、理性哲学、意识哲学、自然哲学以及抽象现实哲学等哲学研究观的超越。

二 马克思生活共同体思想的人民性

马克思的哲学研究观主张哲学要走向多重现实世界,而现实世界的总体即生活世界,生活世界的本质即生活共同体。学界对生活共同体的研究,主要集中于胡塞尔、许茨的现象学及列斐伏尔、哈贝马斯等西方马克思主义的"主体间性"日常生活共同体,这些生活共同体主要是个体之间较为微观并带有浓厚的主观化、意识化色彩的共同体，特别是缺失"共同占有生产力总和"这一生活共同体的根本意义。而学界对马克思共同体思想的研究，主要指向其国家或政治共同体、社会共同体、自由共同体、真实共同体等概念意义以及对其共同体思想的历史梳理和逻辑阐释，尚缺失生活共同体概念，对其生活共同体思想未给予应有的重视。党的十九大提出新时代主要矛盾是人民日益增长的美好生活需要和不平衡不充分的发展之间的矛盾。那么，什么是美好生活？学界尚未给出一个范式化的表达，这个范式就是马克思为人民大众确立和建构的生活共同体或共同体生活（这里在同等意义上使用这两个概念）。马克思的生活共同体思想对于构建新时代人民美好生活世界有重要的指向意义。

（一）人、生活、共同体的本质是生活共同体

马克思没有明确提出生活共同体概念，但它却是隐含或潜藏在马克思关于人、生活、共同体理论中的具有核心价值意义的一个基本范式，这就需要研究者进一步解构、建构并把它呈现出来。

第一，人与生活的本质是生活共同体。人的本质是共同体，是真正的共同体，人的共同体本质直接就是生活共同体。马克思认为无产阶级社会革命是"人对非人生活的抗议"，是为了实现人的真正共同体本质："因为它从单个现实的个人的观点出发；是因为那个脱离了个人就引起个人反抗的共同体，是人的真正的共同体，是人的本质。"[1] 这里，马克思不仅把共同体看作人的本质，而且把共同体同生活共同体统一起来了，在马克思看来，作为人的本质的真正共同体是生活共同体，不能脱离个人生活，一旦悖逆了人的生活本性就要"引起个人的反抗"，"个人"不是某个人或某些个人，而是后来《德意志意识形态》中表述的"各个人"或"每个人"，其主体是人民大众，脱离真实共同体就脱离了生活本身："工人自己的劳动使工人离开的那个共同体是生活本

---

[1] 《马克思恩格斯全集》第3卷，人民出版社2002年版，第395页。

身，是物质生活和精神生活、人的道德、人的活动、人的享受、人的本质。人的本质是人的真正的共同体。"① 在马克思的视界里，人和生活是同一存在的："人的存在就是他们的现实生活过程。"② 由此，人的本质是生活共同体，生活的本质亦是生活共同体，丧失了生活共同体意义，生活就不再是生活，就会陷入异化、对抗或被奴役的境地。

附带说明一下，这里说生活的本质是生活共同体，与马克思"社会生活在本质上是实践的"观点并不矛盾，生活的实践本质与生活的共同体本质是统一的，二者互相规定。没有共同体本质的实践是非本质的实践，如异化实践使人丧失存在的价值，丧失本质意义。没有实践本质的共同体是抽象或虚幻的共同体。另外，生活共同体与共同体生活两个概念的意义亦是统一的，生活共同体即生活着的共同体，即共同体生活，由此，可在不同语境中在同等意义上使用这两个概念。

第二，共同体的历史发展趋向生活共同体。人或生活的本质是共同体，共同体的历史即人的存在或生活过程，人或生活的历史趋向生活共同体。在马克思的视界里，历史上的共同体有三个基本的历史范式，即以血缘关系为纽带的原始共同体、以私人占有制为基础的国家共同体或政治共同体、以社会成员共同占有为基础的真正共同体或自由人联合体。原始共同体以共同占有财产为根本，但生产力极其落后，人们只有按血缘关系结成氏族、胞族、部落、部落联盟等共同体，共同劳动共同生活才能生活下去，因此，这种共同体主要是人对人的依赖关系，没有特殊的个人或阶级阶层利益，个人是附属于共同体的附属物，严重缺失人对自然的自由和人对人的自由，不具有自由自觉劳动和生活的本质意义。随着生产力的发展，产生了一些贪占公共财富的部落首领、酋长等个人和阶层的特殊利益，为了维护这些特殊利益，作为虚幻的公共利益象征的国家产生了，氏族或部落共同体发展到国家或政治共同体。建立在分工和私有制基础上的国家共同体或政治共同体，是虚幻的共同利益

---

① 《马克思恩格斯全集》第 3 卷，人民出版社 2002 年版，第 394 页。
② 《马克思恩格斯选集》第 1 卷，人民出版社 1995 年版，第 72 页。

即一个阶级统治其他阶级的共同体,只代表少数人的特殊利益,而不是全体社会成员或人民大众的利益共同体或生活共同体,也不可能实现人民的自由生活,个人成为国家的附属物,个人利益开始服从于虚幻的公共利益,人民大众成为统治阶级或剥削阶级的附庸。

马克思认为,资本主义加剧了国家共同体与人民大众生活共同体的对抗与分裂,国家共同体不是生活共同体和普遍利益的真实存在,只是以虚幻的生活共同体即"天国的生活"存在于人民的思想或观念中,并美化和掩盖着资产阶级市民社会生活"把别人看作工具,把自己降为工具"的自私自利和人民群众的异化状态,这种市民生活实际上就是资本主义经济关系,就是以资本和权力中心的资产阶级的生活,市民社会生活使人民成为资产阶级的工具和附属物,成为资本的奴隶。而政治国家与市民社会的对立,实质是国家这种虚幻的普遍生活利益与现实的个人生活即资产阶级自私生活的对立。这种对立实际上只具有形式上的意义,其实质是把资产阶级自私生活标榜成国家共同体的生活,标榜成人民大众的共同利益或共同生活。总之,无论是国家共同体还是资产阶级市民生活都不具有生活共同体的总体意义,都是片面的资产阶级的生活共同体,都与人民大众的生活相分裂相对抗,都是人民大众的异化形态。人民大众要摆脱自身的工具化、物化、异化,就要消灭虚幻或虚假的国家共同体及其基础——资产阶级的生活共同体,建立真正的共同体即以人民为主体或中心的生活共同体。在《德意志意识形态》中,马克思把"真正的共同体"看作人民大众的生活共同体,认为"在真正的共同体的条件下,各个人在自己的联合中并通过这种联合获得自己的自由"[①]。真正共同体就是无产阶级和广大民众的生活共同体即全面自由发展的生活共同体,是对剥削阶级统治的国家共同体的否定和扬弃。

第三,共同体、真正共同体的本质是生活共同体。人或生活的本质是生活共同体,社会或国家共同体的本质亦是生活共同体。马克思指

[①] 《马克思恩格斯选集》第1卷,人民出版社1995年版,第119页。

出:"社会结构和国家总是从一定的个人的生活过程中产生的。"① 共同体的本质和基础是生活共同体,原始共同体的本质和基础是片面的自然生活共同体,私有制国家的本质和基础是片面的剥削阶级的生活共同体,社会主义和共产主义真正共同体的本质和基础是人民大众自由全面发展的生活共同体。

可以说任何共同体的本质都是生活共同体,尽管私有制国家共同体采取了虚假的形式或虚幻的方式,只不过生活共同体的意义有所不同甚至根本不同。原始共同体虽然是全体成员的共同体,但由于其主要靠自然血缘关系维系,缺少自由和创造本性,缺少生活世界的总体意义特别是自由创造和生活意义,人不是总体的人,而是过度依赖自然的自然人;生活不是总体的生活,不是真正共同体或生活共同体,至多是一种对自然和社会整体双重依赖的片面的自然生活共同体。以私有制为基础的国家共同体悖逆了生活世界的总体意义,成为少数人压制盘剥人民大众的政治和权力工具,不再是普遍利益的代表,从而不具有生活共同体的本意,只是一种过度依赖物或资本的片面的剥削阶级的利益共同体或生活共同体,更明确地说,国家共同体对作为统治阶级的剥削阶级来说,是他们的"真实共同体",而对被统治被压制被剥削的人民大众来说,才是"虚假的共同体",是他们被物化、工具化、资本化的异化生活共同体。

共同体脱离人民现实生活世界就是抽象或虚假的共同体,人民就成为异化的人,人民的生活就成为异化的生活,就丧失了人民生活的共同体本质。在资本主义异化的国家共同体中,无产阶级的劳动对象、劳动产品、劳动活动本身及劳动关系都成为与劳动者自身相对抗的异己力量。资本主义国家共同体或社会共同体只能是资产阶级的生活共同体,无产阶级只能是资产阶级实现自己美好生活的资本和工具,他们没有自己的生活,是资产阶级生活的附属品。社会主义和共产主义的真正的共同体之所以是真正的共同体,就在于它是人民大众共有共创共享的生活

---

① 《马克思恩格斯选集》第 1 卷,人民出版社 1995 年版,第 71 页。

共同体，具有生活世界的总体意义。由此，不能把马克思"真正共同体"的意义只归结为社会共同体，因为社会共同体只是其表意，还不能展现其本质所在，因为原始共同体、国家或政治共同体也都是社会共同体，而真正共同体不是片面的生活共同体，也不仅是一般的社会共同体，而是超越了国家和一般社会共同体的生活共同体，它是"总体的人"的总体生活，是总体生活的生活共同体。此外，也不能把马克思"真实共同体"的意义只归结为自由共同体，因为自由不具有生活的总体意义，自由共同体不具有生活共同体的总体意义。

（二）生活共同体的根本内涵是人民性

与原始共同体、国家共同体和真正共同体三个共同体基本范式相应，原始的片面的自然生活共同体、私有制的片面的剥削阶级的生活共同体（人民大众被异化为这个共同体的物、工具、资本）以及社会主义和共产主义人民大众的真正生活共同体，构成生活共同体的三个基本范式，并分别构成共同体三个基本范式的本质和基础。马克思的真正生活共同体范式是生活共同体发展的最高阶段，是人民大众的美好生活理想，主要指向共产主义的生活共同体，而不是抽象或一般的生活共同体，也不是历史上的片面或异化生活共同体。由此，这里所探讨的生活共同体的人民性内涵亦是指向真正生活共同体。生活共同体这一概念本身就意味着生活世界的总体意义，就意味着是对片面和异化生活的否定和超越，因为片面和异化的生活本意上就不是生活共同体或共同体生活。人、生活、共同体的本质是生活共同体。概言之，生活共同体是以"共同占有生产力总和"为基础和纽带的人与人、自然和社会共生关系的总体，是人民大众对生活资源和财富的共有共创共享关系的总体，其本质是共创共享的工作共同体。它直接是对以资本和权力为中心的国家共同体的否定、扬弃和超越，其基本内涵在于人民的生活意义，或者说人民性注定了其基本内涵的人民性意义，人民性内涵就是其基本内涵。生活共同体的人民性内涵主要包括以下几个方面。

第一，总体内涵的人民性。生活共同体的总体内涵即生活世界的总体意义，有总体意义的生活才是生活共同体，有生活共同体意义才有生活的总体意义，生活共同体与生活世界的总体意义是统一的。总体内涵即总体意义，总体内涵的人民性即总体意义的人民性，它是生活共同体的基本内涵，它主要包括两个方面的内容。（1）生活共同体以人民大众"共同占有生产力总和"为基础和纽带，是人民大众对生活资源和财富的共有共创共享关系的总体。正如马克思指出的，在自由人联合起来的生活共同体中，"才能够实现自己的充分的、不再受限制的自主活动，这种自主活动就是对生产力总和的占有以及由此而来的才能总和的发挥"①。马克思明确地将"共同占有生产力总和"这一所有制关系置于生活共同体的基础层面。"才能总和的发挥"即人民大众的才能特别是生产力创造力的发挥，是人民大众的共同创造活动。"才能总和"强调的是整个社会的才能总和，人民大众的才能才是才能总和中的主要力量和实力。人民大众"共同占有生产力总和及才能总和发挥"是生活共同体人民性的基本内涵，其他内涵都如此而生。（2）生活共同体是人与人、自然和社会关系的总体，"人以一种全面的方式，就是说，作为一个总体的人占有自己的全面的本质"②。总体的人就是总体的生活，就是自然关系和社会关系的总体，就是人与人、自然和社会关系的共同体。或者说，生活共同体是美好的物质生活与精神生活、个人生活与群体生活、日常生活与社会生活、道德生活与审美生活的总体，是美好的经济生活、政治生活、文化生活、社会生活、生态生活的总体。

第二，本质内涵的人民性。生活共同体是生活世界的总体，这个总体是一个相互关联、相互促进的总体。那么是什么将这个总体关联起来的呢？那就是工作共同体，工作共同体是生活共同体的本质或核心。生活靠工作创造，生活世界靠工作世界支撑，生活共同体靠工作共同体造化。"社会生活在本质上是实践的"，"生产是一个总体"，马克思认为生产实践的总体性构造整个社会生活的总体。马克思把生产实践和生产

---

① 《马克思恩格斯选集》第1卷，人民出版社1995年版，第129页。
② 《马克思恩格斯文集》第42卷，人民出版社2009年版，第289页。

的总体性置于生活世界和生活世界总体性的本质与核心，就是把工作世界或工作共同体置于生活世界或生活共同体的本质与核心，因为工作世界是生产活动主体化、实体化、现实化，主体化工作世界的本质是共创、共享工作资源和成果的工作世界共同体。生产活动在现实中总是表现为一些企事业单位的工作世界，生产者总是以工作者的现实身份和职业生态呈现出来。工作共同体就是人民大众对工作世界资源和财富的共有共创共享关系，这些工作共同体关系把工作世界关联成一个总体，从而又把生活世界关联成一个总体。"共同体作为第一个伟大的生产力而出现"①，工作共同体就是共同体这种伟大的生产力及与这种生产力相适应的共有共创共享关系的总体，而人民群众无疑是共同体主体的生产力与生产关系。

日常生活的生产和再生产即日常工作。现象学社会学家许茨更为直接地把日常工作视为日常生活的最高实在和意义的源泉，是主体间性共同体关系的发源地，日常生活世界以日常工作世界为基础，生活世界的主体间性共同体关系源于工作世界的主体间性共同体关系。列斐伏尔、赫勒、许茨的生活共同体主要囿于或局限于微观个体个人之间的主体间性共同体关系，缺失"共同占有生产力总和"这一社会基础和人民性内涵。

第三，个体内涵的人民性。马克思的生活共同体是无阶级和阶级对抗的共产主义生活共同体，是人民大众"各个人的联合"的生活共同体，是以人民大众为主体的实现了个人或个性自由和全面发展的自由人联合体。

第四，建构意义的人民性。建构意义的人民性也是生活共同体实现路径的人民性。生活共同体作为人民的美好生活理想，不是虚假的生活共同体，也不是乌托邦梦想，它是共同体历史运行的趋向，要靠人民群众的社会革命和社会变革才能实现，要靠人民群众的"才能总和的发挥"来创造。而这种创造是人民的审美创造和德性创造。在自由人联

---

① 《马克思恩格斯全集》第30卷，人民出版社1995年版，第488页。

合体即生活共同体中，"每个人的自由都是他人自由条件"，而且要"按美的规律建造"。这种审美创造和德性创造都要遵循的基本原则，即人对自然的主客体间性关系和人对人的主体间性关系的双重意义的创造原则。

三 人民性：马克思人学理论的根本蕴涵

人就是人的生活过程或生活世界，马克思的生活世界理论与人学理论都处在现实世界哲学的总体层面。马克思人学理论是一个由人的普遍范式和现实范式构成的关联总体。人民性是马克思人学理论的根本蕴涵。但马克思以前的人学理论研究，一直存在着将其归结为一个普遍范式的倾向，从而失却了人学理论的总体意义和人民性蕴涵。马克思人学理论总体的人民性和变革的人民性注定了人民性是马克思人学理论的根本蕴涵。马克思人学理论作为普遍范式与现实范式统一的总体，其普遍范式只有在总体结构中才能彰显出现实人学的活力和人民性价值，而"共同体人"是其最高意义所在和人民性的价值核心；马克思人学理论变革不是从一个普遍范式向另一个普遍范式的转换，而是总体结构对普遍范式的扬弃，是人民性对普遍人性的超越。

马克思人学理论实质上并不是一般人或所有人的人学理论，而是人民大众的人学理论，具有强烈的人民性。比如资产阶级就不会接受马克思人学理论主张的消灭源于私有制的无产阶级的异化劳动，建构公有制基础上的人民大众的共同体关系。人学理论的范式化问题，就是将人学理论归结为一个无现实人民性规定的普遍或一般的范式，就是将人学理论总体消解在一个普遍范式中。黑格尔把人归结为普遍的理性范式；费尔巴哈甚至还把人归结为普遍的现实社会关系或实践范式，但没有任何现实社会的特质和规定性。这种范式化的研究把人的本质归结为一个普遍的范式，使人学理论及其研究在孤立范式的意义上成了一种抽象人论，缺失现实社会关系或实践的意蕴。只要研究现实关系，人的社会关系的丰富性就会立刻呈现出来。对抗与和谐、共同体与孤立个人、资本主义与社会主义,等等,人学理论就会立刻成为一个有肯定与否定、批判与建构、抽象与具体、普遍与特殊等不同社会关系的体系化建制,那种普遍范式的体例就会被各种现实关系所消解,就会不攻自破。马克思规定了人的一般社会关系或实践本质,但他没有停留在这个层次上,而是把主要的研究工作置于揭示资本主义异化社会关系中的异化人状态以及为人民大众确立未来社会的共同体人生存理想,实现了人学理论由普遍范式向总体结构、由普遍人性向现实社会人性的变革。

马克思的人学理论是由"社会关系人"或"实践人"范式、"异化人"范式、"共同体人"范式所构成的关联总体,是普遍范式与具体现实社会范式的统一,具有强烈而丰富的人民性,或者说,人民性是其总体蕴涵的意义旨归。

人学理论研究的范式化倾向,将人学理论归结为一个普遍的范式,从而失落了人民性,那么,社会关系人或实践人这一普遍范式在原生的马克思人学理论总体中有没有人民性呢?回答当然是肯定的。我们说普遍范式失落了人民性,是指将普遍范式从现实范式中抽象出来使之成为一个脱离现实范式和总体意义的孤立范式。马克思人学理论的普遍范式并不是孤立存在的,更不是脱离现实社会生活的抽象,而是总体中的普遍范式、普遍方法。马克思将普遍范式与现实社会范式融为一体,从而为普遍范式注入了强烈、丰富而现实的人民性。

马克思的社会关系人或实践人范式作为一般或抽象的普遍范式,是马克思在1845年《关于费尔巴哈的提纲》一文中针对费尔巴哈脱离现实社会关系和实践的抽象人学理论提出的。社会关系人范式即马克思所说的"人的本质是一切现实社会关系的总和",这里说它是一个普遍范式,因为它适用于表达所有人的本质都是现实社会关系,都是社会属性或自然属性、物质属性与精神属性、心理属性与生理属性的统一,但它没有表达出人应该追求什么样的社会关系,什么样的社会关系才是人的真正的本质,它只是进一步研究人的现实社会关系的普遍或一般方法。实践人范式即把人的本质看作实践,马克思认为"全部社会生活在本质上是实践的",而生活的实践本质即人的实践本质,因为"人们的存在就是他们的现实生活过程"①。社会关系人范式与实践人范式是统一的。马克思在规定人的社会关系本质时总是同规定人的实践本质结合在一起。马克思在《关于费尔巴哈的提纲》中认为"人的本质是一切现实社会关系的总和",同时认为"社会生活在本质上是实践的"即人的本质是实践,因为生活和人的存在是同一的。社会关系都是实践着的社会关系,实践都是社会关系的实践。"人在积极实现自己本质的过程中创造、生产人的社会联系、社会本质。"② 社会关系人和实践人是同一个人。马克思在对现实人本质的认识中也很自觉地从这两个方面来展现人的本质。如他在《1844年经济学哲学手稿》中就明确地从社会关系或社会实践的层面揭示了人的本质,他对资本主义私有制关系和异化劳动的解析就是这一思想的典型体现。他总是把对人的社会关系的解析和对人的实践活动的透视置于"同一个人"的存在层面。有学者把发现马克思人学关于人的实践本质的论断看作马克思人学理论研究的"重大突破",其实把人的本质只归结为普遍的实践本质,同把人的本质只归结为普遍的社会关系本质一样,都把马克思人的本质理论当作一个孤立的普遍范式,消解了马克思研究具体人民大众现实关系的异化人范式和共同体人范式,都属于同一种范式化的研究体例,在很大程度上失落了马克思人学理论的人民性。之所以说实践人范式是普遍范式,是因为这里的实践人亦是适用于表达所有人的实践本质,亦是没有具体现实规定性的抽象现实规定,即没有回答应该做什么样的实践人,什么样的实践人才是人的生存发展目标。马克思用一般社会关系或实践的方法阐明了资本主义的异化人范式和共产主义的共同体人范式,使普遍范式拥有了现实社会关系或现实实践,真正成为现实人学,特别是用共同体人范式为人民大众指明了生存发展方向。

马克思的人学理论源于资本主义工作世界人民性的丧失和旧哲学对人民性的漠视与消解。异化人范式是马克思人学理论第一个关于现实社

---

① 《马克思恩格斯选集》第1卷,人民出版社1995年版,第72页。
② 《马克思恩格斯文集》第1卷,人民出版社2009年版,第724页。

会生活的人特别是工人阶级的存在范式，马克思认为，资本主义社会人的社会关系和生产关系都被异化为物的东西，人的自由和解放只有通过建立人民大众共有共创共享财富的新的社会关系，即联合起来的共同体才能实现。马克思在《1844年经济学哲学手稿》中明确提出和集中阐述了异化人范式。"全部人的活动迄今都是劳动，也就是工业，就是自身异化的活动。"① 人的本质是自由自觉的劳动，由此，劳动的异化就是人的异化，异化劳动就是异化的人。而工业劳动的异化即资本主义劳动的异化，即工人劳动的异化。"工人的生命活动对于他不过是使他能够生存的一种手段而已。他是为生活而工作的。他甚至不认为劳动是自己生活的一部分；相反地，对于他来说，劳动就是牺牲自己的生活。劳动是已由他出卖给别人的一种商品。"② 马克思的异化人范式主要指向广大工人阶级的劳动生态，关注的核心是广大工人阶级的工作和生活价值，是替人民说话的，体现了马克思深广的人民情怀，而黑格尔和费尔巴哈则沉迷于绝对精神自由的异化及宗教神性或抽象人性的异化，漠视人民大众的物质生活、现实生活特别是工作世界的异化生态。马克思也指出了资本家的异化，但其与工人的异化有本质的不同，资本主义私人占有制是工人阶级异化的根源，工人的异化是自己的劳动、自己的本质被资本家占有，并被资本家当作统治和压迫自己的工具和资本，而资本家的异化是唯利是图使自己成为资本的化身，从而丧失了人性和人的本质，而无论是工人还是资本家的异化都根源于资本主义的私人占有制。异化人范式是马克思人学理论的逻辑起点，是社会关系人或实践人范式现实化的最初形式，离开社会关系现实化的异化人范式，就不能真正理解马克思人学理论总体特别是以人民为价值核心的共同体人范式。

长期以来，由于对马克思的人学理论形成了一种"普遍范式"的思维方式，即用一个概念或范畴，用社会关系人或实践人代替马克思的人学体系，一直对马克思的异化人论加以"拒斥"，认为它是揭示资本

---

① 《马克思恩格斯全集》第1卷，人民出版社2009年版，第193页。
② 《马克思恩格斯选集》第1卷，人民出版社1995年版，第336页。

主义人的生存状态的理论，不具有普遍的适用性，是不科学的。而马克思的人学理论恰恰就是由一个个不具有"普遍适用性"的范式连接起来的有普遍适用性的内在关系体系。异化人论在马克思人的本质理论的科学体系中至少有以下四方面意义：第一，异化人论把对资本主义私有制的批判和改造与对异化劳动的生存状态的批判和改造结合起来，把社会革命和人的革命结合起来，远远地超越了黑格尔的"理性人"和费尔巴哈人本主义的"抽象人性论"，是马克思人学革命的初级形式。第二，异化人本质上是对抗性社会的各种对抗关系的总和，异化的根源是对抗的物质生产、占有和分配关系。异化人论是和谐共同体人论乃至整个马克思人的本质理论的逻辑起点，不理解异化人论，就不能理解和谐共同体人论以及马克思人学理论的科学体系和价值核心。第三，异化人论是社会关系人论或实践人论现实化的最初形式，并衍生了共同体人论，离开社会关系现实化的异化人论和共同体人论，社会关系人论就成为空洞的抽象。第四，异化人论对于认识、批判和改造当代世界人的异化状态仍具有现实意义。

马克思的现实人学不仅揭示了资本主义的异化人生态，进而抽象出普遍的社会关系人或实践人范式，更重要的是为人民大众提出和构建了超越异化人生态的共同体人范式。马克思认为"人的本质是人的真正的共同体"[①]，无产阶级社会革命是为摆脱自己的异化生态，实现人的真正共同体本质。很显然，马克思的共同体人范式是指向共产主义社会真正共同体意义上的共同体人。在马克思的共同体理论中，虽然也有原始部落共同体、基于私有制的国家或政治共同体等意义上的共同体人思想，但这些共同体人都不具有马克思共同体人范式的意义，都不是人的真正的共同体本质，它们或者是片面的自然人共同体，或者是片面的剥削阶级统治的利益共同体即以普遍利益掩盖私人利益的虚假的共同体，都缺失人民大众自由全面发展的内涵。从异化人论到共同体人论是一个既合乎历史又合乎逻辑的过程。马克思通过批判资本主义异化的社会关

---

① 《马克思恩格斯全集》第 3 卷，人民出版社 2002 年版，第 394 页。

系，透视了未来社会的和谐社会关系；通过批判异化人的生存状态，为人民大众确立了共同体人的生存理想。马克思共同体人范式的人民性内涵如下。

人的本质是共同体，共同体的本质是人民共同体。马克思把人民的社会关系本质、自由本质、实践本质以及全面性本质都置于现实的共同体之中，认为没有共同体，人民就会处在"无本质"、"无价值"的异化之中。"人的本质是社会关系的总和"，共同体不只是社会、国家共同体，生产、生活、工作共同体是最基本的共同体，是构成社会共同体的细胞。总之，人的本质是共同体，共同体的本质是人民大众共创共有共享的和谐关系。共同体人就是人民共同体关系，是以人民"共同占有生产力总和"为根基的。共同体就是以一定的物质关系和精神关系、自然关系和社会关系为纽带联合起来的人民的群体。全面人的实质是共同体人。马克思所说的"全面人"的实质就是全面占有"对象"、占有自己劳动本质的人民，就是消除异化、获得自由、拥有自我和占有自己劳动本质的人民大众。资本主义社会把人民变成畸形的、片面的、异化的人，变成了一架生产财富的机器，所谓人的全面发展不过是摆脱了异化、物化、经济化的"单面人"生态。"个人的全面性不是想象的或设想的全面性，而是他的现实关系和观念关系的全面性。"[①] 马克思明确把人的"全面性"归结为人的"关系"——"现实关系"和"观念关系"，即人的各种关系的和谐发展。全面人的实质是和人民大众的共同体关系，全面发展的实质是人民大众共同体关系的发展。

共同体人以工作世界共同体为价值依托。从《1844年经济学哲学手稿》到《资本论》，可以说，马克思毕生关注人的工作劳动世界，探究其价值意义。他认为，物质生产、工作世界的物质生产是人的存在基础和价值根本，但是，在资本主义异化的工作世界中，人与自己的劳动对象、活动和关系处于对抗状态，从而丧失了自己的本质和存在价值，因此要进行工作世界生存状态的革命，即消灭异化劳动。他认为，只有

[①] 《马克思恩格斯文集》第8卷，人民出版社2009年版，第172页。

在工作世界的共同体关系中人民才能自由自觉地工作、劳动、就业，才能占有、拥有自己的劳动本质，进而实现人的感性与理性、物质与精神、自我和社会等价值形态。以对人的本质的现实关系的体系化建制相连接，马克思对人的价值的认识，也不是局限于或满足于物质与精神、自我与社会等人的普遍的价值范式，而是解析了资本主义现实的异化的劳动价值关系，进而透视了社会主义和共产主义现实的共同体人的劳动价值关系。他把人民大众的自由自觉劳动、工作活动建立在"共同占有生产力总和"的工作世界基础上，并把它置于共同体人的存在根本和价值依托的境地。

马克思人学理论总体反映了人民大众的现实生态、价值诉求和存在趋向，体现了强烈的人民性，这就注定了马克思人学理论变革的宗旨，不是代表资本或权贵等少数人利益的抽象人学，不是从一种普遍范式到另一种普遍范式的范式转换，不是从"理性人学"或"理论人学"向一般"社会关系人"或"实践人"范式的转换，而是总体性变革，"共同体人"范式是变革的最高价值归宿。

第一，总体变革体现了马克思人学理论人民生存状态革命与社会革命理论的统一，普遍范式变革没有反映这个统一。马克思人学理论即马克思社会革命理论，反之亦然。这更加彰显了马克思主义哲学与科学社会主义理论的统一。而这种统一正如马克思人学理论总体中三个基本范式的统一，都是基于人民性的统一。

第二，总体变革体现了人民大众生存发展理想与社会理想的统一，即共同体人的生存理想与社会主义和共产主义社会理想的统一。每一个社会理想都有一个与之相对应的生存理想。社会革命理论为人提供社会理想，人学理论为人提供生存发展理想，即应该做什么样的人或追求什么样的生存范式。如果把人只理解为社会关系或社会实践、生产关系或生产实践的一般规定性，把人学变革只理解为某个普遍范式的转换，人学理论就不能给人提供现实的生存理想和价值目标，人学理论和人就会处在互不观照甚至彼此分离状态。我们的社会理想是全面小康社会、新时代中国特色社会主义社会、共产主义等，那么与此相对应的生存理想是什么？我们应该追求什么样的生存范式？普遍的社会关系或实践范式不能给出答案，它只能告诉我们："你们的本质是由你们的社会关系或实践决定的。"这就使人们长期以来在人生理想上缺乏人学范式支持，没有同社会理想相对应的人学范式理想，从而造成了人们特别是青少年学生在社会理想上明确，在做人范式上迷茫的状况。而"全面人"由于在现实的教育中存在着被齐一化为无所不能的"全人"倾向，很难成为现实的生存范式。全面人的实质是共同体人，只有在共同体人意义上理解全面人，全面人才能成为现实和可能，而这个共同体人实质就是人民大众共创共享的共同体关系。

第三，总体变革立足人民的革命性，体现了对现实关系批判与建构的统一。马克思认为人民的解放是现实的解放，理论变革的实质是对现实关系的批判、否定与建构，而不只是理论本身的批判与超越，这就需要"武器的批判"，把人民大众特别是无产阶级作为现实的革命或批判的力量。整个马克思哲学变革的真谛就是扬弃了理论范式的批判与建构，转向对现实关系的批判与建构。马克思人学理论不仅扬弃了旧人学的普遍范式，而且用对现实社会关系的批判与建构扬弃了自己的普遍范式。异化人范式是对资本主义异化人生存状态的批判，共同体人范式是对人民大众生存状态的建构。作为建构的共同体人范式是马克思人学变革的宗旨。普遍范式变革仅仅是一种理论的批判与建构，即用普遍的社会关系或实践范式代替了普遍的理性人、感性人、自然人、道德人等范式，不具有完整的真实的变革意义，它不摧毁旧理论范式的现实关系，也就不能真正摧毁旧理论范式。

第四，总体变革展现了马克思人学理论的巨大影响力。影响力是变革力量的重要体现。通过研究资本主义的异化人和未来社会的共同体人，马克思人学理论开辟了研究现实人的人学时代。如异化人范式深刻地影响了西方马克思主义、存在主义等异化人论，共同体人范式深刻影响了当代西方的"生态共同体主义"、"主体间性"理论，但这些理论所蕴含的"共同体人"都缺少"共同占有生产力总和"这一社会关系基础和人民性蕴涵，只是具体展现了微观层面的个人共同体关系。从马克思人学在当代的价值和影响力上看，其共同体人范式越来越具有主流性、方向性，成为其变革的最高意义所在。这也表明马克思人学理论总体特别是共同体人论具有强烈和广泛的人民性，因为一种理论越是具有人民大众的存在内涵和价值诉求，就越能被人民大众所需求，就越能被学界接续和承传，就越能成就其理论的影响力。

四 共同体实践：马克思实践观的人民性

人的存在即人的生活过程或生活世界，"社会生活在本质上是实践的"，实践观与生活世界理论和人学理论一样，都处在马克思现实世界哲学的总体层面上。学界对马克思实践观的研究，主要指向其概念的一般内涵以及本体与生存论意义，而对其共同体实践观还缺少必要的关注，从而也就在一定程度上忽略了其人民性这一根本规定性。马克思哲学以生活世界即人的存在为出发点，再进一步描述这个世界或存在过程，就深入到实践层次，揭示了人或生活的本质是实践。在马克思看来，并不是所有的实践都能构成人的本质，异化劳动实践就是人的本质的沦陷，人的真正或最高本质并不是普遍的社会实践或一般的生产实践，而是人民大众共创共享的共同体实践。探究马克思的共同体实践观，对于进一步理解马克思实践观及其人民性意义以及新时代中国特色社会主义实践走向，具有重要的理论价值和现实导向意义。

"人就是人的实际生活过程"，"全部社会生活在本质上是实践的"。人与生活是同一存在过程，人与生活的本质是同一本质即实践，而实践是社会关系的实践，社会关系是实践的社会关系，人的社会关系本质与实践本质是一致的。马克思没有停留在"人的本质是实践"这一各个时代、各个社会的普遍的实践本质层面上，而是进一步解析和批判了资本主义的异化实践，进而揭示了超越异化实践的共同体实践。异化实践是人的本质的丧失，是共同体实践的碎裂，是非本质的实践。共同体实践是人的自由自觉的联合的活动，是本质的实践，是人的实践价值取向和奋斗目标。异化实践或异化劳动使人丧失了自由本性和个人存在，成为异化的人，使社会不再代表人们的普遍利益，成为少数资本和权贵阶层的"虚假的共同体"。要实现自由自主的实践活动，就要超越实践的异化状态，通过社会革命或社会变革走向联合、合作的共同体实践，即无产阶级和广大民众的共同体实践。共同体实践是对异化劳动或异化实践的扬弃，是自由自觉的实践创造活动，根本特征是"共同占有生产力的总和"。它既具有总体的社会共同体的实践意义，又具有构成社会共同体的不同层次的生产、生活等群体共同体的实践意义，而后者是构成总体的社会共同体实践的基本单位或细胞，如阶级共同体、企事业单位共同体等，离开这些相对共同体，社会或人类实践就会成为虚幻或抽象的共同体实践。

可以说，马克思的共同体实践观较早地揭示了现当代实践的共同体本质。资本主义机器大工业将生产实践连接成一个互相关联的共同体实践，但私人占有制的生产关系使这种共同体实践裂变为对抗和异化的活动，成为以资本为中心的"虚假的共同体"。当今世界，人与自然的关系趋向人与自然的和谐关系；各民族各国家在交往中追求共存共荣的"双赢"关系或"人类命运共同体"。这些都是人在其共同体实践本质层面上的追求和发展。但是，不管是阶级还是企事业单位共同体实践，不管是国家社会还是人类共同体实践，都取决于"共同占有生产力总和以及如此而来的才能总和的发挥"，离开这一本意，共同体实践就会在不同程度上失却共同体的意义甚至陷入虚幻，至少不具有共同体实践的核心价值和完整意义。

西方马克思主义把共同体实践置于实践的核心意义，在一定程度上是对马克思共同体实践思想的承传和佐证。西方马克思主义者葛兰西认为，生产共同体的实践成为集体生活共同体实践的基础，比起以前的原始的本能的实践活动"是很大的进步"；经济共同体生产是精神共同体生产、知识共同体生产的基础。"所有社会集团，即产生于历来经济生产基础之上，也就同时有机地给自己造成一个或几个知识阶层，这种阶层使知识界不仅在经济上、而且也在社会政治领域具有其自身作用的同一性和意识。"① 当代社会，由于科技、民主及主体自律能力的发展，社会的整合越来越依赖构成社会各个系统的共同体实践。哈贝马斯把"总体的实践"分解到交往实践中，即诉诸"联合的尺度"下的共同体实践。他认为目的合理的行动遵循的是工具理性的原则，而交往行动遵循的是主体间公认的共同体规范。"生活世界完全以另外一种方式'经受着检验'，这些检验不是直接根据可以进行批判的运用要求进行衡量的，就是说，不是根据理性的尺度，而是根据成员联合的尺度，社会化个人同一性的尺度来进行衡量的。"② 这"联合的尺度"或"社会化个人同一性尺度"即个人实践与社会实践相融合的共同体实践的意义尺度。西方城市马克思主义者卡斯泰尔认为，信息化造成"社会含义的消失"③。消失其实是社会直接整合功能的淡化和消失，社会对实践的规范性融入了共同体实践中。最能说明这一点的是企业共同体的实践，如计划经济时代完全由社会、国家规范，市场经济则是国家负责宏观规范，企业的实践自主权扩大，各个生产者的生产实践由企业直接控制和规范。这不是实践社会性的丧失，而是实践社会性的现实化，是共同体实践把个人实践和社会总体实践结合起来。人的个人实践拓展到共同体层面，人的社会实践融入共同体实践，都是人的实践本质的进化和发展。当代资本主义的实践恰恰是通过一种分散化的共同体实践方式重新建构了一种社会总体性，但是私人占有制注定了这种共同体实践是以资本为中心，在很大程度上依旧是一种虚假的共同体实践，并不具有人民性的根本意义。

实践的本质是共同体实践，共同体实践是个人实践与社会实践的结合域，无数相对共同体实践构成总体的社会实践。共同体实践不单是个人实践，也不单是社会实践，它既是个人实践也是社会实践。随着社会的发展，个人实践的社会本质和社会实践的个体性越来越嵌入共同体实

---

① [意] 安东尼奥·葛兰西：《狱中札记》，葆煦译，人民出版社1983年版，第418页。
② [德] 哈贝马斯：《合法化危机》，刘北成译，上海人民出版社2000年版，第191页。
③ [美] 曼纽尔·卡斯泰尔：《信息化城市》，崔保国译，江苏人民出版社2001年版，第391页。

践之中。马克思用阶级实践的本质构造个人实践的本质，而不是用一般的或总体上的社会实践来说明个人实践，就是把个人实践本质直接转化为共同体实践的本质，把共同体实践看作个人实践与社会实践的结合域。葛兰西指出："一个单独的个人所能归属的团体是为数很多的比看来要多得多。一个单独的个人正是通过这些'团体'参加人类的生活。"[①] 集体即共同体实践是人的本质实践，同一社会的不同共同体实践决定了人的不同本质，不同阶级的共同体实践具有不同的本质。实践的本质是共同体活动，而不只是个人活动，也不只是总体的社会活动，个人实践和社会实践都要通过一定的共同体实践才能获得现实的形式，或者说，总体的绝对的社会共同体是由诸多分体或具体的相对共同体构成的。离开共同体实践，个人就失去了实践的"家园"，社会就失去了实践的基本单元或细胞。共同体实践是个人实践与社会实践的结合域，表现为阶级、阶层、工作单位（如企事业单位）等形式，无数相对共同体实践构成总体的或绝对的社会共同体实践。共同体实践以一定的生产关系为基础，或者说，一定的生产关系构造共同体总体关系。在马克思看来，这一定的生产关系就是构造"自由人联合体"的生产关系，即人民大众"共同占有生产力总和以及由此而来的才能总和的发挥"的共有共创共享关系，离开这种共有共创共享关系，共同体就会沦为资本主义异化或对抗的"虚假共同体"。由此可见，人民性是共同体实践的根本内涵，人民性的根本意义就是人民大众对生产力、生产资料、资源和财富的共有共创共享关系。只有共同体实践才能充分发挥人民大众的"才能总和"或创造力，才能实现其自由全面和谐发展。

马克思主义哲学的本质特征就是要改变世界，为人民大众构建新的生活世界境界和实践生态。共同体实践观是马克思实践观的精髓，人民性是共同体实践的根本意义，注定了共同体实践的超越性。

共同体实践观是对异化实践的否定和扬弃。马克思的共同体实践观源于异化劳动理论，异化劳动或异化实践是资本主义异化社会的根源，

---

① ［意］安东尼奥·葛兰西：《狱中札记》，葆煦译，人民出版社1983年版，第37页。

一方面，它本身就是生产实践的异化，另一方面，它又决定了人的其他实践活动的异化。社会主义共同体实践以对异化社会的否定和扬弃为前提，从总体或根本上消灭了异化产生的私有制根源，以"共同占有生产力总和"为根本，是人民大众自由自觉的创造活动。但是在市场经济中，还存在一些以资本和利润为中心的经济活动和企业行为，特别是一些诸如"黑砖窑"、"黑煤窑"的私人企业，这些经济活动和企业把人工具化、物化、资本化，使实践特别是生产实践活动在一定程度和范围内沦为资本的工具，由此，还要以共同体实践不断否定和扬弃这些物化或资本化的实践形式。

共同体实践观是对抽象社会实践的现实化和对个人实践的总体化。马克思的共同体实践观源于对费尔巴哈抽象社会实践和个人实践观的批判。费尔巴哈一方面抽象谈论人的社会实践或社会关系本质，另一方面把社会实践和社会关系归结为饮食男女和利己主义的个人实践关系。马克思认为实践是以物质生产为基础的共同体活动或共同体关系，这种共同体实践以对资本主义异化社会的批判和改造为前提。费尔巴哈抛开历史的进程，缺少对现实实践的观照，把人的本质理解为孤立的抽象的"人类个体"和"人类"，也就把实践的本质理解为孤立的抽象的个体实践，又把这种实践说成是"人类"（社会）实践，这是因为他不懂共同体实践特别是生产共同体的实践的基础性和人民性意义。现实实践的本质不是个体实践，也不是抽象的社会和人类实践，而是工业共同体即生产共同体的实践。费尔巴哈由于不懂生产实践的意义和对生产劳动的歧视，必然把社会实践归结为饮食男女的个人利己主义实践和理论家的理论活动。马克思的共同体实践观，批判和清算了费尔巴哈的抽象社会实践论、利己主义个人实践论和理性实践论，把社会实践具体化为共同体实践的现实，把个人实践社会化为共同体实践总体。

共同体实践观是对"主体间性实践"的矫正与拓展。马克思的共同体实践观和现象学的主体间性实践观都立足于生活实践这个感性的人的世界，都把生活世界的实践理解为共同体实践，但是二者有着本质的区别。如现象学社会学家许茨认为生活世界的意义完全是主体赋予的，他主要描述了生活世界的主观意义结构即主体间性结构。许茨的"主体间性实践"或生活世界脱离了生产实践这一基础,具有很强的主观性和抽象性。而共同体实践以共同占有生产力总和为基础,不仅指向人的能动方面和生活世界的精神方面,而且内含了人"作为一个完整的人","以一种全面的方式"存在的总体意义。

共同体实践观是构建人民美好生活世界的导向。社会生活的本质是实践,实践的基础是生产实践,生产实践的主体化、现实化是工作实践或工作世界,实践共同体以工作共同体为基础。工作的本质是工作世界,工作世界的本质是工作世界总体性,工作世界总体性的本质是主体化工作世界,主体化工作世界的本质是共创、共享工作资源和成果的工作世界共同体。由此,新时代中国特色社会主义所确立的人民美好生活目标,其根本意义在于共有共创共享的工作世界共同体,工作共同体是人民性的最高最根本意义所在。由此,构建新时代人民美好生活世界,要以马克思共同体实践观为指导,不仅要构建人民的共同体实践本质,而且要构建人民最根本的工作共同体意义,这是人民性的核心价值和最高求索。

第三章

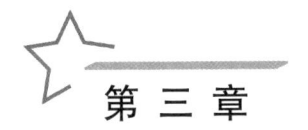

马克思主义哲学人民性的意义结构

第一、第二章主要是马克思主义哲学人民性的生成论或根据论，主要阐明了马克思主义哲学人民性生成的历史逻辑和原生理论基础，即马克思主义哲学人民性是怎么来的问题，亦即"为什么"的问题。本章则是以前述哲学人民性的历史逻辑为前提，以马克思主义哲学人民性原生理论即马克思哲学人民性为基础，并立足现实人民性，阐明马克思主义哲学人民性是什么的问题，属于本研究的概念论。概念不是先在的，而是历史和现实的实在意识形态中的反映或回响。从学习的逻辑看，可以先从概念开始，因为概念已经被从历史、现实和逻辑中研究出来了，但这只是为了学习的方便，并不能证明概念的先在性；从研究的逻辑看，特别是从提出一个新概念的逻辑看，不可以先从概念开始，而要秉承"历史从哪里开始逻辑就从哪里开始"的研究逻辑，即必须从描述历史和现实开始，同时又要以一定的理论为指引，不可能也不需要像现象学那样将以往即成的理论都悬置起来。通过本章的阐述可知，马克思主义哲学人民性是一个逻辑生成意义、内涵意义、特征意义、核心范式意义的关联结构，且其中每个层次的意义亦是一个关联结构。本章第一、第二部分主要阐明马克思主义哲学人民性概念生成的逻辑意义和内涵意义，第三部分是基于马克思哲学的工作世界思想，进一步展开、确证和阐明马克思主义哲学人民性的核心范式即工作世界人民性范式。

一　马克思主义哲学人民性概念的生成逻辑

任何哲学概念都不可凭空提出，而是历史逻辑和现实问题的必然反映、写照和回响，由此，理解概念的内涵必须首先理解概念的生成逻辑，或者说，概念的生成逻辑就是概念本身，是首要的概念蕴涵。马克思主义哲学人民性概念的生成逻辑是历史逻辑和现实研究逻辑的双重逻辑。马克思主义哲学人民性概念的探究或界定，不是一个概念思辨的问题，而是要以历史和现实为根据，融合哲学人民性历史演进逻辑，对之进行历史和现实的描述以及人民性递进逻辑分析。由此，这里先承接和简要回顾前述关于哲学人民性的历史演进话题，从哲学人民性的历史逻辑说起。前述的历史演进虽是循着逻辑进行考察，但侧重的是过程，这里再对历史演进过程作进一步的逻辑归结。

如前所述，古代哲学的人民性主要是一种客体本体的人民性，它把人或人民看成是客体本体的生成与创造。这种客体本体或者是以主体之外的自然物质的样式存在，或者是以主体之外的神性精神实体面目展现。泰勒斯将人的生活世界乃至整个世界还原为永生的水，并因仰望天空时坠入本体的水而感到本体存在的幸运；赫拉克利特把世界、人、文化统统归结为一团熊熊的火焰并归隐山林之火的存在故乡；中国"五行说"把世界精炼化为金、木、水、火、土五种元素，老子追寻自然之道行于大野，庄子尊意化之法化为蝴蝶、鲲鹏和鱼，游历于五行之故乡。而精神本体论者柏拉图则循着神灵的启示或灵魂的牵引把世界圣化为天国的理念。"未经理性审视的生活是不值得过的生活"，柏拉图挚爱着理性、理念生活，钟情于精神恋人的本体。现实生活世界的一切，在"元素论"那里，或融入水流，或焚为火花，或化为泥土。如果说这些现实生活在"元素论"那里还能与元素碰撞或融合出一些自然的美，而在柏拉图理念论那里，则沦为理念的影子或摹本，成为虚幻或假象。但这种本体论或客体化的哲学并不是一无是处，千百年来，这些客体本体论者或追寻客体化世界的存在者，或者因为崇尚自然而被人民所传颂，或者因为追寻精神的"理想国"而被人民所推崇。但是，他们却由于对本体的迷恋而失却了以人民为主体的生活世界，他们都极力想把自己生活其中的这个不一样的世界还原为一个同样的本体。过着平民生活、热爱教育、德性并体验过战争的生与死的苏格拉底显然比其他哲学家拥有更多的生活和人民性，懂得更多的人性造化，"认识你自己"的主体化思维，使他逻辑上成为一个从古代本体论哲学向近代主体论哲学转向的转向者。而古代本体论者那么热爱自己之外的事物本体，这种过度的"无主体"精神就成了近代主体化哲学的生成契机。

  近代哲学作为资产阶级价值利益诉求和对中古神性中心论的反叛，主要是一种以人为中心的主体中心论世界观，同时交织着物质本体论和精神本体论的不同样式。只把近代哲学世界观归结为同古代哲学世界观同类的本体论思维，似乎没有把握近代哲学世界观的基本精神和对古代哲学世界观的超越性。比如培根就是一个实体本体论者，但他对主体意义和价值的关注、对主体依靠科学技术改造、控制甚至奴役自然本体或实体的自豪和崇尚，远远胜于对煤矿、铁矿、金矿这些自然本体的怜惜与关爱，或者说他爱这些本体是为了爱主体，是为了把本体变成主体可以任意用鞭子驱使的奴仆。在培根的实体本体论里，本体那种在古代哲学世界观里既是本体又是中心的优越性已不复存在了，本体只剩下本体的"始基"意义，它将它原有的中心意义让位给主体了。从这个意义上讲，近代制造本体论与中心论的对立、客体与主体或物质与精神的对立，实际上是从培根开始的，笛卡尔只是以更为直接和明确的方式表达了这种主客二元分立的思维方式。而笛卡尔的上帝本体、康德的"绝对命令"本体以至于黑格尔的"绝对精神"本体，也都丧失了古代本体生成万物、支配万物的丰富意义和优越性，这些本体几乎只成为哲学世界观的一种逻辑形式或逻辑前提，只是对于一个思想者不得不保持它的逻辑上的优先性，而他们也正是靠这种虚妄的逻辑本体推崇资产阶级主体，消解现实的人民主体。这些逻辑本体的生成与创造本性，它们在世界的中心地位，统统让位给了诸如笛卡尔的"我思故我在"的"我思"主体、康德"理性为自然立法"的"理性"主体，以及黑格尔的

"神或绝对精神在大地上行进"的国家理性主体。而只有少数哲学世界观本体论还遵循着古代本体论的较为完整的意义,如贝克莱"存在就是被感知"的感觉,费希特"自我设定非我"的自我意识,就既是本体又是中心。但这种自我意识本体论是以绝对地否定客体或客观存在为前提的,因此,这种自我意识只能成为自我的意识,亦即自我意识作为本体只是自己的本体,这种不能生成客体、客观的本体也就不具有本体的意义了,但它还不失为一个中心,即整个的意识世界以自我为中心。尽管抽象地看,意识以意识为中心,还是一种没有边缘陪衬的中心,但具体地看,自我意识作为世界意识的中心就成了有边缘陪衬的中心,这种中心论甚至影响了整个资本主义自我中心论的现代文化体系。还有,费尔巴哈哲学的世界观是经典的物质本体论,但他却不愿意称自己的哲学世界观为唯物主义,而更愿意用人本主义这个归属,这是他不愿意做一个本体论者而更愿意做一个主体论者、做一个主体中心论者的确证,即费尔巴哈同培根一样,循着物质本体论的方向,也把主体中心从本体中分离出来了;而笛卡尔、康德、黑格尔等人,则从精神本体论出发,把主体中心从本体中分离开了。由此可见,本体意义或本体论思维在近代就遭遇到被怀疑、消解、悬置的命运。可以说现当代哲学世界观较为彻底地消解和悬置了本体论的哲学思维,这至少在一定程度上应该归功于近代主体中心论用主体中心意义对本体意义的遮蔽。

近代哲学的主体中心论思维,突出了主体、人的中心地位,同时也抽象地凸显了人民主体及其中心地位,同古代本体论把人或人民消解到物质、神灵、理念、精神等本体中去的思维相比,不失为一种哲学或世界观的进步,但是,这种主体中心论也导致了中心与边缘二元对立的思维方式和现存世界的对抗,使生活世界总体性出现多重分裂,如阶级与阶级、人与自然和社会的激烈对抗和过度争斗。同时,人是现实生活世界的人,人民始终是现实生活的主体,由于这些感性、理性、经验以及道德国家主体的精神性和单面性,主体中心论的主体也因为不具有生活世界的总体性而成为抽象的主体。如果说本体论的主要缺陷是把主体归结为本体消解生活世界和人民主体的意义,那么中心论的主要缺陷则是把现实生活的主体归结为抽象的或精神性主体，并把这个主体视为生活世界的中心，从而也消解了人民主体及生活世界的现实性意义和总体性意义。这样从主体中心论走向生活世界总体论就成为哲学世界观的历史和逻辑的必然。黑格尔极力用绝对精神的粘贴剂和辩证法把自然、社会和历史粘贴成一个世界的总体，并试图用这个总体论去消融本体论和中心论的缺陷。但这个总体不具有生活世界主体即人民主体的现实性、总体性，不过是一种抽象化和理想化的形式而已，最后成为齐一化的没有历史性的国家主体的总体，这就是黑格尔自由理性的最后回归，最后回归到国家理性这个主体同时也是本体中心。所以黑格尔哲学的世界观具有本体论、中心论和总体论三种思维倾向。从这个意义上看，后现代的去本质（本体）化、去主体化、去中心化、去总体化全部适用于对付黑格尔哲学。

细究起来，哲学世界观与哲学人本学确有所不同，但这种不同主要是历史的和描述的不同，而非现实的抽象的先验的不同。古代哲学世界观主要是一种内含了哲学人本学的总体世界观，即宇宙观，古代神话、宗教、哲学的世界观都是总体的宇宙世界观，而这种宇宙世界观总是交织着对人的存在与本质的探求，"不先研究人的秘密而想洞察自然的秘密那是根本不可能的"①。近代哲学将总体的世界分裂为心物二元世界，亦即分裂为文化世界和非文化的自在世界两个世界，由此导致其世界观的双重意义并趋向人化世界观。现代哲学主客体统一的世界观弥合了这两个世界的裂痕，实际上是把整个世界都视为人化世界，从这个意义上讲，现代哲学世界观就是人化世界观即生活世界观，现代哲学就是人化哲学或生活哲学，现代哲学才是人学或人本学。这种世界观与生活世界观的差异，也表明哲学与人学确有所不同，也表征了哲学作为人学存在的合法性。由此，现代哲学世界观和现代哲学的生活世界观才具有同一的意义。由此，就不可说所有的哲学都是人学，或者说"所有的哲学都是人学"至少不是一个历史描述的话题和真理。

---

① ［德］恩斯特·卡西尔：《人论》，甘阳译，上海译文出版社2003年版，第7页。

古代哲学是内含了人本学的宇宙世界观,近代哲学将宇宙世界一分为二并趋向生活世界观,现代哲学抵达了生活世界观。现代哲学的世界观或生活世界观,以作为主客体统一的表象世界或意识层面上的主客体统一世界,扬弃了近代哲学的主客分离甚至对立的二元分裂思维方式,其实质是用主客统一的总体论或生活世界观消解和代替主客分离的本体论或中心论世界观,但这种消解和代替主要是在经验或理性、自我意识或国家意识、理性精神与非理性精神等精神意识的层面上实现的,也就是说,这种主客统一的总体论或主客体统一世界观,这些"表象世界"、"意志世界"、"权力意志"、"潜意识"、"生命冲动"、"存在"的世界,还都由于远离人民的现实生活世界而显得缺乏世界存在的总体性,并由此而陷入主观、抽象、孤寂、沉沦甚至荒谬。由此,当代哲学的世界观都竭力赋予这种主客统一的总体以现实生活世界特别是日常生活世界的总体意义。到此为止,主客体分裂的本体论和中心论思维的世界观,才至少在意识哲学的形式上被淹没在生活世界总体观之中了,由此,主客体统一的意识化世界总体也由于找到了生活世界这个现实的总体而被消解在生活世界的概念和话题中了,而逻辑实证主义的"拒斥形而上学"、现象学的"悬置法"无疑是消解主客体分离的本体论和主客体抽象统一的总体论的经典方法。它们通过对现实世界、生活世界的描述,发现了生活世界的总体意义、主体间性结构和意向性存在本质。由此,当代哲学的生活世界观又发生了从现代主客体统一的较为抽象的意识主体化世界观向主体间性生活世界观的转向,这个转向的实质是从主客体统一的抽象总体向现实生活世界总体的转向。现代哲学主客体统一的世界观是用生活世界总体论代替古代和近代的本体论和中心论,当代哲学世界观的转向则是用一种新的更为现实和亲在的总体论消解和代替现代哲学意识主体化世界观的抽象以及先验主客统一的总体论。当然,这些当代生活世界总体观由于建立在意识哲学基础上,依然带有浓厚的非世俗性和乌托邦色彩,但它毕竟在意识哲学的层面抵达了生活世界的总体意义、结构特别是主体间性关系本质,这对于对抗、反抗和消解现代哲学的自我中心价值体系具有划时代的意义。而现象学社会学家许茨则从生活世界总体性出发，进一步描述和探究了作为生活世界基础和核心的工作世界总体性、主体间性结构和意向性本质，这就使现实世界的总体性或总体世界的现实性更加明亮和敞开起来，使主体化世界更加显现出工作世界的亲善、力量和实有的存在性。而许茨是受了马克思哲学的影响才使他的现象学有了主体化或主体间性关系的工作世界的实有性灵光，有了因为走进工作世界而显现的一些更加亲近和现实的人民性。马克思哲学研究观所指向的生活世界、实践世界、工作世界都是人民创造和改变的世界，都是人民化的人化世界或人化自然，都是人民化的主体化生活、实践和工作世界。由此，生活世界人民性就构成了马克思主义哲学人民性的总体，工作世界人民性就构成了马克思主义哲学人民性的核心。由此，马克思主义哲学人民性的概念的提出迎合了哲学人民性的历史演进逻辑和趋向。

但是，哲学人民性的历史演进逻辑还只是马克思主义哲学人民性概念提出历史逻辑的前提，这一概念提出的直接缘起是学界还缺失这个重要概念。关于马克思主义哲学人民性的研究大体可分为两种范式，一种是关于什么是马克思主义哲学人民性的元理论研究，另一种是用马克思主义哲学方法探究人民现实问题的现实研究。总的来看，国外学界对马克思主义哲学人民性的研究主要有五种体例。（1）实践人民性。早期西方马克思主义者卢卡奇认为马克思主义哲学是无产阶级革命的工具或方法，其功能是为无产阶级确立阶级意识和主体性意识，消除资产阶级意识和物化，"它是无产阶级所有武器中最重要的武器之一"[1]，这就在哲学观和阶级性意义上确立了马克思主义哲学的实践人民性。但他过度强调阶级意识对现实或实践的决定作用，认为"最终决定每一场阶级斗争的问题，是什么阶级在既定的时刻拥有这种能力，拥有这种阶级意识"[2]。（2）文化人民性。法兰克福学派一代人物将马克思主义哲学的实践人民性进一步向文化人民性拓展，如阿尔都塞认为马克思留给后来

---

[1]　[匈]卢卡奇：《历史与阶级意识》，杜章智等译，商务印书馆1999年版，第317页。
[2]　[匈]卢卡奇：《历史与阶级意识》，杜章智等译，商务印书馆1999年版，第111页。

马克思主义哲学家的任务就是去创造新的哲学意识,加速资产阶级意识形态霸权的终结。其社会批判理论从技术、资本、权力中心和意识形态等层面,展开了对资本主义文化的全面批判。马尔库塞的《爱欲与文明》一书主要围绕工作世界批判工人的异化,指出工作是文明文化的起源,主张用爱欲和艺术重构人民大众的工作文明。(3)生活世界人民性。法兰克福学派二代人物哈贝马斯在《交往行为理论》一书中批判大众生活世界的殖民化、技术化,主张建构交往合理化的生活世界。此外,列斐伏尔更加关注人民大众的日常生活,批判日常生活的商品化、官僚化等异化状态,主张用诗性精神建构大众的诗性生活。(4)生态人民性。生态学马克思主义将人民性的意义进一步拓展到人与自然的关系。如阿格尔在《西方马克思主义概论》一书中指出,资本主义无限度扩大再生产和追求利润,必然牺牲大多数人的利益特别是生态利益,造成生态危机;主张把生态运动引向阶级运动,建立生态社会主义。福斯特在《马克思的生态学》一书中认为,马克思主义哲学本质上是探讨人和自然生态关系的生态唯物主义哲学。(5)空间人民性。以卡斯特、列斐伏尔、哈维为代表的西方马克思主义城市理论,特别关注人民的空间存在意义,认为现代社会的一切危机、利益和问题都集中在城市空间,批判了资本主义城市空间的权力中心和资本中心,主张用空间革命取代社会革命,提出了构建人民主体中心的空间理想。上述五种体例总体上都是对马克思主义哲学人民性持肯定态度的研究,此外,还有一些持否定态度的研究。如存在主义认为马克思主义哲学的人民总体性是决定论,抹杀个性和自由,萨特认为人民是空洞的概念,实际存在的只有个人。此外,胡塞尔、许茨等人的生活世界现象学也都在一定程度上拓展了人民性的生活世界意义,特别是许茨又将生活世界建立在工作世界基础上,指出工作世界是意义的源泉[①]。总之,上述对马克思主义哲学人民性研究的五种体例,在人民性的意义上呈现出一个不

---

① [美]阿尔弗雷德·许茨:《社会实在问题》,霍桂桓等译,华夏出版社2001年版,第290页。

断拓展的态势,在研究内容上不乏有价值的观点,也存在着不同程度的误解、曲解。但主要还是马克思主义哲学人民性的现实问题研究,尚缺少直接的或显性的元理论研究。

国内学界对马克思主义哲学人民性的研究,在上述五种现实研究体例上与国外学界构成一个联动的格局,所不同的主要是一些现实场域和观点差异。而在关于什么是马克思主义哲学人民性的元理论研究上,则比国外更具有显性。这种元理论研究以20世纪80年代为分野,之前主要在阶级性意义上阐释马克思主义哲学的人民性,之后则在阶级性和人民性双重意义的统一上阐释,但也一直缺失直接探究马克思主义哲学人民性问题的论题研究和专门研究,主要蕴含在马克思主义人民性和马克思主义特征的研究中,主要表现为以下三个向度。(1) 马克思主义哲学人民性的生成论研究。有学者认为马克思主义的人民性产生于社会存在,是无产阶级和人民群众社会生活关系特别是生产关系的反映;马克思主义的人民性与实践性、科学性、革命性共同构成马克思主义的根本特征或本质属性。(2) 马克思主义哲学人民性的内涵研究。学界普遍认为马克思主义哲学人民性的基本内涵就是代表无产阶级和广大人民根本利益。在此意义上,有学者还阐明了马克思主义政治哲学、实践观的人民性及毛泽东哲学思想的人民性内涵。(3) 马克思主义哲学人民性的创新发展研究。有学者通过阐述马克思主义的人民性是动态发展过程,内含了马克思主义哲学人民性的动态性。

综上所述,国内外学界在马克思主义哲学人民性的现实研究方面,国内学界在马克思主义哲学人民性的元理论研究方面,都取得了有价值的成果。但总体上看,这些研究还存在三方面不足。(1) 在学理性方面还缺失对马克思主义哲学人民性生成的历史逻辑的考察,还缺失将人民性置于哲学本体论框架和中心论层次的研究。(2) 在系统性方面还缺失马克思主义哲学人民性的直接命题和专题研究,人民性的一些主要方面的研究还散落在马克思主义理论的总体和分体研究以及现实世界的研究中。(3) 在核心概念和范式上,尚未明确提出和系统阐明马克思主义哲学人民性这一概念,对其内涵的阐释也缺少现实人民性的多维视野和动态意蕴，更未提出工作世界人民性这一核心范式。这些不足为本研究提出和阐明马克思主义哲学人民性概念提供了学理上的机缘。

二 人民与人民性：马克思主义哲学人民性的内涵

上述马克思主义哲学人民性概念的逻辑生成意义已在一定程度上预示了马克思主义哲学概念的内涵，那就是马克思主义哲学人民性是以生活世界人民性为总体、以工作世界人民性为核心的意义的关联结构或体系，它主要包括一个中心、八个基本含义、三个基本范式、一个核心范式以及由此内涵而衍生的一系列基本特征。

（一）何谓人民与人民性

人民性是人民的现实存在，哲学人民性是现实人民性在意识形态上的回响。由此，探究马克思主义哲学人民性，首先要从人民和人民性这两个概念说起，进而立足现实人民性，阐明和建构马克思主义哲学人民性。

哲学人民观的历史演进表明，古代自然主义和神本主义、近代理性主义或人性论、现代人本主义等哲学都是抽象谈论人的自然本质、精神本质，把人民的现实性和丰富蕴涵消解在片面或抽象的一般人的概念中。特别是一些哲学对人民或人民性持有贬黜、否定甚至敌视的态度。如存在主义认为马克思主义哲学是整体主义，抹杀个人、个性和自由，存在人学空场，萨特则认为人民是空洞的概念，实际存在的只有个人；新自由主义思潮的代表哈耶克认为人的价值取决于交换价值，只有那些富人阶层和权贵才创造生活的价值和意义，而人民都是愚昧的盲从者或乌合之众；尼采哲学则认为，人民是天生的弱者和被统治者，天经地义地应该被强者或"超人"任意地奴役和践踏。这些对人民的片面性、否定性和歧视性的理解，都需要予以马克思主义哲学人民观的矫正、回应和批判。可以说，除了马克思主义哲学，哲学一直都在谈论普遍的人或一般的人,而对人民总是持有一种置之不理甚至贬黜的态度,或把人民问题看作一个政治话题而不是哲学问题。而实际上,人的主体是人民,离开人民来谈论人,就会使人成为抽象的人或某些少数的个体,从而丧失了人的一般意义或总体意义。另外,谈论人民也不能离开人这一普遍的存在,如果把一般的或普遍的人的存在、本质、人性从人民中剥离出去,同样会使人民成为没有人性规定的抽象概念。而马克思主义哲学将人和人民统一起来,立足于人民来谈论人,使人学成为人民哲学。但是,学界对人的界定还囿于一般人学的意义,尚缺失人民的本意;对人民的界定尚缺失马克思主义人本学的规定。针对这种缺失,这里秉承马克思主义人本学的人民性特质,在学界已有关于人民概念界定的基础上,再将人民赋予马克思主义人本学的内涵。

学界和教科书对人和人民的概念界定还处在分离的状态,而马克思主义人本学实质是关于人民的存在和本质的理论,实质是"人民学",二者有相对独立性,但又有一体性,不可将二者绝对分隔开。从学界、教科书现行的人民概念看,人民包括三个基本内涵。(1)从质上看,人民是历史的创造者,是对历史发展起推动作用的人。(2)从量上看,人民是社会成员中的绝大多数,不同时期有不同的内容。(3)从构成看,人民中最稳定的主体部分始终是从事物质资料生产的劳动群众。这一界定当然是唯物史观的科学界定,这里称之为人民概念的一般界定或人民的一般概念。所谓"一般"就是说这一界定或概念还处在较为抽象的层面,缺少马克思主义人本学的丰富性。一是这一概念主要是关于人民的量的规定、价值或作用规定及主体的规定,尚缺失关于人民的存在与本质的规定;二是这一概念主要是关于人民整体的规定,尚缺失人民个体意蕴,因为"人民不是抽象的符号,而是一个一个具体的人"[1]。人民也是人,具有人的存在与本质的丰富性,由此,还需要结合马克思主义人本学进一步丰富其内涵。从马克思主义人本学看,人民即人民的存在与本质,主要包括以下五个方面的基本内涵。

---

[1] 《习近平谈治国理政》第2卷,外文出版社2018年版,第317页。

其一，从人的存在看，人民的存在即人民的生活世界总体意义。"人们的存在就是他们的现实生活过程","个人怎样表现自己的生活，他们自己就是怎样"①。人民是人的主体，人的存在是生活世界，人民的存在也是生活世界，而且是总体的生活世界，即人民是自然生活与社会生活、物质生活与精神生活、整体生活与个体生活、日常生活与社会生活的总体。人民的这一存在规定性注定了生活世界的人民性，注定了人民的自由和解放是其生活世界总体的自由和解放。由此，要从生活世界总体意义理解人民的存在意义，戒除把人民物化、资本化、工具化、道德化等单面倾向。

其二，从人的社会关系本质看，人民的本质即一切社会关系的总和。生活世界总体意义是人民的存在本质，而生活世界总体是靠各种生活关系关联起来的，这些关系就构成了生活世界的结构本质，亦构成了人民存在的结构本质。人的本质作为"一切社会关系的总和"主要是人民大众的社会关系的总和，人的社会关系本质实质是人民的社会关系本质，人民是经济政治文化生态道德审美等社会关系的总体，而物质生产关系是人民社会关系本质的基础。人民的这一社会关系本质注定了社会关系的人民性，人民的自由、解放和发展实质是社会关系的自由、解放和发展。由此，要重视人民社会关系的总体意义和基础，戒除把人民社会关系经济化、政治化、道德化的单面倾向。

其三，从人的共同体本质看，人民的本质即共创共享的共同体关系。人民的社会关系本质并不是一般的或抽象的社会关系本质，也不是所有的社会关系都能构成人民的本质，如异化或对抗的社会关系会使人民丧失社会关系本质，只有共创共享的共同体关系才能构成人民的社会关系本质。马克思指出，"人的本质是人的真正的共同体"②，认为无产阶级社会革命是为摆脱自己的异化生态，实现人的真正共同体本质。在马克思看来，人的本质是共同体，共同体的本质是人民共同体。马克思

---

① 《马克思恩格斯选集》第1卷，人民出版社1995年版，第67页。
② 《马克思恩格斯全集》第3卷，人民出版社2002年版，第394页。

认为，无产阶级和人民的自由和解放只有通过改造对抗的异化的社会关系，建立新的社会关系，即联合起来的共同体才能实现。在马克思看来，"真正的共同体"是"各个个人"的"自由人联合体"，是以人民大众"共同占有生产力总和"为基础的人民共同体。人民共同体以人民为根基，在自由人联合体中，"能够实现自己的充分的、不再受限制的自主活动，这种自主活动就是对生产力总和的占有以及由此而来的才能总和的发挥"①。马克思把人民的社会关系本质、自由本质、实践本质以及全面性本质都置于现实的共同体之中。

其四，从人的全面发展本质看，人民的本质是整体的人或全面发展的人。人民的共同体关系本质也意含了人民的全面发展本质，或者说，人民的共同体本质注定了人民的全面发展本质，这就注定了共同体或全面发展关系的人民性。马克思所说的"全面人"的实质就是全面占有"对象"、占有自己劳动本质的人民，就是消除异化、获得自由、拥有自我和占有自己劳动本质的人民大众，而不是无所不包的绝对的"全人"。"人以一种全面的方式，也就是说，作为一个完整的人，占有自己的全面本质。"②"完整的人"即人民的全面发展关系，全面发展就是全面占有和拥有自己的存在和本质，就是人民共有共创共享的共同体关系，或者说，共同体关系的实质就是人民的全面发展关系。

其五，从人的劳动和实践本质看，人民的本质是自由自觉地劳动，即工作共同体。劳动是人的"自由的生命表现"、"生活的乐趣"③，"全部社会生活在本质上是实践的"，而生产实践即生产劳动是实践的基础或本质，生产实践或生产劳动的主体化、现实化即工作世界。马克思的异化劳动理论认为，资本主义的工作世界是异化的工作世界，使工人丧失了自由自觉劳动本质，因此要消灭异化劳动，构建人民大众共创共享的工作世界共同体。人民的这一劳动本质注定了劳动或工作世界的人民性。马克思认为，只有在共同体关系中人民才能自由自觉地工作、

---

① 《马克思恩格斯选集》第 1 卷，人民出版社 1995 年版，第 129 页。
② 《马克思恩格斯文集》第 1 卷，人民出版社 2009 年版，第 189 页。
③ 《马克思恩格斯全集》第 42 卷，人民出版社 1979 年版，第 38 页。

劳动、就业，才能占有、拥有自己的劳动本质，进而实现人的感性与理性、物质与精神、自我和社会等价值形态。他把人民大众的自由自觉劳动、工作活动建立在"共同占有生产力总和"的工作世界基础上，认为人民的生活幸福、社会关系本质、共同体关系和全面发展生态，都实现于共有共创共享的工作世界共同体。

人民的存在与本质注定了人民的属性即人民性，人民性是人民存在与本质内涵的进一步展开。人都有人性，人民性就是人民的人性，人民的人性是最基本的人性，是总体的现实的本质的人性。人民性是人民的现实属性，哲学人民性是对人民性的反映或建构，但这种反映有的是片面甚至歪曲的反映，有的是科学全面的反映。上述哲学人民观的历史演进逻辑亦是哲学人民性的历史演进逻辑，古代哲学把人或人民性归于自然客体或精神实体的属性，是客体人民性；近代哲学把人或人民归为经验或理性等精神主体，是抽象主体人民性；现当代哲学在主观性、非理性或意识意向性基础上把人或人民归于主客体统一或主体间性关系的生活世界主体，仍然是脱离现实生活世界的抽象主体人民性。哲学对人性的探究同样缺失对人民性的探究，即总是一般地探讨人性，忽略了人民性。而马克思主义哲学关于人的本质和人性的思想本质上就是关于人民的本质和人民性的思想。但是，尽管"人民"、"人民性"早已成为学界、意识形态、政府和民间普遍追捧和使用的语言范式，而学界却尚未出现关于人民性蕴含的哲学界定，即使是卢卡契于20世纪30年代创作的《人民性和真实的历史精神》（1937）一文也只是阐明了"人民性"的文艺创作原则。马克思主义哲学蕴含丰富的人民性思想，但人民性的哲学界定不只是一个理论思辨的问题，更是一个现实描述问题，"真正伟大的人性特征存在于生活本身、社会的客观现实本身、人本身"[①]。马克思主义哲学对人民性的界定是现实的描述和建构。

描述地看，人民的第一属性是生活性，生活性是社会生活性与日常

[①] 中国社会科学院外国文学研究所外国文学研究资料丛刊编辑委员会编：《卢卡契文论文集》第1卷，中国社会科学出版社1980年版，第122页。

生活性、物质生活性与精神生活性、自然生活性与人类生活性、群体生活性与个人生活性的总体，是人民的总体属性，而生活共同体性是人民生活性的最高属性。人民生活性亦是人民的存在性，因为人民的存在即人民的生活，而存在、生活都是人民的生命活动，都离不开生命，"全部人类历史的第一个前提无疑是有生命的个人的存在"[①]。由此，生活性、存在性、生命性是同一属性，都是人民的总体属性，都现实和逻辑地处在人民第一属性的层次上。生活第一、存在第一、生命第一、安全第一、健康第一，人民的生活性表明人民的生活、存在、生命的第一价值意义和地位。

人民的生活性内含了工作性，工作本身就是工作生活。人民的工作性即人民通过工作实践构成工作共同体，通过工作实践创造历史，创造生活，创造物质和精神财富，并立足于工作创造的价值享受生活。人民的生活世界存在注定了人民的存在性，同样，人民的工作世界本质注定了人民的工作性。工作创造生活，工作世界是生活世界的基础，工作性是生活性的基础，是人民的根本属性，工作共同体性是人民工作性乃至生活性的最高属性。而工作性、生产性、劳动性、实践性都是同一人民性。

人民性都靠工作实践创造，工作性是人民性的基础和发源地，直接决定其他方面的人民性。工作性注定了人民的创造性、革命性、主体性。工作、生产、劳动都是人民的创造性活动，"人民，只有人民，才是创造世界历史的动力"。而创造就要改变阻碍创造的社会关系或社会制度，这又注定了人民的革命性。人民是社会历史的创造者和变革社会的决定力量，历史上社会形态的更替都是在人民的革命中实现的。创造性和革命性又注定了人民的主体性。社会历史、生活世界的生成与发展都靠人民主体的创造，"历史活动是群众的活动，随着历史活动的深入，必将是群众队伍的扩大"[②]。主体性离不开自觉性，要通过自觉性来实现。列宁非常推崇群众的自主创造精神并指出："生气勃勃的创造

---

① 《马克思恩格斯选集》第 1 卷，人民出版社 1995 年版，第 67 页。
② 《马克思恩格斯文集》第 1 卷，人民出版社 2009 年版，第 286—287 页。

性的社会主义是由人民群众自己创立的。"① 自主是最高的自觉,主体性、自主性与自觉性是同一人民性。但这些人民性在资本主义社会被异化了,要通过社会革命建立社会主义和共产主义,才能实现人民主体的自由、自主、自觉的创造活动。

工作性注定了人民的物质性、精神性和功利性。人民创造生活就要享受生活,"人不仅为生存而斗争,而且为享受而斗争"②,这就注定了人民的物质性、精神性和功利性。人民的物质性和精神性表现为对物质利益或物质生活、精神利益或精神生活的创造和追求,而精神生活又是理性和非理性精神的总体,人或人民都是理性动物,但也离不开意志、欲望、冲动、直觉、潜意识、情感等非理性存在。人民对物质生活和精神生活的追求也是人民功利性的表现。马克思主义把人民的利益摆在首位就是肯定和重视人民的功利性。儒家思想也很重视人民的功利性,主张从政要"因民之所利而利之",但是,人民的物质性、精神性和功利性,在剥削制度下不可能真正实现,只有在共创共享财富和生活的共同体关系中才能成为现实。

人民的工作创造离不开科学方法和真理即离不开智慧,同时又都是德性和审美的生活和创造,这就注定了人民的真理性、智慧性和美善性。真正的智慧都是来自人民的工作创造活动,来自人民的实践并实现于实践,人民创造的辉煌的历史也充分确证了人民的智慧性。只有掌握真理才能创造历史和生活,实践性、创造性注定了人民的真理性,而创造世界和改变世界都要遵循德性关系和审美关系,要遵循生态伦理处理人与自然的关系,要遵循共同体伦理处理人与人和社会的关系,这就又注定了人民才是真善美的实体。

人民的创造活动本质上是工作世界的创造活动,生活和工作世界本质上是人民的共同体关系,这就注定了人民的整体性、群体性和个体性。人民是社会成员的绝大多数,这个大多数不是乌合之众,而是靠一

---

① 《列宁全集》第33卷,人民出版社1992年版,第53页。
② 《马克思恩格斯全集》第31卷,人民出版社1972年版,第163页。

定的社会关系或社会结构关联起来的总体即共同体,而这个总体的人民又总是表现为一定的群体和个体。人民中的一定的阶级阶层、一定地域、一定单位的群体即群体人民,人民的群体性在阶级社会主要表现为阶级性,在剥削阶级基本被消灭的社会主义和未来共产主义社会,主要表现为企事业等各个生产或工作单位的群体性。人民中的单个人即人民个人,个人构成群体,个人和群体构成总体的人民。马克思强调"历史的第一个前提无疑是有生命的个人的存在",人的自由全面发展是"各个个人"的自由全面发展,是人民个体性的张扬。离开个体性,人民即成为抽象的非现实的人民,甚至会沦为少数人标榜自己人民性的代名词,比如马克思揭露的资本主义"虚假共同体"就是抽象人民性的代名词,其实质是资产阶级的共同体。同样,人民的个体性又离不开整体性和群体性,否则就会成为一盘散沙或乌合之众。人民创造历史、变革社会都是靠总体的力量,单个的个人不能创造历史,没有关联结构的各个个人或所有个人也不能创造历史。

(二) 何谓马克思主义哲学人民性

马克思主义哲学人民性是一个关乎马克思主义哲学本质属性和发展路向的重要概念。这一概念的提出,不仅有学理上的机缘,也具有历史逻辑和理论依据。马克思主义哲学人民性包括八个基本内涵,其中,为人民立世即生活世界人民性是总体范式,为人民立人即"共同体人"是主体范式,为人民立业即工作世界人民性是核心范式。马克思主义哲学人民性是马克思主义哲学的本质属性、最根本特征和变革的根本意义所在,是马克思主义哲学创新发展的根本路向,是人民性实践的目标、制度、政策指向,对于坚持以人民为中心思想特别是坚持人民至上的价值取向有重要导向意义。

1. 马克思主义哲学人民性的内涵和特征

人民性是人民的现实属性,哲学人民性是对人民性的反映或建构,但这种反映有的是片面甚至歪曲的反映,有的是科学全面的反映。人民是生活过程或生活世界的主体,探究现实人民性是马克思主义哲学的主要任务或中心任务。马克思主义哲学人民性是无产阶级和广大人民群众的科学意识形态，其内涵包括一个中心、八个基本内涵、三个基本范式和一个核心范式。

一个中心即以人民为中心的人民中心性，或以人民为本位的人民本位性。马克思主义哲学人民性是以人民为中心的人民性，这不同于其他哲学的人民性，其他哲学虽然或多或少带有一定的人民性，但不是以人民为中心的人民性，它们或者以自然为中心，或者以精神实体为中心，或者以抽象理性或自我意识为中心。那么，马克思主义哲学的人民性为何是以人民为中心的人民性呢？或者说，哲学是世界观的理论体系，世界观是对整个世界总的看法和根本观点，马克思主义哲学以人民为中心有没有哲学研究的合法性呢？从哲学人民性的历史逻辑看，哲学经历了从古代客体哲学到近代主体哲学再到现代主客体统一哲学再到当代的主体间性关系哲学这样一个合乎逻辑的进程，从近代哲学开始，哲学中心问题开始从哲学本体问题中分离出来，而且这个中心越来越向主体靠近和深入，这就表明，哲学作为研究世界总体或本体的世界观的学问，并不总是以本体为中心，而是循着从本体论向中心论或主体论转换的逻辑行进，只不过不同哲学对作为中心地位的主体的理解不同，而马克思主义哲学理所当然地处在这个客体向主体转换链条的关键环节，也就是说，马克思主义哲学同其他哲学一样，在没有抛弃本体问题的前提下突出主体，只不过这个主体是现实的科学的真正的主体，即人民主体，即马克思主义哲学在持有物质本体这个前提下，将哲学研究中心转向人民大众的实践活动，马克思甚至称自己的哲学为"实践唯物主义"。这就充分表明，马克思主义哲学作为研究世界总体和本体的世界观哲学是以人民为中心的哲学，或者说马克思主义哲学的人民性是人民中心性，具有哲学研究运行逻辑的合法性。从这个意义上讲，不理解哲学中心论在近现代哲学特别是现当代哲学中的中心地位，就不理解近现代哲学特别是现当代哲学。也是在这个意义上，我们说"所有的哲学都是人学"这一观念是片面的，并没有反映哲学的全貌，特别是不适用于古代哲学。通过前述哲学人民性的历史考察我们已知，只有在现当代哲学的意义上，哲学才真正成为人学，我们才可以说"所有的哲学都是人学"。

马克思主义哲学人民性的人民中心性，不仅具有合乎哲学人民性演进的历史逻辑的合法性，还具有直接的理论确证和现实基础。从历史主体看，人民群众是历史的主体，并对历史发展起决定性作用。从理论与实践的关系看，哲学需要人民的实践，人民实践需要哲学。"理论一经掌握群众，也会变成物质力量"①，马克思把哲学理论看作指导人民实践和凝聚人民的精神力量，即马克思主义哲学要为人民立心、立言、立智。从理论上看，前述马克思的哲学研究观认为，马克思主义哲学要以无产阶级和人民大众为本位，从而让哲学成为"无产阶级的头脑"。由此，马克思主义哲学要研究人民大众，而研究人民大众就是研究人民现实的生活世界、工作世界，并为人民确立科学美好的生活世界境界。毛泽东强调："为什么人的问题，是一个根本的问题，原则的问题。"② 习近平总书记2016年5月在哲学社会科学工作座谈会上的重要讲话中强调指出，我国哲学社会科学要有所作为，就必须坚持以人民为中心的研究导向。这就更明确地表达了马克思主义哲学的人民中心性。

马克思主义哲学的人民性即人民中心性，人民中心性不是抽象的概念，它具有丰富的内涵，这些内涵是马克思主义哲学人民性的运行逻辑和马克思主义哲学研究遵循的人民性方向。马克思主义哲学人民中心性的主要表现或八个基本含义，即为人民立世、立人、立业（立行、立功）、立德、立智、立心、立命（安身、修身、健身）、立言。其中，为人民立世是总体范式，为人民立人是主体范式，为人民立业是核心范式，这三个范式构成马克思主义哲学人民性的三个基本范式，其他人民性皆由此而生。

（1）为人民立世

为人民立世即为人民确立生活世界总体境界特别是生活共同体境

---

① 《马克思恩格斯选集》第1卷，人民出版社1995年版，第9页。
② 《毛泽东选集》第3卷，人民出版社1991年版，第857页。

界，这是马克思主义哲学生活世界人民性的体现，这一内涵直接体现在马克思主义哲学的生活世界观中。人民的存在即生活世界，这一存在性注定了生活世界的人民性，生活世界的人民性又注定了马克思主义哲学作为世界观哲学，其人民性首先表现为要为人民立世，为人民确立生活世界总体境界。生活世界中的"世界"是人的存在意义或世界观意义上的世界，即马克思所说的"人就是人的世界"中的世界，或"哲学世界化"、"世界哲学化"中的世界，或"以往的哲学只是解释世界，而问题在于改变世界"意义上的世界，也是地理意义上的"全世界"意义上的世界，是人的存在总体意义上的世界。生活世界境界是哲学为人们确立的存在总体的价值世界样式、目标或梦想。它是现实化与理想化的双重世界境界，具有现实世界境界与梦想世界境界的双重意蕴。人的世界境界是人对世界总体存在的认知、建构和追寻，是人存在的总体境界，其意识形态就是哲学的世界境界。人的世界境界作为现实存在是理想世界境界的梦想成真，而作为精神理想则是现实世界境界涌现的梦想世界。世界境界总是具有现实与理想、存在与梦想的双重意蕴，人总是存在于现实世界和梦想世界两个世界境界之中。哲学都有世界境界，哲学最终都要为人与社会提供一个世界境界的意义指向和追寻目标，否则哲学就失去了世界观哲学的本意，就不是真正的哲学，从这个意义上讲，任何哲学都要把世界境界问题作为人和哲学的最高问题和价值归宿。由此，为人民立世，不是某个世界领域的域哲学或部门哲学的问题，而是与世界观哲学同等层次的关于世界总体存在追寻的元哲学问题，是价值世界总体追寻的元哲学问题。

马克思主义哲学世界观与世界境界是统一的，并趋向生活世界总体境界。哲学对某种社会现实或理想的崇尚，是哲学的社会境界，如古代哲学的"大同社会"境；哲学对某种人生现实和理想的崇尚，是哲学的人生境界，如道家哲学的"天人合一"境界、儒家哲学的"和谐"或"中和"境界。"元素论"的自然本体论是对自然世界的崇尚，唯心主义精神本体论则崇尚诸如"理念世界"、"自我意识世界"、"主体间性意识世界"、"非理性世界"等精神世界。此外，还有生态哲学的生态世界、唯意志论的意志世界或权力世界、现象学的生活世界等世界境界论说。哲学是世界观，从这个意义上讲，任何一种哲学都应该有其世界境界，而且这个世界境界是哲学的第一境界。但是以往的哲学研究，只有世界观这一概念，缺失世界境界这一概念，或者至多提出哲学的人生境界、社会境界和精神境界等概念，这源于哲学世界观与哲学世界境界的分裂。如费尔巴哈哲学的世界观是物质世界观或自然世界观，但他的哲学最高崇尚的是人、人性或人的理性，而不是自然界或物质世界，即他的哲学的世界境界是人性世界。是这种哲学世界观与哲学世界境界的分离或分裂造成哲学世界境界这一概念的缺失，使得哲学研究者只讲哲学的人生境界或社会境界，而不讲哲学的世界境界，在他们看来，世界境界似乎是世界观的问题，人生境界似乎是人生观或人本观的问题，而这两个问题是分离的，如果把世界境界当成最高境界就悖逆了人性、人本境界是最高境界原则。这种不顾世界境界只顾人性、人生境界的认知，实际上就是人与世界二元分裂的思维方式。现当代哲学的主客体统一说和生活世界总体观，在一定意义即精神意识的意义上弥合了这种人与世界的分裂，从这个意义上讲，生活世界特别是日常生活世界境界构成现当代哲学的一个最高的世界境界。而真正有世界境界的哲学、真正融合人与世界分裂的哲学、真正把世界观升华为世界境界的哲学，应该首推马克思哲学，马克思哲学的生活世界观、实践世界观特别是工作世界观，是其多重世界境界。哲学的世界境界就是哲学世界观所崇尚、所追寻的世界总体存在、目标或理想，是人与人、自然和社会相融合的总体境界，是人的最高境界和根本境界。它与哲学的社会境界、人生境界、精神境界等境界是一体化的关系，它生成哲学的其他境界，并与哲学的其他境界互动共生，并行不悖。哲学的世界境界是生活、实践、工作、精神等多重世界境界的总体，这些世界境界总和起来就是生活世界总体境界。古代哲学世界观主要是一种客体本体论，其世界境界主要是一种客体化世界境界；近代哲学主要是一种以人为中心的主体中心论或追求主体化世界境界的主体化哲学，同时交织着物质本体论和精神本体论的不同样式，但是它把现实生活的主体归结为抽象的或精神性主体，并把这个主体视为生活世界的中心,从而也消解了生活世界的现实性意义和总体性意义;而现当代哲学生活世界境界的转向,不是缺少世界观的总体性,就是没有从根本上摆脱意识总体性或个体总体性的单面性。马克思哲学的生活世界境界扬弃了古代本体论和近代中心论的世界境界,也扬弃了黑格尔的理性观念总体性方法,建构了生活世界总体观和总体境界,它坚持物质本体但不是物质本体论,主张主体中心但不是主体中心论。

马克思主义哲学的生活世界总体境界即为人民立世的立世意义。马克思的生活共同体思想,科学揭示了社会生活的发展规律和运行趋向,为人民确立了美好生活的理想范式、价值目标、审美原则和德性伦理,是马克思生活世界理论的精髓和价值核心,是唯物史观和科学社会主义理论的重要组成部分。其人民性内涵如"共同占有生产力总和及才能总和的发挥"、"人的自由全面发展"等意义,与"新时代"推崇和践行的"以人民为中心"、"五个总体布局"、"四个全面"、"五个发展理念"、"人类命运共同体"等思想理念是一致的,对于以人民为中心构建新时代美好生活世界具有重要的指向意义。

第一,以人民为中心构建新时代美好生活世界,总体是构建生活共同体。人民群众对生活资源和财富的共有共创共享关系是生活共同体最基本的总体意义,由此,构建生活共同体,首先要仅仅抓住新时代主要矛盾,建构人民群众对美好生活共有共创共享关系的总体意义。

美好生活靠人民创造,也要由人民共有共享,人民美好生活需求与发展不平衡不充分这一主要矛盾,鲜明地反映了美好生活与人民群众在一定程度上的分离问题,即发展不平衡不充分的问题,不平衡不充分主要是贫富分化问题,相当一部分群众和地区离美好生活的差距还很大,不能充分享受发展成果和美好生活权益,由此,解决新时代主要矛盾,满足人民美好生活需求,实现共同富裕,关键是以人民群众为中心,共同创造和享受美好生活,即让人民"共同占有生活力总和",激发人民的创造创新力,让人民的"才能总和"得到充分的发挥,让人民有获得感和幸福感。

生活共同体又是人与人、自然和社会和谐发展关系的总体，构建生活共同体的总体意义，还要注重物质生活与精神生活、自然生活与社会生活、个人生活与群体生活、审美生活与德性生活的统一的总体意义，戒除单向度的自然化、物化、资本化、道德化、个人主义和不顾个人的整体主义等片面的生活倾向。这就要将马克思关于生活共同体总体内涵的人民性思想同习近平"五位一体"和"四个全面"思想统一起来，让生活共同体成为构建人民美好生活世界的理想目标和现实进程。习近平的"五位一体"和"四个全面"思想就是人民群众美好生活总体意义的新时代诠释和建构，是马克思生活共同体总体意义思想的时代化、现实化、具体化。"五位一体"是经济、政治、文化、社会、生态生活的总体布局、总体发展思路和目标，"四个全面"是社会生活的总体战略布局、战略目标、战略举措，都彰显了新时代中国特色社会主义生活共同体的总体意义，都是人民美好生活世界的总体建构。

第二，以人民为中心构建新时代美好生活世界，本质或核心是构建工作共同体。工作世界将生活世界连接成一个总体，工作共同体将生活共同体连接成一个总体，是生活共同体的本质或核心。与其说我们永远处在生活世界中，不如说我们永远处在工作世界中，吃穿住行等日常生活世界都是工作世界的创造。美好生活靠工作来创造，正如习近平指出的："人民对美好生活的向往，就是我们的奋斗目标。人世间的一切幸福都需要靠辛勤的劳动来创造。"[1] 构建工作共同体核心是优化工作世界的结构，突出人民群众的中心地位，而不只是提高工资收入、增加就业岗位。一是要重视培育和发挥人民群众的工作力特别是创造力。资本主义社会生产力的发展造成了广大工人阶级个体工作力的贫乏，构建新时代工作共同体要以培育和发挥人民大众的工作创造力为根本支撑，避免社会总体生产力发达而个人生产力贫乏的窘况，因为"真正的财富就是所有个人的发达的生产力"[2]。二是要重视变革和优化人民大众工

---

[1] 《习近平谈治国理政》第1卷，外文出版社2018年版，第4页。
[2] 《马克思恩格斯全集》第46卷（下），人民出版社1980年版，第222页。

作者的工作关系。工作关系是社会生产关系的具体化、现实化、主体化，人民对工作资源和财富的共创共有共享关系是工作共同体乃至生活共同体的基础。三是要重视反对和治理各种工作腐败，特别是以权力为中心的权力腐败和以资本为中心的资本腐败，这些工作腐败都严重压制民众的工作创造力，损害工作共同体关系。四是要重视培育建设工作共同体文化，弘扬马克思主义的工作共同体价值观、审美观、道德观，批判和消解以消费美学贬黜工作价值的消费主义、以不思进取和庸碌无为为荣光的工作虚无主义、以交换价值代替共同体价值的新自由主义等工作意识形态。

第三，以人民为中心构建新时代美好生活世界，根本是发挥人民群众的"才能总和"即创造力创新力。构建生活共同体的本质或核心是构建工作共同体，构建工作共同体的实质是构建人民群众对工作资源和财富的共有共创共享关系，这三个关系是三位一体关系。工作共同体的三位一体关系注定了生活共同体的三位一体关系。马克思所说"对生产力总和的占有及由此而来的才能总和的发挥"，意即共有才能共创共享，而共创则必须必然共有共享。"才能总和的发挥"即人民大众的工作创造力创新力的发挥，它是构成共有共享关系的生产力或工作力的根据。马克思所说"自由自觉的活动"或"各个人的自由活动"亦是人民大众的生活创造特别是工作创造活动。共有共享、自由、全面发展乃至整个生活共同体都基于人民群众的工作创造创新力量。生活共同体不是上天恩赐的，更不可能靠政府包揽，根本是依靠人民群众的创新创造。

马克思的生活共同体思想就是改变异化和片面生活生态的创新创造思想。从一定意义上讲，新时代人民美好生活是创新创造性生活，是对以往过度依赖资源的资源性生活的扬弃和超越。由此，发挥人民群众的"才能总和"，一是要重视培养和发挥人民群众总体的创造力创新力；二是要重视培养和发挥各个人的个性化的创造创新力量，从一定意义上讲，创新就是个性化的创造，没有个人或个体的个性化就没有创新；三是要重视培养和发挥人民群众的审美创造和德性创造能力，遵循人的价值尺度与自然价值尺度的统一原则、人与人的主体间性关系原则以及生活共同体总体原则；四是要重视人民群众才能发挥的环境建设特别是支持、鼓励、激发创新创造的制度建设，尽可能地实现人民群众自由自觉的创造境界；五是要重视在意识形态上加强对马克思生活共同体思想的研究、传播和教育，确立其在生活世界的价值核心地位，以人民中心批判、消解、屏蔽那些压制和贬黜人民性的资本中心、权力中心、物质中心、神灵中心、道德中心等非人民中心的生活意识和思想形态。

第四，以人民为中心构建新时代美好生活世界，关键是构建现实的相对生活共同体。人民的创造力是工作共同体乃至整个生活共同体的根本支撑，那么，人民发挥创造力的场域在哪里？那就是由一个个工作共同体连接起来的无数相对生活共同体。社会主义还存在阶级差别，还需要国家政治保障，其生活共同体还不具有马克思生活共同体理想中的无阶级差别和国家政治的纯粹个人共同体意义。葛兰西指出："任何一种历史的行动只能由'人的集体'来完成"[①]；"一个单独的个人所能归属的团体是为数很多的比看来要多得多。一个单独的个人正是通过这些'团体'参加人类的生活。"[②] 由此，相对生活共同体是新时代人民大众生活世界总体存在意义和工作世界本质意义的更直接、更现实、更具体的实现形式。

社会主义所有制在根本层面上消除了阶级对抗，但还存在着阶级和阶级差别，其生活共同体既不是无阶级差别的绝对的社会生活共同体，也不是纯粹的个人生活共同体，而是主要表现为阶级、阶层及企事业单位或不同工作世界群体的相对生活共同体。由此，构建人民美好生活世界，不仅要从宏观上重视社会生活共同体和从微观上重视个人生活共同体，更要注重作为个人与社会结合域的群体的相对生活共同体特别是其共有共创共享关系的建构。一是要重视不同阶级、阶层生活共同体特别是广大工人阶级和农民阶级生活共同体的培育和建构。二是要重视企事

---

① ［意］安东尼奥·葛兰西：《狱中札记》，葆煦译，人民出版社1983年版，第33页。
② ［意］安东尼奥·葛兰西：《狱中札记》，葆煦译，人民出版社1983年版，第37页。

业等单位层面的生活共同体的培育和建构。三是要重视个人层面的主体间性生活共同体或日常生活共同体的培养和建构。四是空间层面的乡村、城市、沿海、内地等生活共同体的培育和建构。五是要重视社会各生活领域层面的经济、政治、文化、生态等生活共同体的培育和建构。六是要重视国家或政治共同体建设。马克思的生活共同体不具有国家共同体或政治共同体的规定性，社会主义特别是初级阶段，国家共同体与生活共同体是一致的，但国家共同体的本质和基础是生活共同体，或国家的政治生活共同体建立在人民生活共同体基础之上，要反映人民的美好生活需求，由此，要加强国家生活共同体的建设，政治制度、组织设施、政治上层建筑及意识形态都要反映和建构人民的美好生活需求，建构生活共同体，让国家共同体实实在在成为人民大众普遍利益的代表，实实在在成为真实共同体、真正共同体。

第五，以人民为中心构建人类命运共同体，要立足构建人民生活共同体。马克思的生活共同体思想是人类命运共同体的基础，并规定其发展方向。马克思哲学的生活共同体范式与人类命运共同体范式是一致的，或者说，人类命运共同体的实质是人民生活共同体。离开人民的共创共享关系，人类命运共同体就会成为抽象的或虚假的共同体，就会沦为少数个人、阶级、集团、国家的利益共同体。马克思哲学的生活共同体范式，适用当代中国，也适用当代世界，这基于世界人民共同的现实利益和未来价值取向。共同占有生产力总和不是一蹴而就的，而是一个不断实现和完善的过程，马克思哲学的生活共同体范式不只具有公有制的意义，还具有共创共享发展成果的意义，而后者即是当代生活共同体和人类命运共同体的共同基础。当然，二者也有区别，前者指向的是以生产资料的共同所有制为基础的无阶级差别的共同体，后者是不同阶级、国家、社会制度的共同体，是存在各种矛盾冲突甚至根本对抗的共同体，而消除这些对抗矛盾，就要不断发展共创共享关系，由此，生活共同体恰好规定了人类命运共同体的发展方向。同样，人类命运共同体范式是对马克思哲学生活共同体范式的创新发展，是马克思哲学生活共同体的重要现实形式和进一步发展的现实动力。

(2) 为人民立人

为人民立人，即为人民确立共同体人的存在和本质境界，这一内涵直接体现在马克思主义人学理论中。如上所述，人民的存在即人民的生活世界，由此，为人民立世同时也是为人民立人的过程，立人和立世同处在马克思主义哲学人民性的逻辑起点。但立世和立人又各有所侧重，前者突出的是世界总体，是总体范式，后者凸显的是世界主体，是主体范式，前者展现世界的总体性，后者呈现主体的总体性，此二者都属于马克思主义哲学人民性的基本范式。马克思主义哲学为人民立人就是为人民确立了共同体人的生存范式和价值理想，这一思想的直接表达主要是马克思的人学理论。如前所述，共同体人论是马克思人学理论的价值核心，是马克思人学理论人民性的根本体现。马克思的人学理论是由"社会关系人"或"实践人"范式、"异化人"范式、"共同体人"范式所构成的关联总体，是普遍范式与具体现实社会范式的统一，具有强烈而丰富的人民性，人民性是其根本蕴涵。马克思将普遍范式与现实社会范式融为一体，从而为普遍范式注入了强烈、丰富而现实的人民性。马克思的现实人学不仅揭示了资本主义的异化人生态，进而抽象出普遍的社会关系人或实践人范式，更重要的是为人民大众提出和构建了超越异化人生态的共同体人范式。"人的本质是人的真正的共同体。"① 马克思通过批判资本主义异化的社会关系和异化人的生存状态，为人民大众确立了共同体人的生存理想。马克思共同体人范式的人民性内涵主要是：人的本质是共同体，共同体的本质是人民共同体；共同体人以人民"共同占有生产力总和"为根基；共同体人按美的规律创新发展；共同体人即总体的人或全面人，全面人的实质是共同体人；共同体人以工作世界共同体为存在根本和核心价值依托。共同体人是人民大众对异化人生态的超越，是社会关系人或实践人的具体化、深化和升华，是全面人的现实化，是人民大众的生存理想、价值目标及核心存在范式。

---

① 《马克思恩格斯全集》第 3 卷，人民出版社 2002 年版，第 394 页。

(3) 为人民立业

为人民立业，即为人民确立工作世界共同体境界，这是马克思主义哲学的工作世界人民性，这一内涵直接体现在马克思主义哲学的实践观特别是工作世界理论中。工作世界在生活世界中的基础地位注定了为人民立业或工作世界人民性是马克思主义哲学人民性的核心范式，生活共同体和共同体人的共创共享关系都取决于工作世界的共创共享关系即工作共同体关系。这里的立业不是狭义的工作就业意义上的立业，而是工作世界的世界格局和意义上的立业。现实世界是人的主体化世界即生活世界，生活世界的基础或核心是工作世界，工作世界的基础或核心是物质生产活动。物质生活资料、物质财富或精神财富都要靠人民大众的劳动创造或工作创造。是工作世界将生活世界关联起来并构造成一个总体，工作世界是生活世界的基础。生活世界历史演进的基础是工作世界并趋向主体化工作世界。古代工作世界从采集—狩猎到乡村化再到城镇工作世界，在技术、制度、社会关系层面上，这是一个主体的建造、创造、筑造的人化过程即主体化过程，但从古代工作世界总体来看，它主要还是受自然条件的决定和支配，主要受自然生产力的决定，总体上是客体化工作世界。古代工作世界演进的历程注定了其生活世界的递进，即从游牧生活到乡村生活再到城镇生活的历程。近代机器技术的发明使得生产力、工作力大大提高，使得工作世界呈现出主体化的趋向，科学技术开始成为第一生产力，人控制改造自然的能力增强，即工作创造力呈现出来。但是这种主体化是社会生产力发展造成个人生产力贫乏的主体化，在很大程度上是与人对抗的异化的主体化。或者说社会或人类总体的主体化遮蔽了大众工作者个人的非主体化即客体化，他们被作为经济社会发展的工具、手段即客体，他们成为被雇佣的劳动力资本，成为物的东西，丧失了主体化的自由、自主和创造活动。近代主体化内含着实质的客体化问题。由此，人们总想摆脱客体的异化，追寻主体的存在，并在哲学意识形态上采取了感性意识主体化和理性意识主体化等形式。近代机器化的工作世界衍生了工业文明和工业化生活世界。现当代机器技术体系和高技术体系的工作世界，使主体化与客体化的双重性进一步增强。一方面，主体化能力和关系进一步发展，如当代资本主义的国家资本所有制和法人资本所有制，使得工作世界一方面进一步客体化，即以雇佣劳动关系为基础的工作关系进一步强化，大众工作者进一步成为资本、技术和权力的工具，进一步被客体化；另一方面进一步主体化，福利社会、福利国家、职工分红等，增强了工人对生产和社会事务的参与性，在一定程度上激发了工作者的创造性、自主性等主体性，也拓展和强化了工作者之间的主体间性关系或平等关系。而从总体或根本上来看，大众工作者的现实客体化与社会总体的主体化相对峙，由此，在社会意识形态上就表现为意识化的主体化，意志化、经验化、非理性化等意识化主体化就在现当代哲学文化中盛行起来，这既是对现实客体化的一种遮蔽，也是对生活世界和工作世界主体化境界和狭小的主体间性关系主体化的意识形态的反照和呼应。而以工作共同体为基础的主体化工作世界和哲学意识形式即马克思主义哲学意识形态，则在一定的社会共同体和文化背景中成为现实。现当代工业化、信息化的工作世界支撑着现当代工业化社会生活、信息社会生活世界并存的格局。从总体和根本上来看，古代工作世界是以被自然客体化的工作世界为主；近现代工作世界是以被社会客体化的工作世界为主，是社会工作世界与人民大众工作者对抗的阶段，而这个社会实际上是少数资本统治的虚假的社会，实际上是少数的资本主体，是少数资本主体化，而少数资本主体化对大众工作者来说，是资本客体化或异化的客体化工作世界，但在意识形态上却采取了主体化哲学文化的形式。总之，现实世界作为生活世界是以工作世界为基础和核心的，人的世界境界本质上是工作世界境界。生活世界的演进是一个以工作世界为基础的过程，而工作世界的历史又是一个不断地从客体化工作世界向主体化工作世界递进的过程。这就要求马克思主义哲学人民性指向主体化工作世界即人民大众为主体的工作世界，为人民大众建构工作世界共同体核心范式。工作共同体的本质就是人民大众共有共创共享的共同体关系，其根本是人民大众才能总和的发挥即工作创造力。工作共同体是生活世界、社会世界、文化世界的最高实在和意义基础，是人的最高存在与本质；是对人的客体化工作世界的扬弃，是对人的自然与道德世界的超越，是对人的抽象本质的现实化，是对人的生态境界与主体间性境界的升华，是人的最高实在和梦想世界。而工作世界是实践的实体化、现实化和主体化，从这个意义上讲，为人民立业也是为人民立行，即为人民确立实践行为行动的核心范式。为人民立业也是为人民立功，因为人民的功业都是工作劳动创造的，都实现于工作世界。为人民立功也是为人民谋功利或代表人民的根本利益，这也是由人民的功利性决定的。马克思指出："'思想'一旦离开'利益'，就一定会使自己出丑。"[①] 马克思主义哲学作为共产党人的意识形态更是要为人民谋功利，毛泽东指出："共产党人的一切言论行动，必须以合乎最广大人民群众的最大利益，为最广大人民群众所拥护为最高标准。"[②] 哲学要为人民带来功利利益，才能掌握群众，从而实现哲学的人民性，而功利、利益主要实现于工作世界的占有、分配和权力关系。为人民立业与为人民立行、立功是同一人民性，都是马克思主义哲学人民性的根本内涵。为人民立业作为马克思主义哲学人民性的核心范式，还将在本章的第三部分进一步阐述，这里不再展开。

（4）为人民立德

为人民立德即为人民确立总体性和根本性的道德伦理原则，这是马克思主义哲学的道德人民性，是马克思主义哲学人民性的又一重要内涵，这一内涵直接体现在马克思主义道德哲学、价值哲学和审美哲学中。这里所说的立德中的德是价值、伦理和审美关系的总体概念。为人民立世、为人民立人、为人民立业同时也是为人民确立价值取向或价值原则的过程，而价值关系又决定道德伦理关系，人们总是循着一定的价值关系或价值取向确立和选择自己的道德原则。人就是人对世界的关系，就是人与人、自然和社会的互相造化的关系，就是主体化的造化关系；有关系的地方就有人，有人的地方就有关系。由此，有关系的地方就有价值、伦理和审美，伦理就是人与世界的道德关系

[①]《马克思恩格斯文集》第1卷，人民出版社2009年版，第286页。
[②]《毛泽东选集》第3卷，人民出版社1991年版，第1096页。

或道德伦理关系。主体对世界的造化总是循着伦理道德进行的，人的主体化关系，无论是自然关系还是社会关系，无论是物质关系还是精神文化关系，都是循着一定的伦理道德关系造化出来的。生活世界的总体、本质意义注定了生活世界的价值、伦理与审美意义，就是生活世界总体取向以及工作世界本质取向。生活世界是主体化关系的总体，主体化关系的造化总是循着价值、伦理和审美意义进行的，或者说主体化关系就是造化主体化的价值、伦理和审美关系，从这个意义上讲，生活世界就是主体化的价值关系、伦理关系和审美关系。价值、伦理、审美就是主体化的世界关系，就是主体与自然、社会和主体的共同造化关系。或者说，主体化的世界关系就是价值、伦理和审美关系；价值、伦理和审美的总体是生活世界总体，本质是工作世界，是共创共享物质财富和精神财富的工作世界共同体。幸福、快乐、自由、公平、正义、平等，所有的价值、伦理和审美都根植于这种生活世界共同体特别是工作共同体。

　　生活世界总体价值是自然价值与人性价值、个人价值与社会价值、日常价值与非日常价值、物质价值与精神价值等主体化存在价值意义的总体，而不是单面的意识化存在，也不是物化、异化的客体化存在。生活世界总体性注定了生活世界的价值意义是生活世界总体价值意义，或者说是主体与自然、社会、主体价值关系的总体。这一价值总体意义是生活世界价值、伦理和审美的首要意义。这一意义要求人民要循着生活世界总体意义追寻、体验、理解和建构生活世界总体化的价值意义，从而戒除把价值、伦理和审美物化、资本化、权贵化、意识化的异化取向和单面倾向，即人民要在造化自然、社会、主体的关系中造化自己的自然价值、社会价值和主体价值，要沉入生活世界总体性中不断开拓、开启和开创存在的价值、伦理和审美场域。这对每一个人来说，都是一个无限的意义域和价值资源。从一定意义上说，人民的意义就是生活世界的意义，生活世界的意义就是生活世界的价值、伦理与审美意义，而生活世界的价值、伦理与审美意义都在于生活世界的总体意义。生活世界的价值、伦理与审美意义都是生活世界总体的意义，而不只是某个本体、中心、个体、主流或决定者的意义,这是生活世界也是人民大众应该持有的第一价值、伦理和审美原则。价值、伦理、审美是生活世界总体的意义与生成,同时也意味着是每个个体的意义与生成,因为每个个体都是一个总体,都具有生活世界总体意义的价值、伦理和审美。由此,生活世界总体价值、伦理与审美意义也是人民大众每个个体持有的第一价值、伦理和审美原则。

工作世界是生活世界的基础,亦是生活世界的价值、伦理和审美核心。多元、多重的工作世界生成多元、多重的生活世界,从而生成多元、多重的价值、伦理和审美世界。而无论工作世界如何多元、多样、多重,每个工作世界都是一个世界总体,这就注定了生活世界价值、伦理、审美的总体意义和工作世界核心意义。生活世界价值、伦理和审美的核心意义是工作世界价值、伦理和审美,工作世界的最高价值、伦理和审美就是工作共同体价值、伦理和审美。由此,生活世界的价值、伦理与审美的第一原则是生活世界总体原则,核心原则就是工作世界本质原则。这是马克思主义哲学为人民确立的两个基本的价值、伦理和审美原则,是其为人民立德的根本意义所在。其他如个体对整体或集体的集体主义道德原则、整体或集体对个体的人本主义道德原则以及人与人之间的主体间性伦理原则,都取决于这两个基本的道德原则。

(5) 为人民立智

为人民立智即为人民确立生活、工作、认识和改造世界的科学智慧或方法论,这是马克思主义哲学的智慧人民性,是马克思主义哲学人民性的又一重要内涵,这一内涵体现在整个马克思主义哲学体系中。工作世界人民性注定了价值、道德伦理和审美的人民性,也注定了智慧的人民性。马克思主义哲学是人民争取自由解放及认识和改造世界的大智慧,也是每个人民个体生活工作的小智慧。人民生活工作和变革社会的实践都离不开智慧,正如马克思所说"马克思主义哲学是无产阶段的头脑或思想武器"。而智慧也离不开人民,如列宁认为人民的智慧就是创造的智慧,"千百万创造者的智慧却会创造出一种比最伟大的天才预见还要高明得多的东西"[1]。真正的智慧都是人民实践的产物，马克思主义哲学的智慧也是来自人民的实践并服务于人民的实践。马克思主义哲学不仅为人民确立了唯物论、认识论、辩证法和历史观的普遍智慧和大智慧，还为人民确立了工作世界的根本智慧。其一从工作世界的基础地位看，个人、社会和国家都要确立工作创世的思维，摒弃资本救世的思维。其二从工作世界的结构本质看，要重视工作共同体关系以及工作精神文化的建构，更要重视工作技艺、工作创造力的提升，特别是要确立工作创造力和专业化能力是第一工作力的理念。其三从工作世界的核心价值看，关心人民根本利益就要以构建工作共同体为基础，以提高人民工作创造力为根本。其四从工作世界的行为看，要把实践思维转化为工作世界的做事思维，要把做事当成是展示自己才能、亲和他人、向他人学习的机会，而不是当成负担；要学会和谐也要学会冲突，对一些人和事要用和谐思维，对一些人和事要用冲突思维。其五从工作世界的发展看，要把矛盾思维转化为工作世界的问题思维，要把承担问题、解决矛盾问题当成自我发展和提升的机会，而不是当成负担；要持有累积"毫末"的累积创新精神，要将累积创新视为人生和社会发展的大智慧。其六从工作世界的潜能看，构建工作世界不能只看眼前或当下的存在，还要立足潜能，瞩目未来，设定工作目标不要追求100%的清晰度和正确率，目标是在做的过程中不断修正、完善和趋向真理的，在做的过程中，自我的潜能、环境的潜能会不断涌现，一开始看上去不具备的条件、不清晰的物象和意识都会慢慢涌现出来。

（6）为人民立心

为人民立心即为人民确立和建构美好的精神世界或精神家园，这是马克思主义哲学的文化人民性，与立德立智同处在精神人民性的重要层次上，这一内涵直接体现在马克思主义文化哲学和心灵哲学（或精神哲学）中。为人民立世、立人、立业、立德、立智，都需要心灵精神

---

[1] 《列宁全集》第33卷，人民出版社1992年版，第281页。

的支持，同时也为心灵精神的确立提供了基础和动力。但是，德性和智慧还主要是人们的理性精神，人是物质存在更是精神存在，而精神存在的总体是人的心灵世界，是感性与理性、理性与非理性的总体，精神生活在哲学人民性的历史演进中也是越来越成为哲学关注主体的重要向度。而马克思主义哲学为人民立心是以立世、立人、立业为基础和前提的，有了这些基础和前提立心才能牢固，这不同于一些哲学的抽象立心说，如神本主义把立心建立在虚幻的神灵信仰基础上，道德本体论把立心建立在脱离现实社会关系特别是物质关系的抽象的道德基础上，现象学把立心建立在意识意向性基础上，等等。这些立心哲学都不可能为人民大众筑造真正的精神家园。

（7）为人民立命

为人民立命即为人民确立生命生产和健康的价值及安身之所，这是马克思主义哲学的生命人民性，这一内涵直接体现在马克思主义哲学的唯物史观、生命生产理论、健康观及生态哲学和空间哲学思想中。人的生活被心灵指引和照耀，但心灵需要作为肉身的身体或健康生命的庇护，或者说，人的生命或身体是心灵的居所，而城市和乡村是身体的居所。为人民立命与为人民安身、健身是统一的总体。马克思认为"历史的第一个前提无疑是有生命的个人的存在"，而这个个人不是某个人或某些人，其主体是人民，这就把人民的生命存在置于历史基础和前提的价值地位，这是为人民立命的首要原则。而作为历史前提和生活基础的人民的生命必是健康的生命，由此，马克思主义哲学又将生命的生产和健康视为生产活动乃至整个社会生活的基础。为人民立命和健身都离不开为人民立身或安身，即为人民确立和筑造身体的居所和生活的家园，建构以人民为中心的居住空间和生态环境。

（8）为人民立言

为人民立言即代表人民的利益，替人民说话，说人民的话，这是马克思主义哲学的话语人民性，这一内涵体现在整个马克思主义哲学的思想体系中。哲学替谁说话，谁就拥护哲学、爱戴哲学。上述为人民立世、立人、立业、立德、立智、立心、立命都是为人民立言，都是代表人民利益替人民说话。但为人民立言还有另一层意思，即为人民创造通俗易懂的大众化的哲学话语方式，这种话语方式一方面需要哲学化的建构，另一方面又来自人民的生活。实际上，马克思主义哲学的话语方式也早已融入了人民的生活世界，并在很大程度上成为人民的日常生活话语，如矛盾、实践、生产力生产关系、人民是历史创造者、工作世界、工作关系、辩证思维等哲学概念和思想。这方面马克思主义哲学大众化研究已有诸多表述，这里不再展开。为人民立言是马克思主义哲学区别于其他哲学的一个重要标志，它与那些贬抑甚至歧视人民的哲学形成巨大的反差，充分展现了马克思主义哲学的人民性品质。

综上所述，马克思主义哲学人民性的八个基本含义，回答了马克思主义哲学为了谁研究、研究什么和怎样研究的问题。从马克思主义哲学的主体本位即为谁研究看，马克思主义哲学人民性是指马克思主义哲学以人民为中心的哲学本位或归属，即以人民为中心，为人民立世、立人、立业、立德、立智、立心、立命、立言。从马克思主义哲学的内容特征上看，即从研究什么上看，马克思主义哲学人民性是指马克思主义哲学所研究的生活、生命、工作、道德、智慧等方面的人民性，其中生活世界人民性是总体范式，工作世界人民性是核心范式，共同体人是人民主体的生命范式，这是马克思主义哲学人民性的三个基本范式，其他人民性皆如此而生。从马克思主义哲学的研究方法看，马克思主义哲学的人民性是指马克思主义哲学的出发点是人民大众的现实生活世界，是从现实生活到概念和理论，而不是相反。以上三个方面互相关联，统一于马克思主义哲学人民性的概念内涵之中。

马克思主义哲学人民性的内涵注定了其特征。特征是内涵的进一步展延，是将内涵置于自身其他内涵和他者内涵的比较框架中所呈现的意义。马克思主义哲学人民性的特征即将马克思主义哲学人民性置于时代境遇、马克思主义哲学其他特征以及其他哲学人民性的比较框架中所呈现的意义。特征展延内涵，内涵也显现特征，马克思主义哲学人民性的特征已经在其内涵中自明和显现出来了，这里，将其简要归结为九个方面的特征。一是一般特征。马克思主义哲学人民性是对人民性的正确反映，因此具有人民性的基本特征，即生活性存在性生命性、工作性实践性劳动性、创造性革命性主体性、智慧性真理性美善性、物质性精神性功利性、整体性群体性个体性。二是时代性和创新性特征。人民性是具体的历史的现实的人民性，随着时代的发展而发展，马克思主义哲学不仅具有人民性的一般特征，还具有人民性的时代特征，如无产阶级革命时代，强调人民的阶级性、革命性、反抗性或批判性，中国特色社会主义建设时代，强调人民的生活性、工作性、创造性或创新性、变革性、主体性、功利性、精神性、美善性、生态性等方面。马克思主义哲学人民性随着时代的发展而不断创新，不同于其他哲学将人民性归于普遍的永恒不变的人民性。三是建构特征。人民性是现实的存在，具有自发性和一定的盲目性，需要哲学理论的建构和引领。马克思主义哲学人民性不仅真实地反映现实人民性，而且为人民建构生活世界特别是工作世界的世界境界，即具有为人民立世、立人、立业等建构性的人民性，这一点在对其八个基本内涵的阐述中显现得尤为明显。四是总体性特征，即马克思主义哲学人民性是生活世界总体的人民性，不同于其他哲学将人民性自然化、物化或精神化的片面人民性。五是根本性特征，即马克思主义哲学人民性的根本是工作世界人民性，是对人民性现实本质的正确反映，不同于其他哲学将人民性归结为物质客体、精神实体及自我意识等非根本的人民性。六是真实性或现实性特征，即马克思主义哲学人民性是现实生活世界特别是工作世界的人民性，不同于其他哲学将人民自然客体化、精神客体化和主观意识化的片面人民性、抽象人民性及虚假人民性；马克思主义哲学人民性是"世界的哲学化"和"哲学的世界化"，是在现实中已经实现并将继续实现的人民性，不同于其他一些哲学的带有乌托邦幻想色彩的人民性。七是鲜明性特征，即马克思主义哲学公然申明自己的哲学是以人民为本位、中心，是代表无产阶级和最广大人民群众的利益，人民性是马克思主义最鲜明的品格，马克思主义哲学的人民性不同于其他哲学将人民消解或遮蔽在普遍的主体、人、全民、人类之中的虚假人民性。八是中心特征，这是马克思主义哲学人民性的根本特征、独有特征。马克思主义哲学人民性与其他哲学人民性相比照，是以人民为中心的人民性，是科学、真实、实践的人民性，其他哲学人民性不具有这一特征，如古代哲学以客体为中心，将人民性归于客体，近代哲学以抽象主体为中心，将人民性归于抽象的理性，现当代哲学以抽象的生活世界主体为中心，将人民性归于纯粹的个体性或狭隘的主体间性交往关系。九是本质特征。上述中心特征等诸多特征注定了人民性是马克思主义哲学的本质特征。马克思主义哲学人民性具有与马克思主义哲学其他属性相对而生、相融而在的哲学本质属性特征，即人民性与科学性、实践性、革命性等属性共同构成马克思主义哲学的本质属性。

2. 马克思主义哲学人民性的理论和实践价值

马克思主义哲学人民性即人民中心性，是马克思主义哲学区别于其他哲学的根本标志，关乎马克思主义哲学的本质属性、价值中心、根本目的和创新发展的根本路向以及以人民为中心的研究导向，处在马克思主义哲学基本理论、总体性问题和关键领域层次，有重要的理论价值和实践价值。

（1）马克思主义哲学人民性是马克思主义哲学的根本意义所在

第一，马克思主义哲学人民性是马克思主义哲学的本质属性和最根本特征。哲学人民性演进的历史过程表明，除了极少数哲学，在一般人性的意义上，哲学都或多或少地具有一定的人民性。古代哲学以自然本体或精神实体为中心，具有客体人民性意义；近现代哲学以抽象的精神主体和生活主体为中心，具有抽象主体人民性意义；当代哲学以主体间性关系为中心，具有片面的生活和工作世界人民性意义，但这些哲学的人民性都不是以人民为中心的人民性。马克思主义哲学是为人民立世、立命、立言、立业的理论，是以人民为中心或本位的人民性，与其他哲学人民性有本质区别。马克思主义哲学人民性是哲学人民性的科学形态，处在现当代哲学的链条和框架上，是哲学人民性演进的必然逻辑阶段和关键一环,现当代哲学的生活世界转向特别是工作世界趋向实际上是从马克思主义哲学开始的,并受到马克思主义哲学的重要影响。

第二,马克思主义哲学人民性是马克思主义哲学变革意义的根本体现。马克思主义哲学人民性既坚持物质本体,又突出人民中心,将本体论与中心论辩证统一起来,超越了近代以来本体论与中心论、主体论与客体论的二元对立;将人民性统一于生活、实践、工作世界,又把生活世界人民性建立在实践人民性基础上,进而把生活世界和实践人民性建立在工作世界人民性基础上,确立了工作世界人民性的核心地位,这就超越了哲学史上脱离生活、实践和工作世界人民性的抽象人民性哲学;将生活的本质归结为生活共同体,将人的本质归结为共同体人,又将生活共同体、共同体人及工作世界人民性的本质归结为人民大众共有共创共享的工作世界共同体,这就超越了人本主义和西方马克思主义的抽象的现实人民性。

第三,马克思主义哲学人民性是马克思主义哲学创新发展的根本路向。人民性路径是21世纪或当代中国马克思主义哲学创新的根本路径。一是马克思主义哲学人民性创新路径是全面人民性创新路径,即在用马克思主义哲学研究现实、理论及传统文化和现代文化、东西方文化过程中都要坚持人民中心性,都要与人民性契合并建构人民性,从而创新马克思主义哲学人民性,而工作世界人民性是马克思主义哲学人民性创新的根本路径。二是要借鉴和吸纳国内外对马克思主义哲学人民性研究的成果,针对其研究的不足,在马克思主义哲学人民性的学理化、概念、理论体系等元理论方面进一步开拓创新,建构以生活世界人民性为总体、以工作世界人民性为核心的马克思主义哲学人民性理论体系。三是加强加深对生活、实践、工作、生态、空间人民性等现实人民性的研究。哲学人民性是现实人民性在意识形态上的回响,探究和创新马克思主义哲学人民性,就要探究与创新人民和人民性的现实蕴涵。马克思主义哲学人民性要随着时代的发展而不断创新,不同于其他哲学将人民性归于普遍的永恒不变的人性。

(2)马克思主义哲学人民性为人民性实践和坚持人民至上提供科

学导向和价值遵循

马克思主义哲学人民性是人民性实践的指向，特别是对新时代以人民为中心、坚持人民至上的实践具有重要的导向意义。

第一，马克思主义哲学人民性为人民大众主体提供践行人民性的哲学意识和导向。马克思主义哲学人民性是生活世界总体的人民性，根本是工作世界人民性，不同于其他哲学将人民性自然化、物化或精神化的片面人民性。马克思主义哲学人民性为人民确立了生活世界总体的存在境界、共同体人或全面人的发展目标、工作共同体的核心价值取向，为人民立德、立智、立心、立命、立言，是人民生活、工作、存在和发展的根本指向。

第二，马克思主义哲学人民性为国家、政府、企事业单位等决策部门提供以人民为中心、坚持人民至上的执政理念、决策参考和行为导向，是以人民为中心、坚持人民至上的根本遵循。马克思主义哲学人民性是现实生活世界特别是工作世界的人民性，是在现实中已经实现并将继续实现的人民性，不同于其他一些哲学的带有乌托邦幻想色彩的人民性。马克思主义哲学人民性全面完整地展现了人民根本利益的基本蕴涵。国家、政府、企事业单位要循着马克思主义哲学人民性的基本内涵，制定方针、政策、制度、法规，特别是工作世界的工作制度和法规，推动实现人民共同富裕和全面发展。

第三，马克思主义哲学人民性为新时代新发展阶段提供核心价值遵循。构建新发展格局、落实新发展理念、全面建设社会主义现代化国家以及实现人民美好生活和中华民族伟大复兴目标，都要靠人民大众的工作创造，而工作创造的本质是工作共同体创造，工作世界人民性或工作共同体是马克思主义哲学人民性的核心范式或核心价值取向。由此，不仅要重视社会生产力的发展，还要重视提升人民大众的工作力特别是创造力；不仅要重视社会生产关系的优化和变革，还要重视工作世界的工作关系的优化和变革；不仅要重视生活世界人民性或人民美好生活的建构，还要重视工作世界人民性或工作共同体关系的建构。

三　工作共同体：马克思主义哲学人民性的核心范式[①]

工作世界是生活世界的基础，工作世界人民性是生活世界人民性的基础。工作世界人民性的价值核心是工作世界共同体，并注定了马克思主义哲学的工作世界人民性，即为人民确立工作世界共同体价值核心，亦即为人民立业。工作世界人民性或工作共同体既是现实的人民性，也是马克思主义哲学人民性的概念范式。由此，在马克思主义哲学人民性的理论层面，为人民立业、工作世界人民性、工作共同体三个概念具有同一意义，都是马克思主义哲学人民性的核心范式，其不同只是不同语境中的用语不同。本章第二部分主要阐明了工作世界人民性为什么是核心范式，这里还要立足马克思哲学的工作世界范式，进一步阐明马克思主义哲学人民性的工作共同体核心范式的生成逻辑和基本内涵。

马克思主义哲学的工作世界范式是从工作世界大格局上为人民立业的理论，是从根本上为人民立言、立世、立命、立心的哲学。它为生活世界理论和人本学奠定了工作世界基础，集中表征着生活世界观递进的工作世界趋向，对于当代哲学走向工作世界产生了深远而广泛的影响；对于人们戒除物化、工具化、资本化和权力中心化以及追寻工作世界共同体具有重要的指引价值。它启示我们，工作世界是人民创造历史和生活的发源地或发生地，是人民真正的物质家园和精神家园；它指引我们，构建新时代人民美好生活世界，首先和必须构建人民美好工作世界，首先和必须构建共有共创共享的工作世界共同体。工作共同体是马克思主义哲学工作世界范式的核心范式，从而构成马克思主义哲学人民性的核心范式。

[①] 本节内容出自笔者所著《文化世界的意义结构》（社会科学文献出版社2017年版）一书的第四章第三节的部分内容，收入本书时有改动。

(一) 生成的人民性：马克思主义哲学工作世界范式生成的历史逻辑与文本确证

马克思主义哲学的工作世界范式即马克思主义哲学对工作世界意义、结构和价值的总的看法和根本观点。从其生成的历史逻辑看，它直接源于马克思生活、工作和研究于其中的资本主义工作世界的异化生态和矛盾境遇，以及思辨哲学脱离现实生活特别是工作世界的抽象和贫乏状态。

资本主义生产关系的产生激发了人民大众的工作能动性与自由创造性。资本用自由的方式配置工作资源和要素，将分散的个人工作力组合为巨大的整合力量，使各种工作资源在一定程度上得到优化配置，而自由竞争的市场压力使资本家对剩余价值和资本扩张的欲望更加膨胀，将尽可能多的剩余劳动不断投入到扩大再生产中，使再生产规模不断扩大与升级，使社会生产力水平不断提高。与此同时，资本主义生产关系对大众工作者又起着奴役和压制的作用，并造成工作世界的异化状态，使大众工作者的工作劳动成为别人的工作劳动，使大众工作者成为资本家发财暴富的手段和工具，他们像机器一样被资本控制和驱使，在很大程度上对工作丧失了激情、动力和兴趣。"总体工人从而资本在社会生产力上的富有，是以工人在个人生产力上的贫乏为条件的"①；"工场手工业把工人变成畸形物，它压抑工人的多种多样的生产志趣和生产才能"②。自然资源和环境的资本化则导致人与自然关系的冲突和对抗，利润、剩余价值、环境、资源、占有、分配、工人、资本家以及社会生产力的发达和大众工作者的贫穷与工作力的贫乏，就是这些工作世界的对抗性矛盾促使马克思将自己的哲学转向工作世界，探究这些矛盾的生态、根源与解决的方式。

思辨哲学对工作世界旨趣的缺失，是激发马克思主义哲学走向工作世界的直接理论动因。近代工业革命亦是工具、工作方式、工作意识、

---

① 《马克思恩格斯全集》第44卷，人民出版社2001年版，第418页。
② 《马克思恩格斯选集》第3卷，人民出版社1995年版，第642页。

工作价值观念的革命，给西方社会创造了巨大的生活意义，开拓了工作世界广阔的空间。而近代哲学的理性本体却遮蔽了这个世界，自从笛卡尔用普遍怀疑悬置了中世纪的神灵本体和以往的自然本体并还原了理性本体，理性本体特别是科学理性就一直统治着西方人的精神世界。黑格尔哲学把普鲁士国家制度、法律和政治奉为最高理性和绝对实在，青年黑格尔派则沉溺于自我意识世界；康德哲学指向形而上的纯粹理性和形而下的实践理性，并试图通过对它们的批判重建一个"理性为自然立法"的理性自为世界；费尔巴哈哲学则沉溺于人的自然属性。这些哲学都没有顾及生产活动这一生活世界的根基，都没有工作世界的旨趣。笛卡尔把"我思故我在"的理性精神奉为哲学第一原理，而不顾"我工作故我在"；黑格尔推崇"哲学是时代精神的精华"，实际是推崇哲学是绝对精神的精华，从而消解了哲学是生活世界特别是工作世界的精华；费尔巴哈观照到"饮食男女"的日常生活实践，却不顾工作世界的物质生产实践；青年黑格尔派栖息于自我意识的形而上的"哲学境界"，亦不知哲学境界的根本是工作世界境界。就是这些远离工作世界的思辨哲学，促使马克思跳出"哲学的圈子"并要"消灭哲学"，走向人民大众的现实生活特别是工作世界。

马克思哲学的工作世界范式有其历史逻辑，也确证于其丰富的理论文本。马克思哲学工作世界范式的生成或走向亦是工作世界转向。这一转向实现的第一个环节是找到这一转向的逻辑起点，即把以黑格尔法哲学为代表的理性哲学根植于物质生活过程，其理论标志是1843年《〈黑格尔法哲学批判〉导言》。马克思通过对黑格尔法哲学的批判研究得出一个结论："我的研究得出这样一个结果：法的关系正像国家的形式一样，即不能从他们本身来理解，也不能从所谓人类精神的一般发展来理解，相反，他们根植于物质的生活关系。"[1] 这里，作为起点的"物质生活关系"即生活世界虽然超越了抽象思辨的意识哲学，但还只是现实世界的一个初级或总体层次。生活关系又是以什么为基础？生活

---

[1] 《马克思恩格斯选集》第2卷，人民出版社1995年版，第32页。

世界的意义又来自哪里？循着这些问题继续探究下去，就是深入到工作世界的过程。

马克思哲学工作世界思想转向实现的第二个环节是成就这一转向的中介，即把生活世界本质归结为实践，这是形成转向的一般方法论环节，其理论标志是1845年的《关于费尔巴哈的提纲》，"社会生活在本质上是实践的"，这一思想使马克思的生活世界观进入到实践的本质层次，但是这里的实践还只是一种抽象规定，只具有一般的实践方法论意义，即一方面它指引哲学进一步探究现实的实践世界、实践关系，另一方面它自身又不具有任何现实关系特别是工作世界本质的规定性，即这种实践观还不是马克思哲学世界观的深层结构。

马克思哲学工作世界范式转向实现的第三个环节是抵达这一转向的归宿，即把生活世界和实践根植于生产活动的工作世界，其理论标志主要是《1844年经济学哲学手稿》、1847年的《德意志意识形态》、1848年的《共产党宣言》以及1849年的《雇佣劳动和资本》等著述。其中，《1844年经济学哲学手稿》透视了资本主义工作世界异化的对抗生态，《德意志意识形态》揭示了生产活动即工作世界在社会生活中的根基地位，并阐明了工作共同体这一工作世界的价值核心。《共产党宣言》更为明确地展现了工人阶级解放的道路以及未来工作世界的"自由人联合体"框架。《雇佣劳动与资本》则从哲学和经济学双重视角探讨了工人、工资、工作日、工具、机器、生产、交往等工作世界的基本范畴，并使"工作"一词成为关键词。马克思1844年转向政治经济学的实质不是转向政治经济学学科，而是转向研究工人、工资、工作日、资本、生产方式、生产条件等现实工作世界，从而摆脱了对世界、人、生活、理想、实践、生存等进行一般性研究的抽象哲学。在马克思哲学的重要转向中，生活世界转向是起点、出发点，实践转向是中介，工作世界转向是归宿。那么，这里说工作世界转向的初次实现发生在《1844年经济学哲学手稿》中，这个时间与1845年《关于费尔巴哈的提纲》的实践转向并不矛盾，实践转向在1843年《〈黑格尔法哲学批判〉导言》就有了，1845年又做了一个总结或深化，或者说1843年马克思哲学就开始了实践转向，1845年才写成凸显实践观的书面的《关于费尔巴哈的提纲》，才完成实践转向，以作为进一步进行工作世界转向的方法论，即一方面，1845年马克思已经离开了生活世界出发点，处在实践的实质性转向过程中，一方面实践转向1843年就发生了，在1845年的《关于费尔巴哈的提纲》中随着生活世界转向的行进又进行了书面的系统的表达和深化。这也恰恰说明马克思哲学的生活世界、实践转向与工作世界转向是相融互动的。而《资本论》是马克思哲学工作世界转向实现的经典文本，它最科学、深入地研究了资本主义工作世界，从哲学角度看，它也是一部科学而丰富的工作世界哲学著作。

（二）范式的人民性：马克思主义哲学工作世界范式的理论呈现

美国著名科学哲学家托马斯·库恩指出，所谓科学范式是指"在一定时间范围内，能为研究者群体提供样板问题及其解决方案的普遍公认的科学成就"[1]。库恩的范式论主要是指向主观化的科学、理论或认知范式，否定了自在范式的意义，夸大了范式的公共存在场域，而这个公共存在场域又主要在科学家或研究共同体的主观确认和信念之中。我们认为，理论范式、科学范式是现实、存在、历史范式的映照和建构。范式不只是主观的理论、科学、信念，而是基于客观的主观与客观或主体与客体的统一，也是无主观的客观自在范式。范式不同于概念，概念反映和建构客观，但它本身是主观，属于意识范畴。范式不必非得被大家公认才能成为范式，更不必非得被学界公认才能成为范式。作为自在的范式，认与不认，它都客观地摆在那里；作为自为范式，信与不信，它都主观地摆在那里。只要它能构成范式，只要它配作范式。范式不会因为谁或某个共同体的圈子而成为范式，更不会因为获得某种"样板"的奖赏而成为范式。范式首先是自在的范式或潜在的范式，自在的或潜在的范式终将成为显露的展现的共在的范式。如牛顿的《原理》作为

---

[1] Thomas S. Kuhn, *The Structure of Scientific Revolutions* (3rd Edition), Chicago: University of Chicago Press, 1996, p. 10.

自然范式，在没有牛顿的时候就统领自然了，而统领科学是迟早的事；比如工作世界范式从马克思主义哲学诞生的那天起就作为潜在的范式诞生在马克思主义哲学中了。马克思没有明确提出工作世界的概念范式，更没有给工作世界下定义，但它关于工作的表述特别是关于生产、实践、社会基本矛盾等理论的阐述，都内含着工作世界范式，且在很多方面也有清晰的呈现。马克思哲学的一种风格就是不纠缠概念，通过意义的追问和探求使概念自明，其《1844年经济学哲学手稿》《德意志意识形态》《共产党宣言》《雇佣劳动与资本》等文献对工作、生产、劳动的阐述，使工作世界范式达到了自明境界。

其一，关于工作范式。马克思在与劳动、生产等概念同等程度和意义上使用工作一词，它们互相通约、互相规定。"由于他们工作的劳动部门不同，他们每一个人因劳动了一定的时间或做了一定的工作（譬如，织成一尺麻布或排好一个印张的字）而从各自的资产者那里得到的货币数量也不同。尽管他们得到的货币数量不同，但是有一点是一致的：就是工资是资产者为了尝付一定的劳动时间或完成一定的工作而支出的一笔货币。"① 这里，"劳动部门"即"工作部门"，"工作时间"即"劳动时间"，劳动即工作，工作即劳动。在这个意义上，《雇佣劳动与资本》一文大量使用"工作"这一概念。再如，"劳动越是不能给人以乐趣，越是令人生厌，竞争也就越激烈，工资也就越少。工人想维持自己的工资总额，就得多劳动：多工作几小时或者在一小时内提供更多的产品……结果是：他工作得越多，他所得的工资就越少，而且原因很简单，因为他工作得越多，他就越是同他的工友们竞争"②。马克思这种对民众工作世界的关怀，今天读起来仍有一种亲切感和震撼力。以往我们把马克思这些珍贵的思想只是当作政治经济学问题，其实这里内含丰厚的工作世界哲学意蕴，是真正的本源的生活世界观、生存论、实践论哲学。另外，工作也包括精神生产方面的工作，"人们是自己的观

---

① 《马克思恩格斯选集》第1卷，人民出版社1995年版，第333页。
② 《马克思恩格斯选集》第1卷，人民出版社1995年版，第360页。

念、思想等等的生产者","物质劳动和精神劳动的最大一次分工",这些提法表明马克思把精神意识形态的工作纳入了工作体系当中,它与物质资料的生产工作同样创造价值。由此,亦可将工作分为物质生产工作、精神生产工作和权力生产工作三大层次,而物质生产工作无疑居于基础和核心地位。由此可见,工作比生产、劳动具有更广阔的实践和存在意义。

附带说明一下,工作与生产、劳动有同等的意义,这并不排斥使用工作话语的合法性,就如马克思经常在同等意义上使用生产、劳动、实践等概念,而并没有排斥其中任何一个概念存在的合法性一样,而是给予这三个概念话语体系的合法性。而就工作与生产、劳动的区别来讲,当属另一个概念辨析话题,这里主要是从马克思的工作概念引出工作世界范式,无须对工作概念加以展开,但至少有一点可以在这里表明,工作是生产、劳动、实践的主体化、实体化、现实化,更是日常化、大众化的话语方式,由此,使用工作或工作世界话语体系更迎合马克思主义哲学大众化的话语体系,也是对当代哲学的生活世界特别是工作世界范式的接纳和回应。

其二,关于工作世界范式。马克思在生产、劳动的阐述中使工作范式达到了自明,而工作范式的自明又使工作世界范式明亮起来。"阐明世界的总体意义是哲学的中心任务。"[1] 马克思哲学具有鲜明的世界观品格,而世界观品格即重视对世界总体意义的探究。马克思哲学的工作范式亦具有鲜明的工作世界总体意蕴。从马克思对工作、生产、劳动等概念和问题的表述看,工作是一个世界,是一个容纳了工作者、工作环境、生产关系、自然关系、技术手段以及工资利润、分配、交往的世界,即工作就是工作世界,工作世界就是工作世界的总体性,就是在产业的生产活动中形成的以大众工作者为主体的自然关系、技术关系和工作关系的总体。而在产业活动中形成的人与自然的生产力关系和人与人

---

[1] Martin Heidegger, *The Fundamental Concepts of Metaphysics*, trans: WcNeill and Nicholas Walker, Bloomington: Indiana University Press, 1995, p. 209.

的生产关系，马克思称为社会生产活动的双重关系，并认为这两种关系的统一就是生产方式，其中生产力起决定作用。即生产力与生产关系及其相互关系是社会化的生产结构，而社会生产力的具体化、实体化、现实化和主体化就是工作力，社会生产关系的具体化、现实化、实体化和主体化就是工作关系，社会生产活动的现实化、具体化、实体化和主体化就是工作活动或工作世界，工作力与工作关系及其相互关系构成主体化的工作世界结构，工作世界结构是社会生产方式结构的主体化、具体化、实体化、现实化。社会生活的生产力与生产关系结构注定了社会生活的总体性，工作世界的工作力与工作关系结构注定了工作世界的总体性。亦可将工作世界相应分为物质生产工作世界、精神生产工作世界和权力生产工作世界三大层次，物质生产工作世界无疑具有基础和根本地位。

其三，马克思哲学的工作世界范式具有哲学世界观意义，是对工作世界总的看法和根本观点。工作的本质是工作世界，而不是社会学意义上的工作职业，也不是经济学意义上的工作就业。工作世界与实践世界、生活世界一样，是一个总体的世界或现实世界的总体，即整个现实世界或生活世界都被实践化或工作世界化了，由此，工作世界范式是一种世界总体的范式。生活世界是工作活动创造的，充满了工作世界的创造物或产品，本质上就是工作世界。在日常生活的意义上，也是工作世界内含生活世界，而不是相反，比如人们的旅游生活就置身在工作世界的积蓄、产品和成果中，旅游休闲、吃穿住行这些日常生活都是在工作世界中进行的。在生活世界总体的意义上，工作世界是生活世界的基础或核心，工作世界构造生活世界总体，使生活世界关联起来，即工作世界总体化生活世界。由此，现实世界或生活世界总体上就是工作世界，本质上亦是工作世界。由此，马克思哲学的工作世界范式是一种世界观，而不是某个存在域或生活域的域存在观。工作世界观同物质世界观、生活世界观、实践世界观、文化世界观、生态世界观一样，都是从不同视角观察现实世界或用不同话语方式描述现实世界的哲学世界观意义上的世界观。马克思哲学的世界观正是这种多重世界观意义或话语体系的总体，而不只是其中的某一种意义的世界观，当然，辩证唯物主义的物质世界观是其总体的世界观。实践是生活世界的本质和核心，工作世界是生产实践的主体化，是实践和生活的本质和核心，由此可以说工作世界范式与实践观同处在马克思哲学的核心层次，工作世界观亦是马克思哲学一种重要的世界观话语体系。

其四，工作世界是马克思哲学工作世界思想的总体概念范式，工作世界的其他概念范式亦蕴含在马克思的唯物史观和政治经济学等概念和思想中。马克思的异化劳动概念即异化工作世界概念，马克思的社会生产力、生产关系、生产活动以及生产方式等概念范式，同时都内含着主体化的工作力、工作关系、工作活动以及工作方式等概念范式。前者都是总体的社会生活范式，后者都是主体化的工作世界范式。如马克思所说的"资本主义社会生产力的发展造成个人生产力贫乏"一语中的"个人生产力"，就是与社会生产力相对而生的个人工作力，以此类推，亦可引申出与社会生产关系、生产活动、生产方式相对而生的工作关系、工作活动、工作方式等概念范式。由此，亦可从马克思的社会共同体概念引申出工作世界共同体概念。马克思劳动价值论等学说还内含着工作价值、工作伦理等工作世界其他范式。但是，劳动及其相关范畴主要是经济学概念，工作世界及其相关范畴主要是哲学概念，由此，工作或工作世界与劳动又不仅仅是同义的概念，前者具有更广阔的总体的哲学世界观意义，后者更具有专业化的经济学意义，这两种意义往往又互相内含、互相解释并有所差异。如经济学上的劳动价值就与哲学上的工作价值有很大区别，一些劳动没有经济学上的劳动价值，但却有哲学上的工作价值；或者说许多工作没有经济学的劳动价值，但却有哲学的人本学价值。而马克思的共同体思想则内含着深刻的工作共同体范式和思想。

总之，工作世界以人民大众为主体，是人民大众的安身立命之地，马克思主义哲学工作世界范式的生成是马克思主义哲学人民性的根本体现，它将工作世界置于生活世界的核心和现实世界的总体性存在，就是将人民大众的工作活动、工作创造置于生活世界的价值核心和现实世界的总体地位。

（三）核心的人民性：工作共同体是马克思主义哲学工作世界范式的价值核心

工作共同体是马克思主义哲学工作世界走向的最终目的地，是马克思主义哲学最根本的世界境界和价值旨归。在马克思主义哲学看来，生活世界的本质是工作世界，工作世界的本质是工作世界共同体，工作共同体的本质就是共创共享的人民大众的共同体，就是人民大众的本质所在。

现象学社会学家许茨认为："精明成熟的自我在它的工作中并且通过它的工作，把它的现在、过去和未来结合成一种特殊的时间维度；它通过它的工作活动实现作为一种整体性的自身；它通过工作活动与他人进行沟通；它通过工作活动把这个日常生活世界的不同空间视角组织起来。"① 生命的时空维度、存在的"完整性"和过程以及日常生活世界都靠工作世界拓展和组织并在其中实现，即工作世界是生活世界的本质、基础和意义的源泉。许茨的这一观点不过是马克思主义哲学关于"物质生产活动是生活世界基础"观点的翻版，但也佐证了马克思的生产活动概念必然引申出工作活动或工作世界这一概念范式。马克思指出："社会结构和国家总是从一定的个人的生活过程中产生的。"② "社会结构"即社会化的经济、政治、文化结构，其核心是社会生产结构，"从个人生活过程中产生"即社会结构主要从主体化的工作世界中产生。但是，马克思在把工作世界看成生活世界的本质和基础的同时，还认为并不是所有的工作世界都能支撑生活世界，都能成为生活世界的本质，异化劳动的工作世界使人民丧失生活的意义甚至丧失生活能力，工作世界的本质是工作共同体，工作世界共同体才能构成生活世界的本质或基础。

---

① ［美］阿尔弗雷德·许茨：《社会实在问题》，霍桂桓等译，华夏出版社2001年版，第289页。

② 《马克思恩格斯选集》第1卷，人民出版社1995年版，第71页。

马克思的工作共同体范式源于资本主义对抗性的异化工作世界，异化劳动即异化的工作世界使生活世界丧失了生活的意义和生命的价值，不但不能为工人立命，反而摧残工人的生命。马克思指出，在资本主义虚假的共同体中，社会生产力与大众工作者个人工作力相对立，这就要消除劳动或工作的异化，建立共同创造、平等占有、公平分配的工作共同体。马克思所说的自由自主活动的共同体就是"共同占有生产力总和"并能发挥工作才能的工作共同体，是工人或广大人民的共同体。马克思的共同体理论固然有社会共同体、国家共同体、政治共同体以及生产和生活共同体等多重意义指涉，但不管是什么共同体，其基础和本质都是广大人民群众生产劳动的共同体即工作世界共同体。工作世界的本质是共同体关系，而"共同占有生产力总和"是共同体关系的根本体现和主要标志。异化的社会也有各种经济、政治、文化的共同体，但不具有"共同占有生产力总和"这一共同体的根本特征。在马克思看来，人的自由、平等、社会关系本质以及感性、理性、爱、生理、心理等活动，整个生活世界的意义，从根本上说都生成于现实的工作共同体，工作共同体是生活世界的基础、意义的源泉和价值核心。

工作共同体是生活世界的基础和意义的源泉，是工作世界的本质所在，同时也是人的本质和最高存在境界。人的最现实、丰富、深刻、真实的本质在于工作世界并实现于工作世界。人的本质就是工作世界的生产创造活动。离开工作世界，人就失去了存在的支撑，人的一切本质、特性、价值、境界和梦想就会沦为抽象和空洞。人的本质是工作世界，但不是所有的工作世界都能构成人的本质，异化的对抗的工作世界会使人丧失本质并失去存在的意义。工作世界共同体才是人的本真或真存，人的工作共同体本质是人的社会关系本质、实践本质和全面发展本质的现实化、实体化和主体化。

人的工作共同体本质即人民大众的创造本质。人的创造本质就是工作的创造本质。马克思同样认为，人的本质是创造，创造的本质是工作创造："工人拿自己的劳动力换到生活资料，而资本家拿他的生活资料换到劳动，即工人的生产活动，亦即创造力量。"① 人的本质是创造，创造的本质是工作创造，而工作创造的本质即工作共同体的创造。马克思哲学的工作世界范式立足于工人和广大人民根本的生存、生活利益，批判和扬弃了异化工作世界，建构了共创共享的工作世界共同体境界，从而确立了马克思主义哲学人民性的核心范式。

---

① 《马克思恩格斯选集》第1卷，人民出版社1995年版，第347页。

第四章

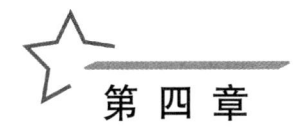

马克思主义哲学人民性创新总论

　　本书探讨的马克思主义哲学人民性创新问题包括创新总论、创新典范论和创新实绩论。本章是马克思主义哲学人民性创新总论，主要探讨马克思主义哲学人民性为什么要创新及怎样创新的问题，即创新根据和路径的问题。第一部分从人民性创新的理论和现实问题两大方面阐明创新根据，第二部分基于第一部分的主要问题，阐明哲学研究的人民性转型创新路径，即哲学研究要转向多重现实世界的人民性。那么，哲学要转向哪些现实世界基本领域和矛盾问题呢？第三部分是第二部分的深化，进一步探究马克思主义哲学人民性现实创新路径，即马克思主义哲学研究要深入人民性的现实领域和矛盾冲突，在研究人民性的现实领域中创新，在解决现实人民性的矛盾冲突中创新，包括五个现实世界基本领域创新路径和六个基于工作世界矛盾冲突的建构路径。

　　第三章探究了马克思主义哲学人民性的概念蕴涵，这些蕴涵的普遍性的意义，必须同一定时代的哲学理论研究和现实实践相融合才能显示出生机和活力，这也是任何一种概念的存在逻辑，即概念本身是贫乏和抽象的，只有同具体理论和实践结合才具有理论和实践的价值。比如，马克思主义哲学人民性强调以人民为中心，若时代或现实的哲学研究都失落了这个中心，或实践中也没有体现这个中心，那这个概念就失去了现实意义。由此，马克思主义哲学人民性的普遍概念或理论意义必须同一定时代的哲学理论研究和现实实践相融合，只有在这种融合或结合中才能不断丰富、创新和发展。由此，从马克思主义哲学人民性的普遍概念到其创新问题，就是一个合乎概念运行逻辑的研究进展。也就是说，马克思主义哲学人民性的普遍意义不是抽象的存在，不是僵化的概念，必须在现实的哲学理论研究和社会实践中不断地加以创新。本章以马克思主义哲学人民性的普遍意义为基点，针对马克思主义哲学人民性在理论研究和现实中存在的问题，特别是马克思主义哲学人民性理论研究跟不上人民性的现实发展问题，探究马克思主义哲学人民性的创新路径，而人民性创新路径即马克思主义哲学创新的根本路径。

一 创新根据：人民性的理论与现实问题

马克思主义哲学人民性的创新根据即马克思主义哲学人民性为什么要创新的问题。这一问题源于马克思主义哲学人民性存在的理论问题和人民性存在的现实问题两个方面。

（一）马克思主义哲学人民性的理论问题

创新是马克思主义哲学的基本特征，也是马克思主义哲学人民性的基本特征。已有的经典的马克思主义哲学人民性理论要随着人民性的发展而发展，要随时代的创新而创新。当今时代，人民的生活世界、工作世界发生了根本性的变革，人民性更是不断地丰富和创新。黑格尔认为每一哲学都是它的时代的哲学；马克思更明确指出，任何真正的哲学都是自己时代精神的精华。由此，马克思主义哲学人民性创新是时代的必然。时代的前进和人民性的发展为马克思主义哲学人民性创新提供了时代和现实根据，前述马克思哲学研究观也从总体上引导我们：哲学研究要以现实世界为价值轴心，走进人民的生活世界、工作世界、文化世界等多重现实世界总体，为民众集聚精神能量，为民立言、立世、立命，为民筑梦，即为民众确立生命存在的生活世界总体意义。但是，马克思主义哲学人民性的创新在理论层面要靠广大哲学研究者实现,而学界对马克思主义哲学人民性的研究还有一些不尽如人意的地方,在一定程度上还滞后于人民性发展的现实。

马克思主义哲学人民性理论研究主要存在六个缺失。(1)学界尚缺失马克思主义哲学人民性的元理论研究,即尚缺失关于马克思主义哲学人民性的根据、概念内涵和创新路径的研究。由此,本课题开启这方面的研究,力图起到抛砖引玉的作用。(2)学界不仅缺失马克思主义哲学人民性的元理论研究,也缺失马克思主义哲学基本理论人民性的研究,缺少对马克思主义哲学实践观、自由观、人学理论、生活世界理论、唯物论、辩证法、认识论、历史观等基本理论人民性的研究,如对马克思人学理论的研究,就没有把一般的人学理论同人民性融合起来,没有将人民性视为马克思主义人学理论的实质,而是将其归于一般人本学,归于一般的实践人本学或社会关系人本学,没有人民本质学或人民哲学概念。论文论著、课题立项、成果奖励几乎看不到这方面的直接研究成果,特别是一些研究只是千方百计地发重点期刊论文、运作课题立项和成果评奖以及争夺各种利益头衔,只为个人功利,根本不关心人民是否需要。(3)学界已有的零星的关于马克思主义哲学人民性的研究,缺失学理化和总体性的研究,研究视域仅限于某个理论人民性,如有学者阐明了马克思主义政治哲学、实践观的人民性及毛泽东哲学思想的人民性内涵。(4)学界仅有的研究缺失现实人民性,跟不上人民性发展,如缺失对马克思主义哲学的生活世界人民性、工作世界人民性、生态世界人民性等现实人民性意义的研究。(5)学界缺少对马克思主义哲学人民性内涵的深入具体研究,对其内涵的阐释还停留在较为抽象的层面,学界普遍认为马克思主义哲学人民性的基本内涵就是代表无产阶级和广大人民根本利益,而对代表哪些根本利益则缺失进一步的探究,更没有将工作世界人民性视为人民性的根本利益。如有学者认为,马克思主义哲学创新的主旨就是求真向善,就是为大多数人服务[①]。那么,怎

[①] 王善超:《马克思主义哲学创新的主旨、问题和路径》,《哲学动态》2004年第8期。

样为大多数人服务？为大多数人服务什么？大多数人亦即人民的根本利益是什么？这些人民性的根本问题仅仅靠这些"求真向善的主旨"并不会得到解决，只有将这些根本性问题置于马克思主义哲学人民性的基本内涵特别是其基本范式意义中才能得到相对的解决。（6）学界缺少马克思主义哲学人民性基本特征层面的研究。人民性是马克思主义哲学的基本特质之一，但学界仅将人民性视为马克思主义的基本特征并对其进行了一些学术性的论证和探究，尚未明确将人民性归结为马克思主义哲学的基本特征，更没有展开对这一特征的研究。

总之，马克思主义哲学人民性存在的理论问题，就是马克思主义哲学人民性研究不足和跟不上时代的人民性发展问题，从而导致马克思主义哲学研究因缺少人民性这一马克思主义哲学的特质而滞后于人民实践，而根本问题就是缺失生活世界总体的人民性和工作世界本质的人民性，更没有形成一个以工作世界人民性为核心的理论体系。这些不足或缺失构成了马克思主义哲学人民性创新的问题根据。

（二）人民性的现实问题

人民性的现实问题即人民性的现实矛盾冲突问题，它激发马克思主义哲学人民性创新。现实世界人民性的矛盾冲突总体是生活世界人民性冲突，本质是工作世界人民性冲突，或者说，工作世界人民性冲突衍生生活世界人民性总体的冲突。下面融合历史，立足现实特别是中国现实世界，描述工作世界人民性的六个主要的冲突倾向及其衍生的生活世界人民性诸多冲突问题①。

工作世界的第一个冲突是工作世界人民性总体的冲突，即资源型工作世界与工作创造力的冲突。资源型工作世界就是主要靠占有、使用、耗费已有资源生存的工作世界。它可以分为技术资源型、经济资源型、权力资源型和文化（这里主要指狭义的精神文化和历史文化）

---

① 这里对工作世界人民性冲突的描述出自笔者所著《文化世界的意义结构》（社会科学文献出版社 2017 年版）一书的第五章第一节，是对其文化世界"七个冲突"描述的进一步归结。

资源型四种类型。技术资源型工作世界就是不依靠人民创造新技术，主要靠花钱购买别人的技术或复制、模仿别人的技术维持工作生态。经济资源型工作世界就是不依靠人民创造高附加值的经济产品，主要靠使用和耗费自然资源维持工作生态。权力资源型工作世界就是不重视人民的技术技艺、制度、观念创新以及人才积累，主要靠权力资源维持工作生态。文化资源型工作世界就是不依靠人民创造新文化，主要靠使用、开发、解释、论证已有文化资源维持工作生态，如"吃老子"、"吃孔子"现象，就是典型的"吃老祖宗"现象。资源型工作世界由于主要靠已有资源进行技术、物质、精神和权力工作生产，用不着累积技术、人才等人民主体性创新要素，所以必然轻视甚至不顾人民创造力的培育，如卖房子卖地，坐在那里批条子就可以了，用不着什么高技术和人才，用不着什么创造力，这就严重压制和阻碍了人民创造力的发展。但这些工作世界由于在很大程度上丧失了人民性而没有持续性，终将随着各种资源的匮乏、失落而衰落和破败，终将被创造型工作世界所淘汰和遮蔽。

人民的存在是生活世界的总体，本质是工作世界，或者说，人民的本质是生活创造，生活创造的本质是工作创造。资源型工作世界靠已有的即成的资源工作和生活，轻视、压制、破坏人民工作创造力乃至整个生活创造力，势必造成创造力本质对总体的反抗和超越，这是工作世界的第二个冲突。资源型工作世界固守已有的概念、范式、体制、模式、人脉、资源，必然造成与人民工作创造力和文化创造力的矛盾冲突。在这种冲突中，人民大众的工作创造力从根本上推动资源型工作世界向创造型工作世界转型。我国现在重视"大众创业、万众创新"，这是创造型工作世界的建构行动，它必将提升大众工作者的工作创造力。资源型工作世界与创造力的冲突，在技术、经济、政治、精神文化的总体意义上关涉到人与人、自然和社会的关系，从而是一种带有普遍性的工作世界总体的冲突。这种总体的冲突在很大意义上衍生于工作世界结构的冲突。资源型工作世界靠过度占有、占据和分有资源维持工作生态，这种享有资源的工作关系本身就是工作世界结构的一个基本方面。由此，工作世界冲突的本质是工作世界结构的冲突,即工作关系与人民工作力的冲突。

马克思揭示了资本主义雇佣劳动关系对社会生产力的推动效应和对个人工作力的压制和破坏作用。在马克思看来,资本主义的私人占有制和雇佣劳动关系,使社会总体生产力发展而造成个体生产力即工作力贫乏和丧失,工人的工作产品、工作活动、劳动力或工作力都不归工人自己所有,成为异己的力量与自己对立。马尔库塞透视了发达资本主义社会工人工作力受压制状态,认为技术一体化使工人丧失了否定精神、批判能力和自由力量,成为被技术统治的"奴隶",而技术统治就是工作世界的新型权力关系,即资本家阶级用技术权力的统治代替了传统的经济和政治权力的统治,或者说资本家将传统的经济、政治权力转换成隐蔽的技术权力,使工人心甘情愿地不知不觉地接受这种统治。除了用技术权力统治、压制工作力,资本家还用制度权力如股份制、福利制度等关系,麻痹和控制工人,使他们丧失了反抗精神和自由力量,甘愿沦为资本的工具。"通过支配国营企业和私营企业的经营,通过巩固国营公司和私营公司的利益同其顾客和雇员的利益之间预先确立的一致,这种制度趋于全面管理,并且趋向于对管理的全面依赖。无论是部分国有化,还是劳工进一步参与经营和分红,都不能改变这一统治制度——只要劳工本身仍是支持者和肯定性力量。"[①] 在马尔库塞看来,资本主义的全面管理制度,使工人的工作力不再是资本主义的否定力量,而沦为其肯定的力量,而这种肯定力量是以丧失工人的创造力和自由本质为代价的,这是资本主义的全面管理制度即工作关系诱致或压制的结果。这种压制甚至使身体和性都成为在工作关系中展示的"劳动工具":"如果身体仍是一种劳动工具,它就会得到在日常工作世界和工作关系中展示其性特征的许可";"性被纳入工作和公共关系之中,并因而变得更易于得到(受控制的)满足。技术进步和更舒适的生活使性欲成分有

---

① [美]赫伯特·马尔库塞:《单向度的人:发达工业社会意识形态研究》,刘继译,上海译文出版社2008年版,第30页。

可能有步骤地融入商品生产和交换领域"。① 工作或工作关系是对工作本能即性本能的压制，而这种压制对被压制者来说，又是心甘情愿的，这就是发达资本主义技术统治和政治统治的特征。马尔库塞虽然从技术关系和政治管理关系等层面揭示了发达资本主义的工作关系对工作力的压制和破坏，但忽略了根本的工作关系即私人占有制度与人民大众工作力的矛盾冲突问题。

就我国现阶段看，工作世界也存在诸多工作关系与工作力的结构冲突，这些冲突主要表现为占有不公或特权制与人民工作力冲突。如一些权力阶层往往占有大量的工作资源，如大面积的办公室、专车、招待费等物质资源和经济资源，一些企业高管的薪金更是远远高于普通员工。这势必会引起广大民众工作者的不满和对抗情绪，在一定程度上压抑他们的工作积极性和创造力。一些权力和资本阶层占有资源太多就意味着民众工作者占有资源太少，特别是造成人力资本投入的相对减少，从而造成创造力和创新力的停滞。而权力资源的相对集中则导致大量腐败现象的泛滥，这就更加阻碍了人民工作力特别是创造力的发展。可以说，这种结构冲突是权力工作世界、精神工作世界、物质工作世界的较为普遍的倾向。而私营企业工作世界结构的冲突则大量表现为员工收入低、劳动强度大、劳资关系紧张、工作环境差以及社会保障水平低或没有保障等方面，这些都严重阻碍了员工工作力的发展。人民大众的个人工作世界构成单位工作世界，单位工作世界构成社会总体的工作世界。占有、分配等工作关系的不公导致工作力的落后和停滞，特别是导致技术创新能力和专业化能力的落后和停滞，也在很大程度上造成了资源型工作世界的盛行和创造型工作世界的稀缺。从一定意义上讲，一些私营企业也是资源型工作世界，即对企业主来说，主要靠占有生产资料和廉价劳动力资源维持生产、工作和盈利生态，而不是靠发展员工工作力和工作创造力来不断提升自己的层次。一些暴发户就是靠占有和劫掠资源暴

---

① ［美］赫伯特·马尔库塞:《单向度的人：发达工业社会意识形态研究》，刘继译，上海译文出版社2008年版，第61页。

富的，最典型的就是官商合谋贱卖和侵吞国有资产以及挖国有企业的墙脚敛财和进行资本积累。还有一些外资企业主要靠优惠政策或政策红利、廉价劳动力、廉价原材料维持工作世界生态，在很大程度上也属于资源型工作世界。人民大众的工作创造力和专业能力是第一工作力，资本、权力以及各种资源不过是工作生产活动中的一些必不可少的较为低级的要素。依靠资本和资源可以在短时期内取得一时的效应或显赫的成就，当这些效应发挥殆尽后就会陷入沉寂和衰败。"真正的财富是个人发达的生产力。"人民的创造力才是最大的资源、真正的资源、永恒的资源，才是最大的真正的永恒的财富。

　　工作世界结构的冲突主要是资源占有、使用和分配关系与工作力的冲突，它引发贫富差距问题、腐败问题、群体事件问题等诸多生活世界总体问题。同时，这种冲突必表现和衍生资本、权力中心与人民主体中心的冲突，即工作世界的中心冲突，这是第三大冲突。工作世界的资源、财富的占有和分配过度向资本和权力阶层倾斜或过度被其侵占、劫掠和盘剥，必然会造成一些资本和权力的强势甚至不可一世，从而形成资本中心主义和权力中心主义，这就使工作世界的人民主体中心受到消解、贬黜，使人民主体成为相对的弱势主体，使人民主体中心沦为边缘状态。生活世界是人民主体造化的世界，是主体与主体、客体共同造化的世界，是人与人、自然和社会关系的关联结构。由此，人民主体是中心，但又不是本体，生活、工作、文化的意义是人民大众主体间性关系共同的创造，共同创造需要公平占有和平等享用。生活世界的主体中心本质上是工作世界的主体中心。但是工作世界结构的冲突使人民主体丧失了中心意义。资本和权力阶层占有和享受过多的资源和财富，成为实际中名副其实的中心。老板、经理、董事长，处长、局长、市长、省长，这些资本阶层和权力工作者可以天经地义地处在工作世界的经营、管理、指挥的权力中心，但不可以居于工作世界的总体中心和本质结构中心。因为工作世界是一个总体，而不只是权力，权力只是这个总体的一个要素和因子。作为总体的中心是作为人民大众工作者的主体中心，作为结构的中心是人民大众工作者主体的工作力特别是创造力，即一个工作世界的总体和本质的中心是这个工作世界的全体员工及其工作力。经营、管理与生产创造，老板、长官与员工，只不过是工作世界主体中心的不同分工。但是，一些资本和权力工作者却只把自己当成了中心，而且是当成了总体的中心和本质结构的中心，并且通过过度占有、使用和享受财富和资源以及工作意识形态来强化、标识和突出这种中心身份和地位，使其成为一个名副其实的中心，甚至在日常生活中他们也要故意地突出这种中心。为了突出这种中心，他们过度地甚至违规违法地侵占人民主体中心的资源和财富，使人民主体中心不同程度地丧失、缺失工作力特别是创造力进一步发展和提升的物质基础和精神动能，使他们不同程度地产生抵触、对抗和消极情绪。工作世界的中心冲突滋生生活世界的诸多冲突问题，使社会在很大程度上成为资本或权力中心社会，使人成为资本化的人或权力人，使一些人过度占有和享用资本、权力、资源和财富，使一些人成为资本和权力的工具，成为别人的资本和权力。如一些影视文艺作品千方百计地美化资本和权贵，贬抑、愚弄甚至丑化民众主体，"皇帝戏"的盛行就是资本中心和权力中心文化的典型写照，这与当代文化的大众化、普通化、日常化、生活化趋势背道而驰。如果长此以往不加以变革，这些工作世界就会慢慢衰败和破落。发达工业资本主义所施行的职工参股、福利制度以及终身工作制，就是一种消解资本、权力中心与主体中心冲突的办法。但从马克思主义观点看，这还只是一种改良，因为没有触动这种冲突和对抗的所有制根基。西方马克思主义认为，这反而加剧了人民主体中心的异化，使人民主体受到技术权力以及政治与资本权力的双重统治和压制。而社会主义以公有制为基础，却又面临诸如贪腐和不作为等新问题。现阶段我国大力深化改革和反腐行动可视为解决这种中心冲突问题的有效途径和希望之举。

工作世界的中心冲突实质仍是工作世界的结构冲突，是工作资源与财富的占有、使用关系与工作力的冲突。这一冲突同时又酝酿和表现着工作世界总体与个体的冲突问题，这是工作世界的第四大冲突。一些资本和权力阶层过度占有和享用工作资源和财富，又处在经营、管理、指挥和领导的中心，他们就会不仅把自己当成总体的中心，而且会把自己当成总体或整体，把人民大众工作者当成孤立的个体。他们总是以整体的名义发号施令，总是用整体的道德伦理要求和训诫个体，并经常把整体的利益据为己有，把整体的危难和困苦推给个体，这就势必造成总体或整体与大众个体的冲突。人民大众的各个人的工作世界构成单位和社会工作世界并与之互构，整体或集体是由个体构造的，是个体的整体或集体，总体的意义或利益是大众工作者每个个体的意义或利益，而不只是某个或某些本体、中心的意义或利益。从道德伦理视角看，工作世界的道德伦理原则是个体和整体两个向度的统一。一是伦理学或道德观的惯常原则，即集体主义或整体主义的道德伦理原则；二是整体或集体对个体的个体主义的道德伦理原则。前者是个体对整体或集体的道德服从、道德贡献和道德义务，这里在共同体集体或整体的意义上依然持有这个原则。后者是整体或集体对个体的道德关系、道德义务，是被道德哲学或伦理学忽略的一个方面。所以在个体服从集体的道德关系和原则下，整体或集体也要为个体尽相应的道德义务，也要确立起整体或集体自己的道德伦理原则，这就是造化个体的工作世界总体存在和共同体的本质和结构，即整体或集体对个体的道德伦理关系有两个根本原则，一个是造化大众个体（含每个个体）的工作世界总体存在，另一个是造化大众个体（含每个个体）的工作世界共同体本质和结构。这是整体或集体的根本伦理道德准则、价值取向和存在的意义。背离了这两个原则，整体或集体就是一个虚假的共同体，就是一个沦为某个或某些中心个体或本体个体的整体或集体，就是一个对抗的、异化的、分裂的客体化的整体或集体，就是一个需要改变和重新造化的集体和整体。工作世界总体和人民大众个体的冲突会带来诸多社会生活的冲突，会使一些人、国家和社会成为冒充的总体，并以这个总体统治人民个体、侵占和劫掠人民个体，使一些人民个体沦为总体的工具。

马克思揭示的"社会总体生产力的发展与个体生产力的贫乏"状态，是资本主义工作世界总体与人民个体冲突的典型形式。我国代表社会总体财富或生产力总量的GDP已跃居世界第二，但是，还存在诸多个体生产力的贫乏、贫困状态，这是总体的社会工作世界与个体冲突的一种倾向。当然，我国的公有制和社会主义国家性质注定了这种冲突不具有根本对抗的性质，且这种冲突只是在有限的或很小的范围内。而就一些具体的工作世界来讲，这种总体和个体的冲突则带有一定的普遍性。这种普遍性就是一些资本和权力阶层将自己视为总体，将民众工作者视为个体，只强调总体或整体对个体的统治地位，不讲个体对总体的生成意义和统治权力；只强调个体对总体的道德伦理，不讲或不承认总体对个体的道德伦理。这实际上就是用自己代替了总体，把总体资本化或权力化了，这必然造成总体和人民个体的冲突和对抗，因为这种与人民个体分离、分裂的总体已不是人民个体的总体，而是属于权力和资本的虚假总体。由此，要对这种总体进行变革，把总体的意义和利益还给大众个体，使其真正成为个体的总体即共同体。中国是大一统的国家和社会，必须强调总体对个体的统治权力，必须强调个体对总体的道德伦理。同时，总体的意义和利益是大众个体生成和创造的，由此，又必须强调个体即大众主体对总体的统治权力，必须强调总体对个体的道德伦理，必须使总体的意义和利益成为民众个体的意义和利益，而不只是某个或某些资本和权力阶层的意义和利益。正所谓，天下兴亡，匹夫有责，匹夫兴亡，天下亦有责。要戒除只强调总体、整体不顾人民个体的整体主义，也要摒弃只强调个体不顾总体、整体的民粹主义。

工作世界总体与个体的冲突，本质是工作关系与工作力的冲突，即一些过度占有和享用资源和财富的资本和权力阶层将自己总体化从而造成对大众工作者工作力的压制、盘剥和劫掠状态，并引发大众个体的抗争与改变行动。这种总体与个体的冲突或结构的冲突，由于一些资本和权力阶层对资源和财富的过度占有、享用和追求，必然要以总体的名义把个体当成归自己支配和使用的工具、手段和资源，即把个体客体化。而工作世界的总体意义是个体意义的总体性，是个体造化的世界，即个体才是天经地义的主体，或者说，工作世界是这些主体造化的世界，是主体化世界。这样，总体与个体的冲突就造成了工作世界主体化与客体化的冲突倾向，这是工作世界的第五大冲突。工作世界主体化就是主体与客体、主体与主体的共同造化，是把客体造化成归主体占有和享用的生活和工作世界，是人民主体自由自觉的创造。工作世界的客体化是人的物化和异化状态，是把人归结为客体存在，消解人民的主体性、自由性，并使客体不为人民主体所有，而为某个或某些本体、中心或总体所有。客体化不同于对象化，对象化是主体化的一种存在方式，是主体将自己的工作创造力物化到客体对象之中，是人民主体自由自觉地创造和存在的自我确证，是归主体占有和享用的世界。工作世界主体化与客体化的对立冲突不是绝对的，二者互相包含、渗透。没有绝对的主体化，主体化总是或多或少地存在客体化的倾向，同样，没有纯粹的客体化，客体化总是或多或少地存在主体化的倾向。以客体化为主的对抗性的工作世界或文化世界有主体化的现象，以主体化为主的非对抗的工作世界或文化世界也有客体化现象和大量的客体化存在的事实。从人的存在看，任何一个主体化人都或多或少有一些客体化人的倾向和问题，同样，任何一个客体化人都或多或少有一些主体化人的存在。

　　工作世界的客体化与主体化的冲突是一种较为普遍的生态。(1) 技术的客体化，主要表现为技术的物质化、机器化、产业化，丧失了与人相融的主体化本质，使人服从、依赖技术，接受技术的统治，甚至造成大量主体因技术进步而导致的失业，成为一些资本和权力阶层以总体的名义占有和享用的用以统治人民大众工作者的工具。技术的本质是人与人、自然和社会的共同体关系的中介，本质是工作共同体关系的中介，而不是资本和权力的工具。技术的工具化、物化、客体化就是人的工具化、物化和客体化。(2) 经济的客体化，主要表现为片面重视技术物质、资本和权力等客体因素，把人当成经济发展的手段和工具，把赚钱、盈利、红利等物质功利当成是经济活动的最高价值和目的。经济生活是人民主体的总体性活动，人民的本质是工作世界，工作世界的本质是工作创造和工作共同体关系，而不是单向度的物质利益或技术、资本、权力等客体要素。(3) 政治的客体化，主要表现为政治只为经济服务，只为GDP增长或拉动经济服务，从而成为经济的工具，丧失了生活世界总体意义。国家、意识形态等政治生活的产生是生活世界总体意义的跃升，其本质是为民众主体生产和使用权力的工作世界，并依赖于物质和精神生产的工作世界。政治的意义是生活世界总体意义，本质是工作世界意义，是为生活世界总体即总体的人服务的，而不只是经济发展的工具。政治的客体化就是政治的物化、经济化、资本化，并把人当成为经济和政治服务的经济工具和政治工具，这就丧失了其主体化的本质和生活世界总体意义。经济只是生活世界总体意义的一个关键层次，政治要追寻生活世界总体意义，为总体的人即人民大众服务。政治客体化的本质是人民的客体化，这就构成了与主体化的冲突。（4）精神文化的客体化，主要表现为精神文化以金钱、资本、权力和物质财富为核心价值取向，这就失去了精神文化的生活世界总体意义特别是工作世界本质意义，从而与主体化的人民或总体的人相对抗和冲突。精神文化客体化的另一个突出表现就是靠复制、模仿、解释和编撰已有的或即成的文化资源维持文化生态，这就失去了文化的创造本性，并为了维持自己的既得利益和地位压制人民大众的文化创造力，从而造成与人民主体化的创造力相冲突的倾向。（5）工作力的客体化，主要表现为人民工作力只被当成劳动力商品或利润、绩效、经济以及拉动内需的工具，这就使其丧失了工作世界和生活世界总体意义，丧失了总体的人的意义，丧失了主体化的创造、生活、工作和自由的意义。工作世界的主体化与客体化的冲突，实质是工作世界结构的冲突，即一些资本和权力阶层过度占有和享用资源及财富必然造成工具理性主义和功利伦理的盛行，必然造成把大众工作者物化、资本化等客体化的倾向。

工作世界结构的冲突，造就了工作世界的众多冲突倾向，并衍生出各种生活世界总体意义的冲突。资源型与创造力、工作世界结构、资本权力中心与人民主体中心、总体与个体、主体化与客体化，都蕴含和表现着价值、道德和审美冲突。这方面冲突的集中表现就是工作伦理与消费美学的冲突，这是工作世界的第六个主要冲突倾向，而这一冲突的根源亦是工作世界结构的冲突。工作伦理与消费美学的冲突是工作世界价值观、伦理观和审美观的总体冲突，而不仅仅是伦理冲突或审美冲突。由此，这里在同等意义上使用工作伦理和工作美学这两个概念。同样，也在同等意义上使用消费伦理和消费美学这两个概念。如前所述，文化世界的价值、伦理、审美的总体是生活世界价值、伦理和审美，本质是工作世界价值、伦理和审美。文化美学的总体是以生活世界为价值、伦理和审美取向的生活美学，文化美学或生活美学的本质是以工作创造为核心价值、德性伦理与审美取向的工作美学。下面重点阐述工作伦理和消费美学的冲突问题。

韦伯在《新教伦理与资本主义精神》中，将传统基督教抽象的道德信仰伦理转换为新教的工作伦理，他通过富兰克林的格言将新教工作伦理概括为谨慎、勤奋、珍惜时间和金钱、信用、准时、节俭等方面。在韦伯看来，新教工作伦理是以现实工作世界的工作奉献和工作创造为中心的价值体系，它教导人们：工作的价值至高无上，努力工作是上帝赋予的职责，即"天职"，是为上帝做奉献，是道德信仰的最高境界，也是获得他人尊重和幸福生活的途径。鲍曼亦确认了这种工作伦理："在现代工业社会的古典时代，工作同时是作为整体的个人生活、社会秩序和社会生存能力（系统性再生产）的中枢。"[①] "在一个以分类和归类为诀窍和喜好的而闻名的社会里，工作类型是具有决定性的、关键的分类，与生活有关的一切都以此从其他因素中区分出来"；"工作是主要的定位点，所有其他的生活追求都可以依据这个点做出计划和安排"。[②] 这是现代和前现代的工业资本主义精神，是生产社会的价值标准和伦理准则。但是，随着现代工业社会向后现代工业社会的转换，价值轴心由生产转向了消费，消费美学遮蔽了工作伦理。消费美学是消费价值观、伦理观和审美观的总体，它是后工业资本主义精神，是消费社会的价值、伦理和审美标准。

消费美学的基本原则是快乐原则，美国未来学家托夫勒早在1970年出版的《未来的冲击》一书中就指出了快乐、审美与消费的一体化

---

① [英] 齐格蒙特·鲍曼：《工作、消费、新穷人》，仇子明等译，吉林出版集团有限责任公司2010年版，第54页。
② [英] 齐格蒙特·鲍曼：《工作、消费、新穷人》，仇子明等译，吉林出版集团有限责任公司2010年版，第55页。

关系，预示了消费美学的消费审美原则，他认为，由于物质需求的满足，人们会更多地追求心理需求，这样，就会有更多的经济力量转向满足消费者对美和气派、个人爱好和感官享受。鲍曼亦认为，消费主义的快乐生活是一种确保不无聊的生活，是一种不断有事发生的生活，意味着有新鲜、令人兴奋的事情，而令人兴奋是因为事情的新鲜。快乐原则的根本就是消费快乐，只有在消费中才能不断体验到身份确认与物质享受的快乐。离开这种消费，快乐就成为无身份标志与审美场域的抽象精神或转瞬即逝的难以捕获的行为。需求的满足和快乐是短暂的，满足和快乐之后就会觉得无聊，要获得持续的快乐，就要不断追求时尚。由此，时尚就成了快乐生活和身份确认的标准。

鲍曼分析了生产社会的工作伦理与消费社会的消费美学的冲突。他认为现代和前现代的社会生活都以生产为核心，生产中心表现为工作中心，生产者或工作者是社会生活的主导者，劳动力是值得重视和维护的有价值的资产。但是，在现实的消费社会中，工作的中心地位被消费取代，消费是维持现代生产体系的决定性力量，也是个人身份和社会关系建构的主要方式，这就使价值标准由工作转向消费。

工作伦理与消费美学的冲突导致新穷人与富人和社会的冲突。鲍曼指出："一开始，工作伦理是填补工厂劳动力紧缺的十分有效的手段。随着劳动力很快变成高生产力的障碍，工作伦理仍然可以发挥作用，不过这次是作为另外一种手段：涤荡那些在社会认可的边界内因为抛弃大量同胞使他们成为永久性冗余而感到内疚的手和良心。"[1] 在消费社会，工作伦理不再能够兑现自己的许诺，遵守这种伦理意味着受歧视和贫穷。"过去，把眼前的穷人培训成将来的劳工的观点在经济上和政治上都是合理。它促进了工业经济的发展，充分地满足了秩序维护和法规之间融合的需要。在现代化后期、后现代，尤其是在消费社会，这两个作用都难以继续存在。现代经济已经不再需要大量劳动力，它已经学会在

---

[1] [英] 齐格蒙特·鲍曼：《工作、消费、新穷人》，仇子明等译，吉林出版集团有限责任公司 2010 年版，第 145 页。

减少劳动力和支出的同时如何增加产量和利润。"① 有工作能力而无消费能力或无工可做的工作者成为"新穷人",成为毫无用途的"废弃的生命"和"有缺陷的消费者"。在鲍曼看来,在消费社会中,对穷人的评判标准不只在于物质层面,更在于其精神层面,新穷人就是遭受到物质和精神双重价值贬黜的群体。

鲍曼只是描述了工作伦理与消费美学的冲突,但对这种冲突似乎持价值中立态度,并没有明显的倾向性,更没有对消费美学的变异给予透视和批判,只是对消费美学表示了一些担忧:"如果消费是人生成功、幸福甚至尊严的度量器,那么人类欲求的盖子就被打开了。"② 但从他描述的语言色彩看,又似乎有一些褒美消费美学的意向和嫌疑。我们认为,鲍曼所描述的消费美学是经济观、文化观特别是价值观、伦理观、审美观的全面变异。我们这里说的消费美学即指这种消费美学。它以消费中心消解生产中心、以功利伦理或工具理性遮蔽德性伦理、以消费价值代替工作价值,完全悖逆了生活世界总体意义特别是工作世界本质。从财富观上看,真正的财富是工作者的工作创造力,真正的富有是生活世界的总体意义的创造与享受,而不是单面的资本、权力、物质享受和心理满足。"真正的财富是个人发达的生产力",即真正的财富是人民自由自觉地创造,通过创造满足对生命总体性的需要,从而做一个"完整的人"或"总体的人",全面占有和享受生活世界的总体意义,而这种创造又是"按美的规律创造"。消费美学却将财富指向物化的资本和消费产品,这是典型物化的客体化美学,严重消解了人民大众的主体性,使人民沦为消费物的奴隶。生活世界总体意义即人民的生活世界总体意义,人民是物质生活与精神生活的总体,而工作世界是人民的生活世界的本质,工作创造是工作世界的本质,不创造而享受既不道德也不审美,一些资本和权力阶层靠占有、侵吞人民大众工作者的资源和财

---

① [英]齐格蒙特·鲍曼:《工作、消费、新穷人》,仇子明等译,吉林出版集团有限责任公司2010年版,第191页。
② [英]齐格蒙特·鲍曼:《工作、消费、新穷人》,仇子明等译,吉林出版集团有限责任公司2010年版,第148页。

富追求高消费、骄奢淫逸、奢侈浪费，在民众的眼里不但没有审美感，反而觉得是他们的罪恶和丑陋。人民大众的工作创造才是美、爱、价值和伦理，而工作创造的本质是工作共同体的共创共享。

工作伦理与消费美学的冲突表明消费社会工作伦理的失效和消费审美与价值的盛行，这种冲突的直接社会后果就是新穷人的出现和危机。那么，何谓新穷人？又何谓新穷人的危机？在鲍曼看来，新穷人就是有缺陷的消费者。过去不工作或不努力工作就会成为悖逆工作伦理的物质贫穷的穷人，而消费社会即使努力工作也会成为消费不足或无消费能力从而丧失消费审美的新穷人，新穷人的产生是消费社会工作伦理失效与消费美学盛行的产物。

鲍曼描述了消费社会新穷人的多重危机，如无社会存在意义的危机、物质与精神双重贫困的危机、流动的现代性危机等。身份与地位，名誉与尊严，贫穷与富贵……在后现代的流动的现代性里，一切都是未知的和不确定的。在鲍曼看来，持有消费美学或享受消费审美的消费者与有缺陷的消费者即新穷人，都处在互变的流动的流转的现代性之中，没有永恒的富有与贫穷、尊贵与贫贱。在鲍曼看来，上述危机的根源是工作伦理失效和消费美学盛行造成的。

鲍曼将新穷人的危机归咎于工作伦理失效和消费美学的盛行这一价值观的冲突。那么，这一冲突的根源又是什么？我们认为，这只是一个浅层次的冲突，伦理根源于价值，价值根源于结构。工作世界结构的冲突是这一冲突的根源，并给新穷人带来危机。新穷人危机表层是工作伦理的危机，工作伦理危机首先是工作价值危机。存在意义的危机、物质与精神危机以及身份转换的生命流变的现代性危机，都是工作价值的危机。工作价值的丧失使得新穷人工作失去意义；不重视工作价值使得他们无工可做；物质与精神的贫穷，也是由于一部分人懒惰不愿意工作，只享受福利或流落街头违法犯罪；工作价值的丧失使人们不追求工作价值而不停地追赶时尚的消费，使得消费世界更新瞬息万变，造成流动的现代性危机。而工作价值的危机的实质是工作创造力、工作共同体关系即工作世界结构的危机，这一结构危机造成工作价值、伦理和审美的危机。

　　工作伦理的失效或危机不是工作伦理自身的问题，而是工作世界资源和财富的占有制度和分配制度的问题。工作伦理其实在资本主义体系下从来就没有效过，马克思的异化劳动理论早就揭示了这一点，即工人创造的越多自己就越贫穷。韦伯不过是美化了资本主义的工作伦理而已，而鲍曼步马克思后尘又表征了消费社会的工作伦理的失效性，把韦伯审美的有效的工作伦理还原成无效的丑陋的工作伦理，同时把马克思批判过的丑陋的肮脏的资本伦理又升华为审美的消费美学或消费伦理。解决新穷人的危机同解决资本主义所有危机一样，最根本的是要改变工作世界资源和财富的占有制度和分配制度。由此，要重构工作伦理或工作美学，弃绝悖逆工作伦理的消费美学，重构基于工作美学的消费美学。由此，必须重建或优化工作世界的结构特别是工作共同体关系。我国虽然总体上还不是一个消费社会，但工作伦理与消费美学的冲突，工作伦理的失效或危机与消费美学的盛行，在现实工作世界和生活世界都有大量表现，这一方面源于西方消费美学的影响，另一方面源于工作世界的结构冲突。一些资本和权力阶层过度占有和享用资源及财富，必然趋向消费主义的消费美学，必然贬抑甚至弃绝工作世界的工作伦理或工作美学——因为他们本身就是欲望或贪欲的消费者，盛极一时的贪腐和奢靡之风就是一个确证。而且，他们还要凭借资本和权力实力不断地刺激消费，以最大限度地实现他们所占有资源和财富的高贵价值和高额利润。这必然造成轻视和压制人民工作创造力、浪费资源、破坏环境以及贫富分化等一系列工作世界和生活世界的冲突问题。现在，我国大力反对奢靡之风和腐败行径，这是对消费美学的抗拒和否定；同时，提倡和鼓励大众创业、万众创新，这是向工作伦理或工作美学的复归意识与行动，亦是一场人民主体化对抗、否定和超越客体化的行动。

　　生活世界人民性是马克思主义哲学人民性的总体范式，工作世界人民性是马克思主义哲学人民性的核心范式。上述工作世界的六大冲突及由此而生的生活世界冲突，从总体和根本上反映了人民性的失落问题及建构趋向，这就需要马克思主义哲学研究这些现实的人民性问题，建构以人民主体为中心的工作世界和生活世界，从而创新马克思主义哲学人民性。

二 哲学研究转型创新路径：转向人民的多重现实世界[①]

马克思主义哲学人民性的转型创新路径，即马克思主义哲学研究要转向多重现实世界的人民性。时下国内哲学界关于马克思哲学转向的研究正方兴未艾，如马克思哲学的实践转向、生活世界转向、生存论转向、政治哲学转向等。这些转向都是哲学理论研究内部的转向，即从一种理论研究范式向另一种理论研究范式的转向，而最需要转向的却是哲学研究自身的转向，即从过度的理论哲学研究范式向被遗落了的以人民为中心的现实世界哲学研究范式转型。本节力图从五个方面以马克思哲学研究观审视这种转型，而这种转型的主题就是从资源型的理论哲学研究范式向创造型的现实人民性哲学研究范式转型。这种转型是一种研究类型即研究价值轴心的转换，每一种转换的研究类型中都肯定被转换类型的合法性并允许其适度存在。

（一）哲学研究要从哲学观统领的研究方法向现实世界主导的研究方法转型

现实世界主导的哲学研究方法即现实世界描述方法，它与哲学观或某种先在的哲学结构统领的哲学研究方法相对峙。前者指向现实世界，价值轴心是现实世界，后者指向既成的理论和概念，既成的哲学理论或概念是价值轴心。前者也考察既成的哲学理论和概念，但不以此为轴心和价值归宿，而是以此作为研究或描述现实世界的指向、借鉴和佐证。现实世界描述方法源于马克思的现实世界哲学研究观，其基本要义有以

[①] 本节内容曾以《哲学研究转型论》为题发表于《社会科学辑刊》2013年第4期，选入本著作时有较大改动。

下两个方面。现实世界主导的哲学研究方法即现实世界描述方法，它与哲学观或某种先在的哲学结构统领的哲学研究方法相对峙。前者指向现实世界，价值轴心是现实世界，后者指向既成的理论和概念，既成的哲学理论或概念是价值轴心。前者也考察既成的哲学理论和概念，但不以此为轴心和价值归宿，而是以此作为研究或描述现实世界的指向、借鉴和佐证。现实世界描述方法源于马克思的现实世界哲学研究观，其基本要义有以下两个方面。

第一，现实描述方法的本质是回到现实世界本身，按现实世界本来面目认识世界。现实描述方法主要有两个步骤：一是搁置先在的或给定的哲学观和研究结构；二是跳出哲学的圈子，走进现实世界，叙说和建构现实世界。这个过程就是回到事情本身，按事物本来面目认识事物的过程。"对现实的描述将会使独立的哲学失去生存环境。"[1] 每个时代哲学研究的前提"只能从对每个时代的个人的现实生活过程和活动的研究中产生"[2]。马克思称脱离现实世界的哲学研究，即从概念到概念、从理论到理论的哲学研究为"独立哲学"，他不顾独立哲学的哲学理念、哲学方法和哲学话题，只顾按事物的本来面目认识事物，描述现实世界，让现实结构统领或主导哲学观和哲学结构，并通过走在现实世界的研究途中来表达自己的哲学研究观或哲学观。他认为哲学研究不是从观念出发来解释实践，而是从物质实践出发来解释观念的形成，这样，"任何深奥的哲学问题……都可以十分简单地归结为某种经验的事实"[3]。"不从观念出发"就是对已有哲学特别是当时盛行的独立哲学话题的打断，也可视为一种对已有哲学观念抛空似的"悬置"，但马克思这种悬置是通过"打断"使其自然而然悬置起来的。马克思认为通过对现实世界或实践的描述，那些诸如"实体"、"自我意识"等"高深莫测的存在物"问题"就会自行消失了"[4]。"打断"后进入现实世界

---

[1]《马克思恩格斯选集》第1卷，人民出版社1995年版，第73页。
[2]《马克思恩格斯选集》第1卷，人民出版社1995年版，第74页。
[3]《马克思恩格斯选集》第1卷，人民出版社1995年版，第76页。
[4]《马克思恩格斯选集》第1卷，人民出版社1995年版，第76—77页。

的新语境或新话题。新的话题是由一些新的概念和命题构成的，都来自现实世界，如实践、生活过程、生产活动、生产力和生产关系等。当然，马克思也接续了黑格尔、费尔巴哈乃至整个哲学史的哲学文明，但这种接续是在对现实世界的描述过程中用现实哲学概念和话题对其进行批判、改造、继承与扬弃，而不是用它们来审视、评判现实世界。在马克思看来，描述现实世界是第一原理或首要原则，顾及或研究他人或经典哲学只是为描述现实世界清除障碍或寻找佐证。而对于纯思辨的没有现实世界意蕴的独立哲学的概念和话题，马克思则予以坚决彻底的打断，绝不接续，并欲使其"自然消失"。

第二，现实描述方法是对现实世界总体意义结构的动态描述。哲学描述不是对某个或某些具体现实问题的描述，而是总体性和根本性的描述，是世界观意义上的描述，而这种总体性又是多层次的。马克思在《德意志意识形态》中首先通过对物质生活的生产、新的需要的生产、人与人和自然关系的生产、生命的生产以及精神文化的生产五种生产活动的描述，描述了生产活动的总体性，又通过对生产力、生产关系、经济基础和上层建筑及其关系的描述，描述了社会历史活动的总体性，还从人的存在与本质、物质生活与精神生活等方面描述了现实人的总体性。这种总体性的描述是对本体论哲学的超越，因为后者只是从一个本体演绎、推导出总体的存在。这种描述又是对每个时代现实人的现实世界总体性的动态过程的描述。马克思除了认为对总体性的描述"离开现实的历史就没有任何价值"，还特别指出了每个时代的哲学前提只有在对每个时代的个人活动和生活过程的描述中产生。总体性描述预示着对事件和问题的描述。在马克思看来，一切事件和问题特别是重大事件和问题都根源于现实的物质生产活动这一根本，而这一根本又构成现实世界的总体，如此，哲学只研究现实问题和事件而不研究现实世界总体就是舍本求末的做法。

依据马克思的现实描述方法论，重大哲学转向或变革首先或集中、突出地表现为哲学研究方法的变革，而不是先思考出一个新的哲学观再进行哲学变革。而国内学界哲学研究观形成了一种先在哲学观统领的研究结构，其中一种流行的观点就是以哲学观或哲学理念统领哲学研究、评判哲学的是非。有学者指出，"哲学史上发生的哲学转向或变革，其突出标志在于提出了不同于传统哲学的种种新的哲学观"[1]。又有学者认为："人们必须从哲学观或'哲学理念'出发，去看待和评价各种不同的哲学理论，去理解和解释哲学的发展史。"[2] 还有学者指出，哲学学者"应经常地反观哲学自身，思索'什么是哲学'的元问题"[3]。而以马克思现实哲学研究方法审视，哲学创新、转向或变革，首要的是按事物的本来面目描述现实世界，哲学的前提、出发点亦即第一原理不是哲学观，而是从对现实生活过程的实际描述中产生。如此，哲学变革并不是突出表现为哲学观的变革，恰好相反，哲学观的变革依赖于哲学研究方法、研究过程、研究内容等哲学总体性的变革。马克思并没有在哲学变革之前单列出一个"关于什么是哲学的元问题"并加以不断的思考，他的哲学观或哲学理念是在哲学研究过程中逐步表明、流露和明亮的。有了哲学研究总体性的变革，哲学观的变革就可以自明；否则，无论怎样不断地加以思考，都不会有新的关于哲学是什么的哲学观。这正如海德格尔所言："如果我们为了更清楚地说明什么是哲学而喋喋不休地总是在谈论哲学，那就会在毫无结果的起步上停滞不前。"[4] 在哲学变革之前或之初就首先表明的哲学观，若是一种旧有的哲学观，它就不是哲学转向和变革，若是一种新的哲学观，那就肯定是一种先验的哲学观结构。而用哲学观和哲学理念评判哲学，还会导致用先验的哲学结构评判正在生成着的现实世界哲学研究，这样现实哲学研究必然会因为不符合某种哲学观、哲学理念或哲学范式而被评判者评判掉，这样哲学研究就只能在某种既成的哲学观或哲学理念中进行，就永远不会有新的哲学研究和新的哲学观，因此现实世界才是哲学的评判者。

---

[1] 高清海等：《马克思的哲学观变革及其当代意义》，载叶汝贤主编《马克思与我们同行》，中国社会科学出版社 2003 年版，第 21 页。
[2] 孙正聿：《哲学通论》，辽宁人民出版社 1998 年版，第 23 页。
[3] 俞吾金：《俞吾金集》，黑龙江教育出版社 1995 年版，自序，第 6 页。
[4] ［德］海德格尔：《形而上学导论》，熊伟等译，商务印书馆 2005 年版，第 10 页。

先验哲学研究方法导致诸多先验的哲学研究结构，典型表现是"解释哲学"、"先验研究方法论哲学"和各种"构建体系哲学"。"解释哲学"用给定的哲学观和研究结构解释现实，是一种比较普遍的先验研究结构。"先验研究方法论哲学"试图在研究现实世界之前，先设定出一些研究路径，然后让其他哲学研究者顺着这些路径研究，是当下一种较为流行的先验研究结构。哲学研究路径是研究者在对现实世界的实际研究中一步一步走出来并明亮起来的，在研究之前事先设定一些路径必是先验的路径或别人走过的经验的路径，作为前者，设定者和其他研究者都无法走下去，而作为后者则是过去时，无法完全通达于现在的世界。马克思认为抽象的理论离开具体的历史就毫无意义，同样，抽象的研究路径离开对现实世界的实际研究亦毫无意义。此外，从概念推演概念的概念哲学和从体系推演体系的体系哲学也是一种持续很久的先验研究结构。如有学者认为哲学概念和体系都是从已有哲学概念和体系中推演或整合出来的："哲学是一种概念活动，是一种理性推理活动，这是西方哲学超越性或纯粹性所在，是哲学的魅力所在。"[①]哲学描述主要是对现实世界的理性描述，那种对概念或先验意识的"纯粹"探索和描述，绝不是什么"超越性魅力"，仅是一点研究者自由理性或思辨意识得以生存的理由，而这一点理由或"魅力"是以丧失整个现实世界为代价的。哲学真正的"超越性魅力"是融于现实世界并超越现实世界的魅力。还有学者力图在既成哲学体系基础上和框架内构筑新的体系："立足于哲学研究在当代中国既深度分化又高度综合的历史趋势与现实状态，从建立具有高度整合性的当代中国哲学的高度来考虑现有各分支哲学的对话的问题，使之能够真正超越具体学科的局限和狭隘眼界，促进各分支哲学的沟通与融合，建构起既有传统根基又有当代内涵，既有民族特色又有世界意义的当代中国哲学体系。"[②] 应该说，当代中国哲学体系不是各种哲学的整合，而是描述现实世界的哲学体系。马克思主

---

① 江怡：《共时性哲学空间中的中国与世界》，《哲学研究》2008年第11期。
② 欧阳康：《对话与反思：当代英美哲学、文化及其他》，人民出版社2005年版，第3页。

义哲学认为，一切划时代的体系的真正的内容都是由于产生这些体系的那个时期的需要而形成起来的，如此，当下哲学研究需在理论上消除先在哲学观或先在哲学体系统领的哲学研究理念，弘扬现实世界主导的哲学研究方式，实实在在地走进多维总体的现实世界。

（二）哲学研究要从理论哲学研究范式向现实世界哲学研究范式转型

马克思的现实世界描述方法论必然导致现实世界研究对象视域论，即主张哲学研究的对象视域是现实世界。而先在哲学观统领的哲学研究必然要把哲学研究的对象视域或着力点放在寻找已有哲学观既成的哲学理念和结构上，必然导致过度的"理论哲学"研究倾向。如此，戒除这种先验结构统领的哲学研究，就必须从理论哲学研究范式向现实哲学研究范式转型。理论哲学研究范式之所以为范式，就在于它是在相当长的哲学研究过程中沉淀、凝结、活跃并被学界普遍接受的研究方式。这里说的"理论哲学研究范式"是指只研究既成的哲学理论或他人的哲学思想而不研究现实世界的研究生态。理论哲学研究范式又可分为四个具体范式：一是"关于什么是哲学、怎样建构哲学体系"的元哲学研究，即从既成的概念和理论中寻找哲学观、哲学结构和体系的研究；二是总结哲学研究，即用先在的哲学观念解构、总结、梳理已有的哲学理论和思想；三是解释哲学研究，即用既成的哲学理论解释现实，或用既成的现实解释、说明既成的哲学理论；四是抽象研究方法论哲学，即专门从经典文本或经典作家的思想中寻找哲学发展、创新的经验、路径，指示哲学研究方向。这些哲学研究的特点就是以既成的或先在的哲学概念、理论、体系为价值轴心，不顾现实世界的本来面目。从理论哲学研究范式向现实哲学研究范式转型，实质是研究价值轴心的转向，即从以理论为价值轴心的哲学研究转向以现实世界为价值轴心的哲学研究。这并不意味着只研究现实世界，不研究理论和文本，否则就犯了同只研究理论不研究现实世界一样的单面性错误。理论哲学具有解释、承传、梳理已有哲学思想的重要价值，但若过度甚至只研究理论哲学，就会导致价值轴心或价值取向偏离现实世界。

　　下面简单描述一下学界存在的以理论哲学研究为价值轴心、把现实世界哲学研究边缘化的典型状况。其一，生活世界哲学研究不研究现实生活世界，而是只研究经典哲学家的生活世界理论或概念。其二，马克思主义哲学中国化研究不研究中国现实世界而是专门研究经典作家中国化的理论、经验、路径以及中国化的概念辨析，甚至在学理上和学科建设上就人为地把马克思主义哲学中国化研究界定、限制在对经典作家中国化理论或既成的中国化成果的研究范围，这就排斥了普通哲学研究者把马克思主义哲学中国化的权力，也使得那些关于中国化的路径、经验的研究因为没有人有权力和资格按这些路径和经验去进行中国化的现实研究而失去研究的必要和意义。其三，大众化的哲学不研究大众而是专门研究经典作家大众化的经验、路径以及大众化的概念辨析。其四，当前国内一些重要的哲学类学术期刊、论著、课题以及学术会议中，几乎很少有直面现实世界的哲学研究。2011年立项的173项国家社会科学基金资助项目中，90%以上的项目都是理论哲学研究，现实哲学研究课题只有10%左右，且大多是诸如乡村伦理、绿色发展动力机制、人民内部矛盾、文化全球化、文化软实力等具体现实问题层面的哲学应用研究，缺乏对现实世界总体的研究，缺少具有现实世界观和方法论意蕴的现实世界哲学研究。这种立项结果是立项审批者和申报者的理论哲学研究旨趣和价值轴心的双重写照和反映。

　　那么，为什么会造成理论哲学研究过度而现实哲学研究不足这样一种价值轴心偏离的格局呢？原因很多，且一些原因也是众所周知的，这里仅谈谈两个目前似乎还未被人们提及的原因。其一，现实世界哲学研究在理论上是一种"为之于未有"的行动。它不是研究僵死的文本，而是要面对活生生的现实世界和现实的人，是以活的现实为参照系和对照物，它一方面解读现实，另一方面也被现实解读，这种双向的比对、交流、照看甚至对峙，就限制了理论哲学研究中研究者对历史文本的随机的理解和先在结构的翻版，也使得那种文本化解读的创意、创新不再轻易降临，它必须实实在在地回到事情本身，即按事物的本来面目认识事物，如此，它是开拓、开创、开启、开辟、开发性的较为艰难的研究行动。它没有理论的参照系，也没有曾经存在过的现实世界的参照系，而是直面一个丰富、陌生而亲历的世界，它最需要不怕失败的冒险精神，需要承受、承担在圈子内哲学之外的寂寞，需要拥有面对熙熙攘攘的圈子内哲学时的淡定心态。而理论哲学研究是在事先给定的概念范式、经验资料的前提和基础上进行的，是"为之于已有"，是逻辑化、系统化以及缩略化和通俗化意义上的复述、介绍或建构，是较为容易、便捷和没有风险的众人皆可有所作为的"研究"，如此就导致了理论哲学研究的盛行及对现实世界哲学研究的遮蔽状态。其二，资源型经济衍生资源型文化，进而衍生资源型研究。资源型经济就是不创造，主要依靠开发贩卖已有资源发财致富，如此而生的资源型文化亦是不创造新文化，主要靠研究、传布和贩卖已有的文化资源维持文化生态，如儒家文化热、道家文化热、西方文化热等文化生存状态，而唯独没有创造文化热。如此而生的资源型哲学研究就是主要依靠研究已有的或既成的哲学思想资源维持研究生态，而不研究现实世界，这就造成了理论哲学研究过度的研究生态，或者说理论哲学研究范式即是资源型哲学研究范式。哲学不能总是论证、解释、解构既成的经典或他人的思想，哲学研究要成为有难度和高度的现实世界哲学研究。如此，要循着马克思的现实世界哲学研究结构和方法，进行理论哲学研究范式向现实世界哲学研究范式的转向，其根本就是立足于中国实际，走进生活世界、工作世界、文化世界等多重现实世界的总体，并在这种研究和描述中预示现实问题和事件，实现基础哲学研究与哲学应用研究的一体化。而实际上，这些现实世界哲学研究范式已经或正在现实中孕育和生成，这恰好是当今学界哲学研究的景气和活力所在。资源型经济要向创造型经济转型，与此相应，资源型文化要向创造型文化转型，资源型哲学研究即理论哲学研究范式要向创造型哲学研究即现实世界主导的现实哲学研究范式转型。

（三）哲学研究要从现实问题情结向现实世界总体旨趣转型

从以理论研究为轴心的理论哲学研究向以现实世界为轴心的现实哲

学研究转型，还要注意审视和戒除过度的"哲学要研究现实问题"的现实问题情结。理论哲学研究向现实世界哲学研究转型，是向现实世界总体视域的转向，而不是转向具体现实问题或事件。哲学是世界观的理论体系，马克思主义哲学中国化研究不只是研究经典作家的思想和文本，也不只是研究某个或某些现实问题乃至重大问题的哲学应用研究，更不是脱离中国实际抽象地探求世界的一般意义，其本质是立足中国，实际研究现实世界总体性的世界观和方法论研究，如毛泽东的实践哲学和矛盾哲学研究、邓小平的社会历史观思想研究。马克思主义哲学中国化研究要有世界向度、现实向度，更要有现实世界的总体向度。与其说哲学要研究现实问题，不如说哲学要研究现实世界。这里"现实世界哲学"用语有别于研究现实问题的"现实哲学"一词。

马克思哲学的现实世界描述方法论和视域论都强调现实世界的总体性，即哲学是世界观，哲学研究现实世界是研究现实世界的总体意义结构，而不是某个或某些现实问题或具体问题。哲学研究的出发点是现实的总体的人，即人的生活世界，现实世界是人的世界。"人就是人的世界，就是国家、社会"，"全部社会生活在本质上是实践的"，哲学研究以现实的总体的人为出发点，必然会进一步深入到这个现实总体的核心即实践活动，而生产实践或劳动的主体化、实体化、现实化即是人的工作实践或工作世界。如此，哲学研究以实践为核心还要主体化、实体化为以工作世界为核心。马克思的"异化劳动理论"和《资本论》既是从社会世界层面研究现实的生产实践总体，又是从主体层面描述现实的工作世界总体。"以往的哲学只是解释世界，而问题在于改变世界"，这些都表明马克思哲学具有强烈的现实世界总体境界意蕴。在马克思看来，缺少对现实世界总体和结构的哲学研究，就会导致把历史看成是"脱离现实生活和生产"、脱离"日常生活世界"的东西，是"处于世界之外和超乎世界之上的东西"，就会"只能在历史上看到政治历史事件"和"一般的理论斗争"，从而导致"虚幻"或"妄想"式的研究。[①] 马克思特别强

[①] 《马克思恩格斯选集》第1卷，人民出版社1995年版，第93页。

调哲学研究是完整地描述事物及其不同方面的相互关系①,"只要描绘出这个能动的生活过程,历史就不再像那些本身还是抽象的经验论者所认为的那样,是一些僵死的事实的汇集,也不像唯心主义者所认为的那样,是想像的主体的想像活动"②。哲学研究是对现实生活过程总体的研究,是为事件、事实、现实问题或其他理论研究提供现实生活和实践的基础和前提,离开现实世界总体性孤立研究事件或用既成的概念解释、推演事件,就会割断、遮蔽事件或问题的现实总体性结构。马克思哲学本身也不是从某个或某些重大事件或现实问题开始,而恰好是从日常生活吃穿住行开始,描述现实世界的总体意义和结构。

詹明信呼吁哲学应该回归到当前"事件"本身,成为"事件哲学"③。而哲学只可以在总体的意义上抵达每一个事件、问题和具体,但不能揽进它们的全部意义。如此,后现代的"事件哲学"只能沦为对某个或某些事件、问题的文学叙事、诗歌道白或绘画绘制,而非现实世界总体的哲学描述。受国外学界特别是后现代哲学把哲学研究事件化、碎片化的影响以及功利主义的利益驱动,国内学界形成了一种把哲学研究事件化、问题化的哲学研究观和研究倾向,认为马克思哲学新世界观的现实向度就是研究现实问题或重大事件。在国内学界,这种事件或现实问题研究情结几乎是一个深入到每个研究者内心的研究情结,是一个恒久的思维定式,看上去似乎是一个不该有任何瑕疵、不该被任何人质疑的固化的研究范式。但这种事件或现实问题研究情结,作为一个马克思主义哲学的研究情结,在一定程度上是对马克思现实世界哲学研究观的误读;作为一个自然而然的情结,则是对哲学的世界观本蕴缺乏自觉,也是一种试图靠哲学解决经济社会具体问题的急功近利的功利主义哲学研究观。马克思的现实世界哲学研究观认为,现实哲学研究既不是孤立地研究现实问题,也不是离开现实生活抽象地研究现实世界的一般意义结构,而是融合一定的时代境遇研究多重现实世界的总体。"现

---

① 《马克思恩格斯选集》第1卷,人民出版社1995年版,第92页。
② 《马克思恩格斯选集》第1卷,人民出版社1995年版,第73页。
③ 詹明信:《回归"当前事件哲学"》,《读书》2002年第12期。

实问题"、"重大事件"乃至"重大现实问题"都是一定领域的具体问题，主要是由具体学科研究。哲学是世界观，是现实世界总体意义结构的研究，哲学研究的现实问题情结实际是把哲学研究同社会学等具体学科的研究混同了。

综观国内学界的哲学研究，虽然研究者一直在接续"哲学要研究现实问题"这个话题，但始终没有出现一个研究重大事件和现实问题的哲学，倒是涌现出一些研究现实世界总体性的哲学，如一些研究生活世界、工作世界、社会世界、文化世界的现实哲学，这些恰好是当下哲学的景气所在。重大事件和问题不过是存在总体中的一个事件或问题，哲学对现实世界总体的研究，内含和预示了对事件或问题的研究。哲学要学会从现实世界研究中预示重大事件或重大问题，而不是等重大事件和问题出来了再研究，那就有些晚了。哲学研究的现实问题情结实质就是用具体问题或事件研究代替现实世界总体研究，这与国外学界特别是后现代的去总体化，把哲学研究事件化、碎片化的倾向是同一逻辑，既不能抵达现实世界总体性也不能进入现实事件或问题的总体性，都无法回到事情本身，无法抓住人这个根本。这些研究往往是出于这样一个幼稚的思维，即认为总体性的哲学不解决实际问题，没有实用价值，而研究具体问题或事件才有应用价值。这种把哲学完全功利化、工具化的急功近利的哲学研究，不可能抵达哲学的境界，而哲学的境界就是哲学的世界境界，就是哲学的现实世界总体境界。哲学研究现实世界的总体不是不研究具体、事件和重大问题，而是在全体的具体即总体中研究具体、事件或重大问题。哲学要从单向度的研究重大事件和现实问题的情结中解脱出来，走进现实世界的总体意义，实现对具体问题和事件的超越。哲学可以在现实世界总体意义上抵达每一片叶子，但不能揽进其全部意义。如此，把哲学具体化、问题化，除了具有功利主义的诉求，还具有后现代哲学乌托邦色彩。

（四）哲学研究要从经济本位、个人本位向人民本位转型

马克思哲学研究观的目的论同其研究方法论、视域论一样，总是特

别顾及哲学对实践应用者的价值意义。"世界的哲学化同时也就是哲学的世界化"①，马克思所说的哲学现实化或世界化有两个内涵：一是对研究者来说，就是通过描述现实世界使哲学成为现实世界哲学；二是对哲学应用者来说，就是用现实世界哲学思维方式或精神力量去改变现实世界。哲学研究的根本目的是为大众提供精神力量，实现人的自由和解放。要改变世界就要靠人民大众，就要给大众提供改变的精神力量，这些精神力量驱动大众改变世界也改变自己的命运，并获得自由和发展。马克思批判地指出，那些经营绝对精神的哲学研究者，当黑格尔哲学瓦解的时候，靠抱着黑格尔绝对精神的残片保持自己的哲学地位、维持自己的利益。马克思认为哲学研究的目的是让哲学成为"无产阶级的头脑"②，成为人民大众解放自己获得自由的精神力量。马克思极力想跳出"圈子里的哲学"，特别注重在民间特别是工人阶级中传播自己的思想。马克思恩格斯注重理论与工人运动相结合，正如恩格斯所说，他们决不想把新的科学成就写成厚厚的书，只向学术界吐露，"我们有义务科学地论证我们的观点，但是，对我们来说同样重要的是争取欧洲无产阶级，首先是争取德国无产阶级拥护我们的信念"③。马克思哲学研究观的这种大众主体目的论，也呼应了费尔巴哈所说的"真正的哲学不是创作书而是创作人"④。

哲学要研究人，而人就是人的生活和工作世界，研究人就要研究人怎样生活和工作。现实世界是人的存在世界，是生活世界的总体，而大众是生活和工作世界的主体，如此，马克思的现实世界哲学研究观必然导致大众本位的哲学研究目的论，即哲学研究现实世界要以人为本，要为大众提供生活、工作世界的思维方式和价值取向，为大众提供存在总体的世界境界。哲学也要研究经济社会发展，但这种研究必须为大众所

---

① 《马克思恩格斯选集》第 1 卷，人民出版社 2012 年版，第 75—76 页。
② 《马克思恩格斯选集》第 1 卷，人民出版社 1995 年版，第 16 页。
③ 《马克思恩格斯选集》第 4 卷，人民出版社 1995 年版，第 197 页。
④ ［德］费尔巴哈：《费尔巴哈哲学著作选集》上卷，荣震华等译，商务印书馆 1984 年版，第 250 页。

掌握和实践，否则就会被束之高阁成为无效研究。而哲学要为大众所掌握就必须研究大众，研究大众的生活、生产和工作世界，这应是哲学大众化特别是马克思主义哲学大众化的本意所在。可以说，哲学研究最根本的转向或最高价值归宿是转向大众主体的现实生活世界、工作世界。但在实际的哲学研究中却表现为诸多经济本位和个人本位的研究状态。

　　细看各种级别的哲学研究课题立项文件，一般都要求申报和立项国家急需或政府需要以及为经济社会发展服务的课题，唯独遗漏了大众主体急需这一规定或诉求。这就在研究管理机制上淡化了哲学对大众主体本身的研究，从而偏离了哲学要研究大众、服务大众的马克思哲学研究目的观。一些国家急需或政府需要的课题固然要研究，经济社会固然要研究，但不能因此而漠视经济社会发展的人民大众主体。哲学更应该研究大众，为大众积聚精神能量或打造"精神武器"，成为大众的"头脑"。由此，哲学研究目的问题也是一个比"什么是哲学的元问题"更加元问题的元问题。哲学研究谁，谁就关注哲学，哲学替谁说话，谁就爱戴哲学。哲学有多少人民大众就有多少现实存在。而人民大众一般不太关心什么是哲学的元问题，由此，马克思哲学也不太关心什么是哲学的元问题；人民大众更关心哲学里有多少他们的存在和他们的现实世界。吃着人民的饭就要替人民说话，替人民说话与替党说话是一致的，替人民说话就是替党说话，反之亦然，因为党和人民的利益是一致的。哲学研究者替人民说话不仅因为端的是人民的饭碗，而且因为人民是历史的创造者，人民具有创造性、真理性和美善性。背离大众目的除了经济本位、政府本位还有个人本位的研究。如有些哲学研究就是研究者个人纯粹的思辨乐趣；有些研究是为了获取个人功利，如一些课题申报者就是以是否能拿到课题和经费为根本，以是否符合评委口味为根本，几乎不考虑人民大众主体的需要，甚至也不考虑经济社会的真实需要；甚至一些圈子里的哲学研究，以维护自己圈子的利益和地位为根本。哲学研究一旦脱离人民大众，就必然脱离现实生活世界和工作世界，结果必然沦为民众不需要国家也不需要的无效研究。因此，一方面需要广大哲学研究者自身的自觉、自醒、自励甚至冒险，另一方面需要国家、政府和研究单位从研究机制上——如论文论著发表与出版、哲学社会科学优秀成果评奖、课题申报立项等方面，给予现实世界哲学研究即人民性哲学研究特别的鼓励、支助与尊崇，使其从被理论哲学研究范式遮蔽、被现实问题情结消解、被经济和个人本位边缘化的悲催状态中解脱解放出来。

马克思曾用现实世界哲学研究打断"独立哲学"话题，跳出哲学的圈子并使其失去生存环境，而实际上真正打断"独立哲学"话题、焚毁"哲学圈子"的是人民大众主体对这种哲学的弃绝。但"独立哲学"似乎很难彻底消失，总是在不同时代延续。那种哲学研究者的概念思辨乐趣、自我意识化的张扬，以及那种在一定哲学研究圈子里引经据典的缜密和荣光，或许是它得以自我延续的理由，但这一点点理由却使它丧失了在整个现实世界中存在和延续的理由。经济本位、个人本位的哲学研究实际上是不顾现实世界总体性和人民主体的"独立哲学"，哲学研究要向人民本位的现实世界哲学研究转型，否则，即使不被现实世界哲学研究打断，也会因为丧失生存环境而被人民大众弃绝，这是一个哲学研究者和实践应用者的双向选择过程。

（五）主体化转型：马克思哲学中国化的主体化向度

马克思哲学中国化研究中还存在着主体化理论缺席现象，集中为以下两个方面：一是只有中国化的概念和理论形态，没有主体化的概念和理论形态。马克思哲学研究对主体原则的审视或确立，或者只是局限在研究对象维度的主体性，或者只是笼统地谈论主体原则，没有把研究者主体性和研究对象主体性作重要区分，没有把它同马克思哲学中国化中的主体化问题连接在一起。二是把马克思哲学中国化的内涵即马克思哲学与中国实际的结合，归结为处理好马克思哲学与中国传统文化、马克思哲学的民族化和马克思哲学的中国本土化问题。这与20世纪末有学者关于马克思哲学中国化的观点基本是一致的，即马克思哲学要与中国实践、中国哲学、中国文化以及大众的人生观和价值观相结合。可以说，当今学界的"结合论"能结合的都结合了，唯一缺失的就是研究者等主体维度的主体化的结合。"民族化"、"中国社会实践化"、"中国本土化"、"中国改革化"等，这些带国字头维度的结合都是哲学对象化的结合，而非哲学研究者、教育者、学习者、应用者等哲学主体化的相融。可以说，"结合论"只讲中国化不讲主体化，在一定程度上导致了马克思哲学研究的过度中国化倾向和主体化的缺场。

主体化的缺席主要是马克思哲学中国化研究语境中的缺席，而实际上它一直在场。尽管毛泽东、邓小平等人没有提出马克思哲学主体化概念，没有专门研究主体化的理论，但他们的中国化的马克思哲学，除了反映民族精神和时代精神，还体现出研究者主体独特的思想、话语、素质、才华，体现出强烈的"我思"、"我语"、"我用"和"我在"，张扬了研究者主体的"此在"、"我在"。马克思哲学中国化与主体化是统一的，二者互相规定，互为动力，在马克思哲学的创新发展中并行出场。马克思哲学的主体性，不仅是主体原则与客体原则的统一，也是主体原则与主体化的统一。马克思哲学主体化，就是研究者、教育者、学习者和应用者等主体的话语、思想、视觉、素质和存在方式在马克思哲学研究、教育、学习、应用中的反映。它不同于马克思哲学的主体原则。主体原则一是指研究对象维度的主体性，即马克思哲学要研究人、人的实践，要以人为本或以实践为本；二是指主客体关系的主体性，即主体对客体的反映、改造和价值关系。马克思哲学中国化的主体化转型即马克思哲学中国化研究要从单一的客体化研究转向主客体统一的主体化研究生态。这种主体化生态即研究者、教育者、学习者、应用者等人民大众共同参与的人民性生态。

马克思哲学主体化概念的生成理路与理论的缺席状态和出场需求，展现了什么是马克思哲学主体化和主体化理论为什么要出场。这些都属于"是什么"和"为什么是"的问题，都是马克思哲学主体化的意义问题。那么，马克思哲学主体化是怎样构成的？又循着什么样的路径出场？

马克思哲学主体化是由研究者、教育者、学习者和应用者四维构成的总体，它的构成不是静态的，而是各个构成要素相互依托、相互推进、相互连接的动态的总体化运行过程，其出场路径亦是这四维主体主体化的展开。从这个意义上看，马克思哲学主体化的结构问题即是其运行路径问题，其路径问题即是其动态的结构问题，而无论是结构还是进路都是其意义的进一步伸延。马克思哲学主体化是在马克思哲学中国化的过程和语境中行进的，是中国化的主体化，因此，它又必然与中国化相连接。这个结构的核心范式或这条路径的主线，就是强调马克思哲学中国化要体现研究者、教育者、学习者和应用者等主体维度的主体"我思"、"我语"、"我用"和"我在"，这里称之为"主体我在"结构或进路。

第一，研究者主体化。研究者要在马克思哲学及其中国化理论研究中体现出"主体我在"。其一，要有研究者主体"话语我在"。话语是解读、理解、创新马克思哲学的思维形式和交流形式。马克思哲学经典作家和杰出代表都通过理论中独特的词语、概念、语句、语气、修辞等话语展现出研究者主体强烈的"话语我在"。马克思哲学中国化理论成果的研究者、思想者虽然使用的都是汉语这一民族语言，但都有自己独特的概念、范畴等"话语我在"。这说明，马克思哲学中国化仅仅同民族语言结合是远远不够的，还要有研究者主体化的话语，特别是要有主体化的新概念、新范畴，而这种话语主体化恰恰是长期以来学界在马克思哲学及其中国化研究中严重缺失的，而这种话语主体的缺失又导致研究中创新思想的缺失。其二，要有研究者主体"思想我在"。研究者主体独特的新思想，是从提出、论证和创造新概念、新范式开始的。话语主体化必然为思想主体化提供语言思维条件。新的概念、范畴必然引起新的判断推理、归纳演绎和分析综合，进而衍生出主体的新观点、新材料、新方法。其三，要有研究者主体"素质我在"。毛泽东的独特视觉和素质产生了毛泽东哲学思想，邓小平独特的视觉和素质产生了建设中国特色社会主义的哲学思想。一些哲学工作者素质较低、能力不足，只注重用哲学来注解、论证给定的对象，导致主体我思和先进思维方式的缺乏，使哲学成为"无我"的哲学而被边缘化。[①] 其四，要有研究者主

[①] 韩庆祥：《当代中国马克思主义哲学研究的进展》，《哲学研究》2006 年第 5 期。

体"存在方式我在"。马克思指出:"人们是自己的观念、思想等等的生产者,……意识在任何时候都只能是被意识到了的存在,而人们的存在就是他们的现实生活过程","表现在某一民族的政治、法律、道德、宗教、形而上学等的语言中的精神生产也是这样"。① 马克思哲学的"生产"也是这样。马克思哲学思想体系,是研究对象维度的人民群众主体实践和存在方式的反映,同时也融进了研究者、思想者主体的存在方式,是时代精神、民族精神、本土精神同时也是研究者主体的存在和生命精神。

第二,教育者主体化。研究者主体化成果要通过教育者主体化才能大众化和社会化。只讲中国化不讲主体化,就忽略了教育者主体在马克思哲学中国化中的承传价值和创新意义,中国化的成果就不能对象化和持续化。马克思哲学及其中国化成果必须通过教育者的教育才能转化为人们的发展理念和精神动力,教育者的教育又必须体现出教育者的"主体我在"才能取得良好的教化效果。教育者的"主体我在"主要表现为教育者独特、独创的教育教学话语、方法以及教育者的感染力,其中,用理论透析实际问题是"主体我在"的重要内容。一些哲学理论课的教育和教学之所以不受被教育者欢迎,重要原因之一就是缺乏教育者的主体"我思"、"我在"。因此,必须改变教育中的照本宣科、话语陈旧、硬性灌输的教育主体缺场状态。关键是教育内容的创新。教育者要把马克思哲学及其中国化理论的教育同现实问题特别是被教育者的实际相融合,同汲取和矫正西方文化思潮相连接,同承传和升华传统文化相契合,这就需要教育者有广博的哲学社会科学知识,不断进行思想观念上的探索、更新和创新,并不断改进和提高教育教学方法和艺术,这些方面也是教育者主体化的根本内涵。

第三,学习者主体化。逻辑地看,研究者主体化的成果指向教育者,教育者主体化的成果指向学习者,学习者主体化的成果指向自身。从这个意义上看,学习者主体化是前两个主体化的价值归宿。而研究

---

① 《马克思恩格斯选集》第1卷,人民出版社1995年版,第72页。

者、教育者一开始也是学习者，也要经历学习者主体化。一些马克思哲学中国化研究，把学习者这一重要主体摆在中国化理论研究的范围之外，在一定程度上导致了学习者的主体化缺失。只讲中国化，不注重学习者主体化，就会使学习者主体感受不到主体自我的在场和关怀，而认为马克思哲学只是一种固化、程式化的死记硬背的知识，无须主体的自我理解和创新。这样，学习者主体就不能把马克思哲学内化为主体自我的发展理念和存在精神。学习者主体化强调赋予学习者主体合法的话语权、理解权、思想权和创新权，激励其将"我思"、"我语"、"我在"融入马克思哲学学习过程，将马克思哲学及其中国化理论的学习与主体的精神和存在相融。这种相融的方式主要有两种：一是改变死记硬背的应试型学习方式，重视对学习内容的体会、感悟、理解，即理解型学习方式。二是研究型学习方式。它比理解更全面、系统、完整，是理解的系统化。如果说理解方式更具有大众性、更适合普通学习者，那么，研究型学习则是专业研究者、教育者、领导型应用者的主要学习方式。

  第四，应用者主体化。这是研究者、教育者和学习者主体化的最后价值归宿。马克思哲学不仅强调哲学应用，而且强调应用者主体化。毛泽东指出："中国共产党人只有在他们善于应用马克思列宁主义的立场、观点和方法，善于应用列宁、斯大林关于中国革命的学说，进一步地从中国的历史实际和革命实际的认真研究中，在各方面作出合乎中国需要的理论性创造，才叫做理论和实际相联系。"[①] 这里，既强调了中国化、实际化、对象化，又强调了理论性创造、创造性运用这一应用者主体维度的主体化。应用者主体化可归结为两个方面。其一，理论应用者主体化，即理论应用者用马克思哲学基本观点和方法研究现实问题并取得哲学理论上的创新成果。其二，实践应用者主体化，即实践者用马克思哲学及其中国化理论成果指导主体实践和社会实践的过程。它可以归结为四个层面的主体化：一是国家、政党主体，要把马克思哲学具体化为国家、政党的指导思想、路线、方针、政策、发展战略；二是区域

[①] 《毛泽东选集》第3卷，人民出版社1991年版，第820页。

主体，要把马克思哲学内化为区域的发展战略、策略、规划、目标；三是个人主体，要把马克思哲学内化为个人存在发展的思维方式、价值取向和精神理想；四是企事业等共同体主体，要把马克思哲学内化为共同体的发展计划、目标和文化。其中，共同体应用者主体化越来越重要，"共同体是个人与社会的结合域，个人的社会本质和社会的个人本质都直接展现在共同体中"①。共同体主体是人民大众，是实践应用马克思哲学的最为直接、最为普遍的主体域。总之，马克思哲学在与时代、民族、中国实际相结合的同时，必须与应用者主体人民大众相结合，内化为应用者的精神理念、存在和发展方式，否则就不能实现中国化。

三 现实世界人民性创新路径：深入现实领域和矛盾冲突

鉴于马克思主义哲学人民性研究存在的理论问题，要进行马克思主义哲学人民性研究转型创新，那么，鉴于上述现实人民性存在的问题，马克思主义哲学要进行现实人民性创新。另外，现实人民性创新也是承接上述哲学研究转型的路径逻辑，即哲学研究要走向人民大众的多重现实世界，那么，要走进哪些基本的现实领域和矛盾问题呢？马克思主义哲学人民性现实创新即现实人民性创新路径，就是马克思主义哲学研究要进一步深入到人民性的现实领域和矛盾问题，就是在研究现实人民性矛盾冲突问题中建构人民性，从而创新马克思主义哲学人民性，亦即在解决人民性矛盾冲突中创新马克思主义人民性，其根本方法是生活世界总体方法和工作世界本质方法，其基本路径是现实世界五个基本领域的人民性创新路径和六个基于工作世界矛盾冲突的生活世界人民性建构路径。

（一）马克思主义哲学人民性现实创新的根本方法

马克思主义哲学人民性现实创新即现实世界人民性创新，即用马克

---

① 李晓元：《"共同体人论"：马克思人的本质理论的新视域》，《社会科学辑刊》2006年第4期。

思主义哲学探究现实世界人民性问题从而创新马克思主义哲学人民性。马克思主义哲学人民性现实创新的根本方法是生活世界总体方法和工作世界本质方法。人民性是马克思主义哲学的本质属性和根本特征，这就注定了马克思主义哲学人民性创新是马克思主义哲学创新的根本路径，而生活世界人民性创新是马克思主义哲学人民性创新的总体路径，工作世界人民性创新是马克思主义哲学人民性创新的根本路径。马克思主义哲学人民性现实创新路径首先要持有或坚持马克思主义哲学人民性创新的根本方法，即生活世界人民性总体方法和工作世界人民性本质方法，而方法与路径是相通的，由此，这两个根本方法也是两个根本路径。

生活世界人民性总体方法，是生活世界的世界意义总体方法、生成意义总体方法、个体意义总体方法、结构意义总体方法的总和。世界意义总体方法即建构生活世界要追寻生活世界的世界总体意义，包括物质生活与精神生活、社会生活与个人生活、实践生活与认识生活、感性生活与理性生活、日常生活与国家生活等方面。其中实践、物质生活处在本质或核心层次，而工作世界处在实践的核心层次。生成意义总体方法即生活世界意义生成的共同体方法。主体与客体、本体与实体、个体与总体、中心与边缘共同构成意义生成的共同体源泉。生成意义总体方法要求人们平等地看待生活世界的各个因子及其对总体的生成意义，特别是戒除权贵化、资本化、异化、物化世界的虚假共同体，追寻和造化真实的生活共同体意义。个体意义总体方法即生活世界的总体意义是多元、多维个体意义的总和，而不只是某个本体、中心或决定者的意义；每个个体亦是一个世界意义的总体，都造化和拥有自己的生活世界，每个人都是一个生活世界总体的人。个体意义总体方法要求人们要关注和重视个体生活世界的总体性及其对生活世界总体的生成与造化意义。如音乐、诗歌、影视文化都要指向和造化生活世界总体意义，而不是指向和造化资本中心和权力中心意义。结构意义总体方法即生活世界结构的意义是多重结构总体的生成，是结构总体或结构要素的共生过程，而非某个本体或中心的单面决定，这就要求人们建构生活世界要重视生活世界结构的各个层次及其互动、互构关系，以免陷入总体主义或整体主义以及各种决定论。如影视文化不能只指向和表现那些资本和权贵的生活，而要造化和建构普通民众的生活世界意义特别是工作创造意义。

生活世界人民性建构的总体方法是生活世界总体方法，本质方法是工作世界本质方法，因为工作世界处在生活世界的基础与核心地位。工作世界本质方法是指认识、确认、理解、体验和造化生活世界要以工作世界为基础和核心价值取向，而创造、工作创造、工作共同体创造这三位一体的工作世界本质价值取向是工作世界本质方法的核心。人民是生活世界总体的人，也是工作世界本质的人。人必须造化一个工作世界即工作世界共同体才能成为主体化的人民，才能拥有主体化的生活世界。人民的平等、自由、正义、快乐、幸福、价值、审美、道德伦理从根本上说都是在工作共同体中实现的。人民的最深刻、最现实的本质是工作世界，工作世界的本质是工作创造，工作创造的本质是工作共同体的创造。工作世界本质方法对于现实世界或生活世界人民性的建构具有根本性的意义，如城市化进程必须以构建城市化的工作世界为基础，否则就会导致城市和乡村的空心化，只剩下一些高楼大厦的空间物质和贫瘠的土地，就会丧失城市生活和乡村生活的创造力根基。再如，艺术文化要指向工作世界人民大众的创造意义和共同体意义，而不是复制和记述日常生活的琐事，更不是推崇或宣扬资本中心或权贵中心。

结构是存在的深层规定，是存在意义的源泉和意义生成的根本动力。生活世界方法的核心是生活世界结构方法，工作世界本质方法的核心是工作世界结构方法，而生活世界的结构是以工作世界结构为核心的多重结构的总体。生活世界的结构方法就是对生活世界的认知、理解、体验、审美和建构，不能停滞于生活的表层存在，而要深入到其内在的结构层次特别是工作世界的根本结构即工作力与工作关系的互构结构。生活世界建构的结构方法包括生活世界总体结构方法和工作世界本质结构方法。生活世界结构方法的核心是工作世界结构方法。工作世界结构方法是指建构生活世界要以工作世界为价值核心，追寻共创、共享的工作世界共同体，这就要特别重视工作关系和工作力的互动关系结构。生产力与生产关系、经济基础与上层建筑的矛盾关系，是总体的社会生活和生产结构,工作能力与工作关系的互动关系是主体化或日常化的工作世界结构。工作能力决定工作关系和工作精神文化,工作关系决定工作精神文化并催生工作能力,工作精神文化是工作能力、工作关系的精神驱动力量,并与之一同成就工作事业和工作生存意义,而工作创造力是工作世界结构的根本支撑。个人工作世界构成单位工作世界,个人和单位工作世界构成社会工作世界并与之互构。建构工作世界的结构是社会、单位和个人的共同责任和担当。工作世界结构方法给我们的指向就是:认知、理解和建构文化世界要以广大民众的工作创造力为本,要以共创共享的工作共同体关系为本,要以广大人民群众即各个个人的工作就业关系或工作世界为本。如产业结构转型要以工作世界结构转型为基础,传统产业结构转向新兴产业结构或机器技术结构转向以信息技术为核心的高技术结构,根本上靠的是人民大众的工作创造力、技术创新力,而不是资本投资和物质项目,靠花钱买技术和设备实现的转型是不可持续的转型,那样必然会陷入引进—落后—再引进—再落后的魔圈。而要靠自主创造实现转型就必须改变一些资本和权力过度占有资源和财富从而压制人民创造力的工作世界结构,就必须建立工作共同体结构,以激发民众的工作创造力。不能只强调产业结构或经济结构调整,而忽视工作世界结构的调整、变革和优化,要从资本和权力中心型的工作世界结构转向创造型的共同体结构。

(二) 马克思主义哲学人民性创新的现实领域和生活世界建构路径

马克思主义哲学人民性创新的生活世界人民性总体方法和工作世界人民性本质方法,首先表现为现实世界五个基本领域的人民性的创新。当代科学技术日益发展与更新极大地改变和丰富了现实世界的意义,人民性的意义不断地拓展和深化。创新马克思主义哲学人民性不能停留在抽象的现实或现实世界层面,而要进一步走进和深入时代的现实实践。从现实世界实践总体看,生活世界人民性、工作世界人民性、文化世界人民性、生态人民性、空间人民性构成现实世界人民性的五个基本领域。如概念生成论部分所述,这五个基本领域的人民性问题也是国内外学界现实人民性研究的五个基本体例。其中，前两者还要融入现实矛盾冲突问题，在下面的部分重点阐述，这里不展开论述。生态人民性创新路径即在研究现实生态人民性问题中创新马克思主义哲学人民性，这主要是马克思主义生态哲学要具体解决的问题，空间人民性路径即在研究现实空间人民性问题中创新马克思主义哲学人民性，这主要是马克思主义空间哲学要具体解决的问题，由此，对此二者亦不展开论述，这里主要是确定二者都是马克思主义哲学人民性创新的现实领域基本路径，且这二者的总体性问题都渗透在下面要重点阐述的工作世界人民性的矛盾冲突中。文化人民性即在研究现实文化人民性问题中创新马克思主义哲学人民性，这主要是马克思主义文化哲学要具体解决的问题，且这一问题也融入了下面要重点阐述的工作世界人民性创新问题，特别是第六章第一部分从文化世界哲学视角专门具体探究了文化世界的人民性问题，所以这里亦不展开论证。这五个基本的现实领域都是创新马克思主义哲学人民性大有可为的领域。

马克思主义哲学人民性创新的生活世界总体方法和工作世界本质方法，重点表现或实现于基于上述六个工作世界矛盾冲突的建构路径。哲学要立足人民创造的历史现实的实际研究，正如马克思指出的："不结合这些事实和过程去加以阐明，就没有任何理论价值和实际价值。"[①] 而最根本的实际就是人民的实际，就是深入到人民群众的生活世界，"从群众中来，到群众中去"的群众路线也适合哲学研究工作，更适合现实人民性创新的研究工作。上述五个基本领域的人民性不是抽象存在的，而是蕴含、渗透和展现于现实生活世界的人民性矛盾冲突中，这些主要的矛盾冲突在创新根据的现实人民性问题中已经做了较为具体的阐述，那么，怎么消弭这些冲突就构成了马克思主义哲学的现实人民性创新路径，即消弭人民性矛盾冲突的路径。

前述文化世界的矛盾冲突问题表明工作世界的矛盾冲突即人民性的矛盾冲突或失落问题，这就需要马克思主义哲学研究和建构生活世界人

---

① 《马克思恩格斯选集》第 4 卷，人民出版社 2012 年版，第 582 页。

民性，从而创新马克思主义哲学人民性。由此，基于工作世界矛盾建构生活世界人民性就构成马克思主义哲学人民性创新的现实世界建构路径，即生活世界人民性建构路径，这一路径的根本意义上面已经做了表达。但是我们不能停留在根本性的抽象层面，还要基于上述六个基本矛盾冲突探寻基本建构路径，这些基本路径即马克思主义哲学生活世界人民性现实创新的基本路径。现实世界人民性创新方法论主要指向怎样建构现实世界人民性的根本方法问题，即生活世界总体方法和工作世界本质方法。那么，应该建构什么样的生活世界或工作世界？这是现实世界人民性建构的目标趋向问题，而目标趋向不是抽象的，而是要通过一定的类型来体现和标示，要通过一定的类型来实体化、具体化和现实化。而类型亦不是一个抽象思辨的问题，它主要是针对前述矛盾冲突的各种类型而言，是前述矛盾冲突问题衍生出来的类型。由此，这些类型都是具有现实世界人民性的总体意义、本质意义、结构意义以及价值、伦理和审美意义的类型，即现实世界哲学意义上的类型，而不是具体的文化学、社会学、经济学等意义上的具体化的类型。而建构的类型又必是对已有类型的改变、超越甚至否定，由此，现实世界人民性建构的类型问题实际上就是生活世界特别是工作世界的转型问题。由此，生活世界的转型路径就构成生活世界与工作世界人民性创新的建构路径。下面从六个重要的转型意义上阐述基于工作世界人民性的生活世界人民性建构的类型趋势。

从总体类型或转型看，要建构创造型生活世界，就要从资源型生活世界向创造型生活世界转型。如前所述，资源型生活世界靠占有、使用、享受已有的或即成的资源维持生活生态，必然压制人民大众的创造力特别是工作创造力。资源型生活世界根源于资源型工作世界；创造型生活世界根源于创造型工作世界。创造型生活世界的建构，要针对资源型生活世界存在的根本问题，进行资源的占有、分配和使用的改革或重新配置，特别是要将一些资本和权力阶层过度、过多甚至违法占有和享用的资源配置给大众工作者，以激发和培育他们的工作创造力，这就要进行工作世界的占有和分配关系的改革，这是更为具体和微观层次的生产关系或社会体制的改革,即工作关系或工作体制的改革。而对于每个个体生活世界来讲,一方面要自觉地进行这种体制的改变或变革,另一方面要自觉地累积和集聚文化创造力特别是工作创造力。资源型生活世界向创造型生活世界转型,至少有以下五个重要转型①。

其一,资源型经济生活向创造型经济生活转型。资源型经济生活就是靠占有、使用和消耗已有的自然资源、人工资源以及权力资源维持的经济生态。它以资源型经济工作世界为基础,严重压制和破坏工作创造力,即用资源赚钱省时又省力,不用辛苦地长时间地累积技术要素和人才力量,这样就不会重视工作力特别是创造力。创造型经济生活是以创造型经济工作世界为基础,是平等占有和公平分配的工作共同体,它主要靠创造高技术、高文化附加值延续经济生态。要以创造型工作世界的建构推进城市化和现代化。城市化和现代化的意义是生活世界总体意义,本质是工作世界共同体意义。不要把让农民工进城看作拉动高价房地产的手段和工具,而要为他们筑造生活世界的总体意义,为他们建构工作共同体的价值、伦理和审美存在。资源型经济向创造型经济转型的基本路径有两个:一个是改革,即改革一些资本和权力阶层过度占有和享用资源的经济体制和政治体制,并将这些资源公平分配给广大民众工作者,以激发其创造力;另一个是靠大众工作者创造自觉,即大众创业、万众创新。习近平总书记强调,抓创新就是抓发展,谋创新就是谋未来;不创新就要落后,创新慢了也要落后。习近平总书记把创新看作经济社会发展的根本动力,把科技创新看作创新的根本动力,这就为资源型经济文化向创造型经济文化转型指明了科技创新的根本方向。

其二,资源型政治生活向创造型政治生活转型。国家生活、政治生活即权力工作世界,它以物质生产的工作世界为基础,其实质是为民众生产、创造和使用权力产品、权力财富和权力利益。资源型政治即主要依靠权力资源维持的政治生态,其特点是唯权是图、唯权是用,不顾国

---

① 此处"五个转型"的阐述出自笔者所著《文化世界的意义结构》(社会科学文献出版社 2017 年版)一书的第六章第三节一部分内容,这里有删节和较大改动。

家和民生利益，或者固守既成的权力，不但不为百姓生产、创造新的权力，还千方百计地排斥甚至打击创新作为，其实质是用权力中心取代人民中心。资源型政治的典型表现妄为政治、苟为政治、奢为政治、伪为政治、躺平政治。资源型政治的本质是资源型权力工作世界，悖逆了权力工作世界为民众生产、创造和使用权力的本质。创造型政治即依靠创新作为成就和实现的政治生态，其实质是以人民为中心的权力工作世界，是为人民生产、创造和使用权力的权力工作世界。为民创新创造才是最大的德、爱和奉献，为民创新越多，奉献就越多，公仆精神就越丰厚，宗旨意识就越强。不能为民创新创造即不能为民众造福的领导干部，充其量是墨守成规、不思进取或躺在已有的成绩上的碌碌无为的庸官或"庸仆"。"惟改革者进，惟创新者强，惟改革创新者胜。"创新创造精神是经济社会发展的根本精神，是人的实践行为和精神活动的根本精神，是生活世界和工作世界的根本精神，更是权力工作世界的根本精神。在创造型政治世界里，权力不过是工作世界框架上的一个居于领导地位的必备的职业、职能，掌权者即领导不过是创新作为中的一个与民众平等的普通的作为因子或创新要素。除此之外，权力没有任何特别地位或特权意义。创造型政治仰仗、依靠的是以人民为中心的创新创造作为，是技术、人才、人力、权力等创新要素的共同作为、共同成就。大众工作者物质生产的工作世界是政治世界乃至整个文化世界的基础，而权力工作世界是国家生活或政治生活的直接基础。资源型政治向创造型政治的转变直接取决于资源型权力工作世界向创造型权力工作世界的转变，要变革资源型权力工作世界的结构，特别是改变一些领导干部过多、过度占有和享有权力资源的政治生态，并提升他们为民众生产、创造、创新和使用权力的权力工作力。

其三，资源型精神文化向创造型精神文化转型。资源型精神文化倾向存在于文化研究、教育、生产、意识形态以及社会生活各个领域，其基础是资源型文化工作世界，即资源型文化工作世界不创造新文化，靠复制、模仿、解释、编撰、生产已有的文化资源维持文化生态，从而导致文化生活的资源化。创造型文化以创造型文化工作世界为基础，在文化体制、评价机制等方面都以文化创造力为价值轴心。实现资源型文化向创造型文化转型,同样要靠文化体制改革和广大文化工作者的创造力。而文化体制改革的关键是公平占有和平等分配文化资源,这一方面可以激发广大文化工作者的创造热情,提升他们的创造力,另一方面可以使一些资源型文化企业、资源型文化生产者以及资源型文化大师失去资源优势,从而倒逼他们做出创新选择。如演艺文化的市场化改革,就是削减一些资源型文化工作世界的经济、政治、文化等各种资源,使他们面向市场进行创造,面向市场就是面向民众的生活世界和工作世界,就是要创造有生活世界意义特别是工作世界本质意义的新文化产品,否则就会因为远离生活世界而受到民众的弃绝。由此,文化市场化的核心价值取向或第一价值原则并不是利润或赚钱,而是创造生活世界意义和工作世界价值,是创造总体的人即生活的人,是创造本质的人即工作的人。否则就会因为失去观众、听众和欣赏者而自弹自唱,就不能实现任何价值和利润。由此,文化市场化的本质并不是创造产品、作品,而是创造意义,创造生活、工作、生命的意义,物质产品以及小说、诗歌、音乐、绘画、影视剧等文艺作品不过是承载这些意义的载体和符号。而这些意义是文化创造者与享受者、欣赏者的共同生活和工作世界意义。从这个意义上讲,文化产品和作品本质上是创造者或创作者与读者、听众、观众等欣赏者的共同创造、创作,是共创共享的文化共同体。这也是资源型文化向创造型文化转型的本质所在。

资源型精神文化向创造型精神文化转型的另一个重要向度就是资源型自信文化向创造型自信文化转型。现在一提文化自信有人就想到传统文化,好像传统文化就是我们自信的全部和本意。到底什么是文化自信?文化自信就是借鉴世界先进文化、承传优秀传统文化、融合现实文化世界不断创造新文化的自信,而不是固守已有的文化。一个总是固守既成的或已有的文化的人、国家、民族是不可能自信的。我们国家现在之所以有文化自信,并不是因为固守传统文化,而是借鉴学习世界先进文化、承传中华优秀文化以及不断开拓创新的结果。文化的本质是创造,文化自信的本质也是创造,文化自觉的本质亦是创造。没有创造就没有自信，也谈不到自觉。那种把文化自信理解为就是固守自己的文化特别是自己老祖宗的文化的思维必然导致文化的停滞、落后、衰落特别是失去创造力，这是一种资源型自信文化或资源型文化自信。由此，资源型文化向创造型文化转型，必须实现资源型自信文化向创造型自信文化转型。

其四，从工作世界的资本和权力中心结构向工作共同体的共同体结构转型。这一转型既是从资本、权力中心工作世界向主体中心工作世界的转型，亦是总体统治个体的工作世界向总体与个体互构的工作世界的转型，还是客体化工作世界向主体化工作世界的转型。因为工作世界的共同体结构是对资本中心和权力中心的消解，是对民众主体特别是其创造力的推崇和激励；是对总体或整体绝对统治个体的否定，是将总体的意义还给各个个体即民众主体；是将被资本、权力、物质、产品、成果、成就客体化的工作力升华为人民主体的创造力，并将这种创造力还给人民主体，使得人民主体的创造活动、创造成果都归人民主体所有，成为人民主体自身本质力量的确证和生命意义与生活价值的展现。

资源型生活世界向创造型生活世界转型的根本途径是工作世界结构的转型途径，即由资本中心和权力中心型的与工作力相互冲突的工作世界结构向人民主体中心型的工作共同体结构转型。如果问中国现在最缺什么？回答就是创新、创造，就是创新力和创造力。如果再问中国现在最难做的事是什么？回答亦是创新、创造，亦是提高创新力和创造力。而创新创造的最大阻力就是资源型文化世界结构特别是其工作世界结构，特别是一些评价机制。生活世界从资源型向创造型总体的转型要以工作世界结构转型为基础，同时还要特别重视培育和弘扬创新文化，贬黜和压制自私、保守和迂腐文化，机制体制转型和文化转型要并行不悖，构建创新体制机制与培育创新文化要并行不悖。而工作世界由资本或权力结构向共同体结构转型的根本路径还是工作关系的变革和工作力的提升，即主要是改变一些资本和权力过度占有和享用资源的工作占有和分配关系，激发、培育和提升人民大众工作者的工作创造力特别是专业化能力。

其五，从消费主义的消费美学向工作共同体主义的工作伦理转型。

工作世界结构的转型亦注定了工作世界价值观念的转型。如前所述，消费美学是以消费价值为核心的价值观、伦理观和审美观的总体。它拒斥和悖逆了消费世界的工作世界基础，用消费中心消解生产中心，用工具伦理遮蔽工作伦理，从而在一定程度上导致工作价值、伦理和审美的失落与失效，使得消费社会的新穷人受到物质和精神的双重抛弃和贬黜。工作伦理是工作世界价值观、伦理观和审美观的总体，工作伦理的总体是生活世界总体意义伦理，本质是工作世界共同体伦理，它以创造、工作创造、工作共同体创造为工作伦理的三位一体本质，它是对享受、再享受、然后还是享受的消费美学的批判和否定。消费美学向工作伦理的转型，根本上要靠工作世界结构的转型，即从资本和权力中心的工作世界结构向工作共同体结构转型，即改变一些资本和权力阶层过度占有、分有和享受资源和财富的工作关系特别是消费关系，把消费建立在工作世界的工作创造基础上，即消费的价值、伦理和审美关系取决于工作创造关系，消费能力取决于工作创造力。由此，消费美学向工作伦理的转型的根本路径是工作世界结构的转型。

但是，观念形态或意识形态有其相对独立存在性，工作世界结构的转型也依赖消费美学向工作伦理的转型。且这个转型不可能自发地实现，要靠意识形态的建构，特别是人民性哲学的建构。由此，建构工作伦理，建构以工作世界为核心范式的人民哲学是实现这个转型的又一条基本路径。由此，要建构工作伦理，建构工作美学，还要重建消费美学。工作美学就是以人民大众工作创造力和工作共同体关系为价值核心的审美观念体系。重建消费美学就是弃绝消费主义以资本和权力为中心的消费美学，建构以人民为中心的工作共同体主义的消费美学，这种消费美学就是以人民大众的工作创造和工作共同体关系为价值核心的消费审美的观念体系。即消费美学的实质是工作美学，没有工作创造，没有工作共同体关系，就没有审美；没有工作审美就没有消费审美。所谓节俭、生态、和谐、适度的消费，所谓德性伦理消费以及审美消费，本质上都是以工作世界价值即工作共同体创造价值为核心和基础的消费。不工作、不创造而享乐、奢侈和浪费，不过是一些资本和权贵的疯狂和贪腐，那些奢华和繁华不过是一时的浮华，如过眼烟云，他们决不是什么消费英雄，在人民的眼里，他们那些金碧辉煌的消费品作为消费符号所承载的不过是一些丑陋的贪腐的灵魂，这就是"消费英雄"唯一的身份和地位，除此之外，再也没有别的意义。真正的消费美学在工作美学那里，在人民大众工作者的创造行动中。由此，对抗消费主义的消费美学，或者说实现消费美学向工作伦理的转型，除了构建马克思主义的工作伦理、工作美学以及消费美学，还要重构生活美学，从而以生活世界的总体意义和工作世界本质意义遮蔽和消解消费主义的物化、工具化的消费美学。

综上所述，生活世界建构的类型或转型所趋向的是创造型生活世界、工作世界的共同体结构、人民中心工作世界、主体化工作世界等类型，这些都是具有生活世界总体意义、本质意义、结构意义的建构目标，这些建构目标也是建构的境界。由此，生活世界建构的境界问题，亦是生活世界建构的类型或目标问题，是生活世界建构的最高最根本的类型或目标问题。哲学是世界观哲学，更是世界境界哲学。"哲学都有世界境界，哲学最终都要为人和社会提供一个世界境界的意义指向和追寻目标，否则哲学就失却了世界观哲学的本意，就不是真正的哲学，从这个意义上讲，任何哲学都要把世界境界问题作为人和哲学的最高问题和价值归宿。"① 那么，生活世界的最高最根本的世界境界是什么？这已经不是一个阐述的问题，而是一个结论的问题，那就是生活世界共同体，而生活共同体的最高最根本的境界是工作共同体。生活的本质是创造，创造的本质是工作创造，工作创造的本质是工作共同体创造。创造、工作创造、工作共同体构成工作世界和生活世界的三位一体本质。由此，生活共同体、创造型生活世界、工作共同体构成三位一体的生活世界最高最根本的世界境界。它是人民大众的世界境界，高于无生活世

---

① 李晓元：《世界境界哲学——中国梦的世界境界及其实现》，社会科学文献出版社2013年版，第21页。

界总体意义和工作世界本质意蕴的各种哲学境界，如自然主义哲学的天人合一境界，精神哲学的心灵静观境界，近代哲学的理性自由境界，西方马克思主义的诗性实践境界、现象学的主体间性关系境界，同时，它也蕴含着这些境界的意义和美好。

第五章

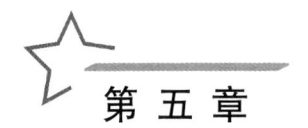

马克思主义哲学人民性关键领域的创新
——现实世界人民性创新实绩

第四章探讨了马克思主义哲学人民性的现实世界人民性创新路径，包括五个现实世界基本领域人民性的创新路径和六个基于工作世界人民性冲突的生活世界人民性建构路径。这些路径都是马克思主义哲学人民性创新的基本路径和方向。而作为一种哲学研究，仅仅探究到基本路径的层次还不是最后的层次，哲学研究者也不应满足于只给他人提供一些研究的路径让他人沿着这些路径走下去，更应该自己就沿着这些路径走下去，进行实际的更为贴近现实世界的探究。尽管越是贴近现实世界研究就越艰难，但是，本书还是力图向这个方面努力。本章是马克思主义哲学现实世界人民性创新在文化世界人民性、工作世界人民性及人民生命健康领域的进一步展延，是进一步走进现实世界基本领域特别是总体领域和核心领域的创新实绩。当然，这种创新实绩对研究者来讲或只是研究逻辑上的用语，实际上或至多具有一些抛砖引玉的意义。但是，文化世界、工作世界、人民生命健康，都是现实世界人民性的关键领域，这种人民性的总体性、核心性和基础性问题，至少值得我们进一步探究。文化世界是生活世界的总体，工作世界是文化世界或生活世界的核心，人民生命健康是生活世界和工作世界的基础，由此，本章关于现实世界人民性的三个关键领域的创新实绩逻辑上亦构成一个现实世界人民性的关联体系，即现实世界人民性的总体意义、本质意义和基础意义的关联体系，而不是无所关联的孤立的罗列。

一 文化世界的总体性意义
——人民性的总体生态[①]

现当代哲学普遍认为，文化即世界，世界即文化；文化即文化世界，文化世界的总体即生活世界。那么，文化世界或生活世界的总体意义又是什么？这似乎还是一个悬而未决的问题或隐含在哲学世界观中的需要进一步明晰和确认的问题。"意义是我们所谓的'文化'的一切内容的共同要素。"[②] 文化世界的意义问题亦即文化世界是什么的概念问题。文化世界的意义是文化世界总体意义、本质意义、结构意义、价值伦理审美意义以及冲突和建构意义的关联结构。这里主要探究文化世界的总体性意义问题，而其总体性意义亦是一个意义的关联结构，亦是人民性的总体生态。

（一）文化世界之世界意义的总体性

文化世界不是一个抽象思辨的概念，而是一个融合历史和现实，呼应哲学世界观趋向的描述概念。从文化世界的历史演进过程看，文化就是文化世界，文化世界就是人类世界或生活世界的历史过程，就是人化世界或主体化世界，就是主体化的生活世界总体。卡西尔的人类文化哲学认为，文化就是人的自我创造、解放与生成过程。"作为一个整体的人类文化，可以被称之为人不断自我解放的历程。语言、艺术、宗教、科学是这一历程中的不同阶段。在所有这些阶段中，人

[①] 此文为国家社会科学基金项目"马克思主义哲学的人民性及其创新问题研究"（17XZX003）的阶段性成果，原载《学习论坛》2018年第6期，收入本著作时有所改动，原文题目是《文化世界的总体意义——以人民为中心的文化生态》。

[②] ［德］恩斯特·卡西尔：《人文科学的逻辑》，关之尹译，上海译文出版社2004年版，第70页。

都发现并且证实了一种新的力量——建设一个人自己的世界、一个'理想'世界的力量。"①文化是一个整体的世界,即文化世界,这个世界是以人为主体的主体造化的世界即人类世界。但卡西尔把人和文化的意义都归结为符号,认为符号化的思维与符号化的行为是人类生活的基本特征:"人类知识按其本性而言就是符号化的知识。正是这种特性把人类知识的力量及其界限同时表现了出来……一个符号并不是作为物理世界一部分的那种现实存在,而是具有一个'意义'。"②在卡西尔看来,人的生活就是经验符号意义的重复与重建过程。许茨把现象或现实世界视为生活世界,把生活世界视为文化世界,用生活世界规定文化世界,又用文化世界规定生活世界。这进一步表明,人、文化、人化、主体化都是一个总体的世界,即文化世界或生活世界。但是,如同卡西尔将文化世界归结为符号意识一样,许茨则将文化世界归结为主体间的共同意识。这同样消解了文化世界的生活世界总体意义。

文化世界是生活世界的总体,这个总体意义首先是世界意义的总体性,即文化世界是一个世界的总体,而不是世界的一部分。马克思的人类文化哲学或文化人类学把文化视为人化世界,同时又把人化世界视为生活世界的历史过程。马克思的生活世界文化哲学则把生活世界看作一个世界的总体,强调对现实世界不仅要从客体的方面去理解,而且还要从主体生活特别是实践的方面去理解。他批评费尔巴哈离开主体特别是人类实践来理解客体世界,认为感性世界即人化世界是"工业和社会状况的产物";"只要这样按照事物的真实面目及其产生情况来理解事物",任何深奥的哲学问题,如人与自然的统一与对立问题,实体、自我意识的创造物问题,都可归结为简单的经验事实,即"在工业中向来就有那个很著名的'人和自然的统一'"③。主体与客体、人与自然以

---

① [德]恩斯特·卡西尔:《人文科学的逻辑》,关之尹译,上海译文出版社2004年版,第357页。
② [德]恩斯特·卡西尔:《人文科学的逻辑》,关之尹译,上海译文出版社2004年版,第88—89页。
③ 《马克思恩格斯选集》第1卷,人民出版社1995年版,第76页。

及各种本体、实体都统一于人类实践活动，而实践世界即人化的文化世界。马克思既确证了文化世界的世界总体性，又突出了文化世界的主体化意义。马克思承认在人之外的自然界的先在性和优先地位，但认为离开人类世界就没有意义，而现实的自然界都被主体化或实践化了，成了人化自然界即文化世界。

把世界视为人的存在总体的世界，视为主体化生活世界总体的世界，是现当代哲学世界观的总体趋向。胡塞尔认为，哲学的课题应该是生活世界，应该自觉地回归并研究生活世界，为人类重建人与世界相统一的、有价值意义和目的的世界。当然，胡塞尔仍然是在精神现象的意义上解释生活世界的概念，但他要求把生活世界当作人与人日常交往、共处的互为主体的总体化世界。海德格尔把世界的总体理解为以"此在"方式存在的主体化世界即生活世界。他认为西方传统的形而上学由于从既成的、给定的东西即"在者"出发来探讨"在"的意义，结果都未能真正理解"在"是什么，因此，应该从"此在"即人的存在入手来揭示存在的意义；"此在"的本质在于生存并超越"在者"，"在世中"是"此在"存在的日常存在即日常生活状态，即存在就是人的生活世界；人和世界的关系不是像水在杯子里或衣服在衣柜里那样，而是"融身"在世界之中，"依寓"于世界之中，繁忙在世界之中，生活于世界之中，生活世界是人与自然的统一[①]。由此，"世界观也意味着、甚至首先意味着生活观"[②]。正是在对"此在"的日常存在状态的分析中，海德格尔展示了他对主客二分的科学世界观的超越和向日常生活世界的贴近。

如果说胡塞尔和海德格尔还是在文化世界的世界意义上指出了一般生活世界的世界意义，那么，西方马克思主义者卢卡奇则更直接地把文化世界或生活世界的世界意义视为社会生活的总体意义，并试图通过这种总体的革命来实现人的自由和解放。他不仅把马克思主义归结为总体

---

① [德]海德格尔：《存在与时间》，生活·读书·新知三联书店1987年版，第66—69页。
② [德]海德格尔：《林中路》（修订本），上海译文出版社2004年版，第95页。

性科学，又把它归结为总体性方法，认为马克思主义是辩证方法，而辩证法的核心是总体范畴。卢卡奇认为资本主义背离了总体性，把人与人的全部关系都变成了物与物的关系，物化遍及社会生活的各个领域。无产阶级要用这种总体性观念和方法反对物化，使自己由客体变为主体，由孤立个体变为总体。而观点和方法的核心就是社会关系总体论，社会关系总体论的核心就是生产关系总体论。他说："马克思的名言'每一个社会中的生产关系都形成一个统一的整体'，是历史地了解社会关系的方法论的出发点和钥匙。"① 但卢卡奇在很大程度上曲解和误读了马克思的社会生活总体论，认为马克思主义总体性范畴就是强调总体之于部分的完全至高无上的地位，他把个体、具体、局部只看作受制于总体的一个要素，消解了个体本身作为一个总体的意义。马克思不仅抛弃了黑格尔的精神总体的神秘成分，而且否定了黑格尔的国家总体观，把国家总体建立在生活世界总体基础上，又把生活世界总体建立在生产总体、实践总体和工作世界总体基础上，特别是把总体的意义还给了多维、多元个体即人民大众主体，强调人民大众主体总体性及对总体的生成意义和优先意义。与卢卡奇偏向社会生活的总体意义而忽视个体意义的观念相呼应，怀特认为文化是一个系统的总体，"人作为一个生物有机体，作为一个种类，存在于人——文化系统之内"②。文化是包含过去、现在乃至将来的巨大连续体，文化世界不是以人为中心，在人与文化的系统中，个人是整个庞大的社会文化系统中渺小的一部分，文化过程必须完全撇开人的因素③。怀特强调了文化世界的总体性，并否定了人类中心主义和个人中心主义，但也背弃了文化的本意即人民大众的主体化意义。怀特自己也确证了这样一个矛盾，他说："'对人类的专门研究'结果反而不是'人'而是'文化'。在对文化作最真实最科学的充分解释过程中，好像'人'不见了。"④ 实际上，怀特看到了文化世

---

① ［匈］卢卡奇：《历史与阶级意识》，商务印书馆1999年版，第59页。
② ［美］怀特：《文化科学——人和文明的研究》，浙江人民出版社1988年版，第336页。
③ ［美］怀特：《文化科学——人和文明的研究》，浙江人民出版社1988年版，第324页。
④ ［美］怀特：《文化科学——人和文明的研究》，浙江人民出版社1988年版，第135页。

界总体意义对个人、个体意义的生成作用，但却与卢卡奇等人一样，没有把这种总体的意义还给各个个体，即文化世界的总体对各个个体的生成意义就是各个个体的交互作用和自我生成过程。人和文化是相互生成、相互构造的，这种相互构造的实质是主体与主体、个人与个人、个人与社会、人与自然的共同构造，而这恰好是人化、主体化即文化世界的真谛所在，即文化世界是人与人、自然和社会的共同体关系，是这种共同体的造化过程。怀特似乎没有看到这一点，于是片面强调人和文化的对立，认为不是人在支配文化，而是文化在制约着人。

融合历史和现实，基于哲学文化世界观对文化世界的理解，可将文化世界的世界意义的总体性归结为三个主要内涵。其一，从主客体关系和主体与主体关系看，文化世界是人与人、自然和社会关系的总体，这是文化世界的最普遍的世界意义。而在这个总体中，人与人、人与自然的共同体关系是本质关系，而共同体关系的本质是以人民大众为中心的共创共享文化的关系。其二，从文化世界总体意义生成的过程看，文化世界是工作世界、日常生活和国家生活的总体，这是文化世界最具历史和现实的实体内容的总体，也是生活世界的三个基本范式和实有场域，也是人与人、人与自然和社会关系总体的现实化、具体化和主体化，而以人民大众为主体的工作世界是日常生活、国家生活的基础和核心。其三，文化世界的总体意义都是在实践和工作世界的基础上总体发展起来的，即实践和工作世界总体化文化世界，而工作世界是生产实践的主体化、实体化、现实化，与实践同居于文化世界的核心。

（二）文化世界之个体意义的总体性

上述世界意义即人类世界或生活世界意义的总体意义，逻辑上构成文化世界总体意义的优先意义或先在意义，而世界意义的总体性总是具体的个体意义的总体性，由此，个体意义的总体性就逻辑地成为文化世界总体意义的第二个规定性。生活世界是一个总体，是一个具体的或个体的总体，没有具体或个体就没有总体。

在文化世界的总体意义问题上，现象学家胡塞尔偏向主体间性关系的个体总体意义,存在主义者海德格尔偏向个体主体的"此在"或"亲在"意义,他们在一定程度上都缺少社会生活世界总体的宏观视野。而卢卡奇和怀特则偏向社会生活或社会文化的宏观总体意义,甚至不顾个体总体意义。卢卡奇强调社会生活的总体意义,并主张通过总体性革命消除资本主义的物化、异化等单面生活或文化存在,并指出了具体、个体的总体意义,但却把个体的意义归结为总体意义,过度强调了总体对个体的构造意义,忽视了个体对总体的生成与基础意义。总体是各个个体的交互作用构成的关联体系,具体、个体都具有生活世界的总体意义并构成生活世界的总体意义,或处在与生活世界的总体的互构之中。列斐伏尔看到了卢卡奇对总体意义理解的缺陷,强调个体化的日常生活的总体意义,认为日常生活的一件小事也涵盖了整个生活世界的意义,由此,他主张通过个体化的"诗性实践"即个人精神文化革命来超越日常生活的物化与异化,实现人的自由、解放。列斐伏尔这种回避社会层面的总体变革,仅通过个体化的精神文化革命去捕获文化世界的总体意义的主张,显然带有明显的乌托邦色彩。但他确实以片面的方式从个体意义的总体性上揭示了文化世界的个体意义的总体性。

现象学、存在主义以及西方马克思主义对文化世界总体意义的理解,在世界意义总体性和个体意义总体性问题上,都出现了一定的偏差。马克思指出:"社会结构和国家总是从一定的个人的生活的过程中产生的。"[①] 文化世界的个体意义构成总体意义并与之互构。马克思的生活世界总体观和恩格斯的历史合力思想,都科学地预示了文化世界的总体意义,特别是个体意义的总体性,即人民群众的总体性,亦即文化的人民性。但他们主要是预示了个体意义总体性的一般原则即以人民大众为中心的一般原则。由此,进一步明晰文化世界的个体意义总体性及其与世界意义总体性的关联,就非常有必要。

文化世界的总体性是个体意义的总体性,个体意义的总体性本质是人民群众的总体性,总体意义的生成性和优越性内含了个体意义的生成

[①] 《马克思恩格斯选集》第1卷,人民出版社1995年版,第71页。

第五章　马克思主义哲学人民性关键领域的创新　◆◇　205

性和优越性。个体意义的总体性至少可归结为以下四个含义。其一，它是多元、多维个体意义的总和，即人民群众意义的总和，而不只是作为某个本体、中心的决定者或唯一者。从这个意义上讲，文化世界的总体性，实际上是用多元、多维个体即人民群众主体剥夺了某个本体或中心个体的绝对至上的生成与统治意义，又把总体的意义还给了多元个体即人民主体。社会结构和国家总是从一定的个人的生活过程中产生的，人民群众多元个体的生活世界意义构成总体的生活世界意义并与之互构。其二，它是个体关系意义的总体。人是社会关系的总和，这些社会关系构成个体关系意义的总体。在《政治经济学批判（1857—1858 年草稿）》中，马克思更明确地指出："社会不是由个人构成，而是表示这些个人彼此发生的那些联系和关系的总和。"① 即个体总体是个体的自然关系、社会关系、主体间性关系的总体，而不是孤立、抽象个体的叠加，而这些社会关系的总和即人民大众社会关系的总和，如此，马克思关于人的社会关系本质理论实质上是人民群众本质理论。个体关系是无数群众个体的总体，并构成社会总体，即这些个体关系一方面是社会化的，另一方面又是个体化的。"凡是有某种关系存在的地方，这种关系都是为我而存在的。"② 其三，它是指每个个体都是一个世界总体或生活世界的总体，都造化和拥有自己的生活世界。人民群众每个人都是一个总体的人，都是一个生活世界总体的人。每个个体都具有普遍世界的生活意义，同时又具有自己特殊的个性化的生活意义，即"世界上没有两片相同的叶子"。个体意义的个性恰好是在与普遍世界意义的相融共生中实现的。如中国梦的中华民族伟大复兴梦想具有普遍的世界意义，而这一梦想是由广大民众各个个体的个性化的生活梦想构成和筑造的，个人梦的总体意义总体化中国梦的总体意义，总体化民族梦、国家梦的总体意义并与之互构，离开广大民众的个人梦，中国梦就成为空梦、虚梦。其四，个体意义的总体性中的个体，不单指人的个体，也包

---

① 《马克思恩格斯全集》第 46 卷（上），人民出版社 1979 年版，第 220 页。
② 《马克思恩格斯选集》第 1 卷，人民出版社 1995 年版，第 81 页。

括各种不同的文化形式的个体即文化世界的个别形式,如小说通过塑造个别人物反映社会生活的总体意义,古希腊神话通过塑造不同的神灵折射史前文化世界的总体意义,万里长城文化映照着秦王朝的社会生活世界意义,一些出土文物蕴含着一定历史时期的生活、生产和工作世界总体意义。由此,对每一种文化个体或具体的文化形式,都要进行生活世界总体意义的分析。同样,对任何一种文化个体或文化形式的理解和建构,也要进行生活世界总体意义的理解和建构,否则,文化就会成为脱离生活世界的无意义的胡乱编造。由此,哲学、道德、宗教、技术、艺术等文化具体形态都要建立在文化世界总体即生活世界总体基础上,都要反映以人民为中心的文化世界总体意义,而不只是经济发展的工具,也不只是服务政治的手段,更不只是个人的自我表现。

(三) 文化世界之生成、结构、本质、时空意义的总体性

世界意义和个体意义的总体性具有直接的关联性,那么这些意义都是怎样生成的?这就是生成意义的总体性问题,生成意义的总体性构成文化世界总体意义的第一个意蕴。生成意义的总体性即文化世界或生活世界意义生成的共同体性,主体与客体、本体与实体、个体与总体、中心与边缘共同构成意义生成的共同体源泉。本体、中心只有在生活世界总体中才有意义,总体的意义高于单个本体和中心的意义,并具有单个本体和中心不可比拟的优越性,而总体的优越性和生成意义就是全体个体特别是人民群众主体的优越性和生成意义。个体不是绝对服从、追随和受制于总体。如面对靠资本逻辑和利润价值生成的充满异化和对抗的社会"虚假共同体",个体特别是处在边缘的穷困的卑微的无产者个体可以改造或消灭这个社会生活总体,建立新的"真实的生活共同体"。再如中国梦的生活世界境界要以共同创造、公平分配、平等占有的生活世界共同体为核心价值取向,要极力解决现实中存在的贫富差距过大、分配不公、占有不平等的问题。中国梦的实现要靠人民大众的共同努力,中国梦的意义来自人民群众的创造。

文化世界总体意义的第二个意蕴是结构意义的总体性。结构意义的

总体性即文化世界或生活世界结构的意义是多重结构总体的生成，每一种结构本身的意义也是结构诸要素共同作用的结果。文化世界结构意义的总体性是社会生活结构意义的总体性和日常生活、工作世界、主体存在结构意义总体性的统一。从社会基本矛盾结构看，生产力虽是最终决定者，但生产关系、经济基础、上层建筑也都是这一结构意义的生成者。日常生活结构的意义则是生活能力与生活关系，物质生活与精神生活各要素、各层次互构的结果。而工作能力、工作关系的互动、互构，则生成工作世界乃至整个生活世界的意义。从主体结构看，富人与穷人、权贵与平民、白领黑领蓝领、工农商学兵等各个阶层，都是主体结构和主体意义的造化者。这些意义的生成者与造化者既生成自身的意义，又产生他者和总体的意义，它们都在互动互为中生成动态的生活世界的结构意义和总体意义。而在这些结构中，以人民群众为主体的生产结构或工作世界结构，无疑对文化世界意义的生成起着决定性作用。

文化世界总体意义的第三个意蕴是本质意义的总体性。文化世界的总体是生活世界，生活世界的本质是实践，实践的本质是生产实践，实践和生产都是一个总体的世界。主体与客体、主体与主体、物质与精神共同构成实践本质的意义，生产力和生产关系共同构成生产本质的意义。实践、生产活动的主体是人民群众，而实践和生产的实体化、主体化、具体化和现实化是工作实践即工作世界。工作世界的本质是共同创造、平等占有、公平享受的工作世界共同体，工作共同体是以人民群众为根本的人与人、自然和社会的共同造化关系。自由、快乐、幸福、公平、正义以及人的创造性意义都根源于工作共同体并在其中实现。由此，这一本质意义是以人民群众为主体的人、自然、社会的总体生成，是总体的意义。文化世界或生活世界的实践本质、生产本质、工作世界本质的意义都是各种关联关系构成的总体意义，都不是某个本体、中心或个体的单面意义。

文化世界总体意义的第四个意蕴是时空意义的总体性，即时间和空间都是一个意义的总体。时间不是纯粹物质的持续性和顺序性，而是文化世界或生活世界持续和绵延的过程，是文化时间或时间文化；空间亦不是纯粹物质的广延性和伸张性，而是文化世界或生活世界的广延和伸张，是文化空间或空间文化。从时间文化看，文化世界是历史文化与现实文化以及未来文化世界的总体。时间意义的总体性表明，任何现代文化都是一定意义上的历史、现实文化和未来文化，任何历史文化都是一定意义上的现代文化，历史、现在和过去都不是绝对单一的时间形式，而是在空间上并存，在时间上继续的。哈贝马斯指出了现实生活实践总是指向理想化的未来生活世界，"日常交往实践本身就是建立在理想化前提下的……理想化从先验领域下降到生活世界当中"①。但他倒置了理想与现实的关系，认为现实以理想为前提。而实质上是理想以现实为根据。由此，认知和建构现实文化必须融合历史、瞩目未来，同样，认知和弘扬历史文化，必须立足现实并指向未来。从空间文化看，文化世界是乡村文化与城市文化、大陆文化与海洋文化的总体，并循着从乡村到城市，先大陆后海洋的逻辑运行。空间意义的总体性表明，任何文化都在一定的地理空间中存在和运行，都具有一定的物质形式，而这种空间不只是物质文化的容器，更是社会关系的载体。由此，乡村、城市、大陆、海洋等空间文化建设不只是物质空间的拓展与亮丽，更是社会关系空间的优化与跃升。正如哈贝马斯指出的："生活世界的社会整合……在社会空间之维中……它按照合法调节的个人内部关系，进行行动的合作化，并且按照日常实践充分的方式巩固群体的同一性"；"社会世界成员的社会化……在历史时间之维中……它为后代巩固了行动能力的获得，并导致个人生活历史和集体生活形式的相互协调"。② 社会生活整合与建构的空间之维，主要是构建合作的共同体社会关系，时间之维主要是构建历史、当代与后代的可持续的生活共同体关系。而人民群众始终是文化世界共同体的主体和创造者，是时间文化或历史文化及空间文化的主体和创造者。

上述世界意义的总体性、个体意义的总体性以及生成意义、结构意

---

① [德] 哈贝马斯：《后形而上学思想》，译林出版社2001年版，第75—76页。
② J. Habermas, *The Theory of Communication Action*, Vol. 2, Stafford: Polity Press, 1989, p. 141.

义、本质意义、时空意义的总体性，这些总体意义构成文化世界总体意义的关联结构，从而构成文化世界或某种文化形态、形式的意义的基本坐标，亦可作为检验一个文化世界或一种文化形式的基本标准，亦是人们追求文化、创造文化以及建构文化世界的基本价值取向。

我们通常所说的文化要贴近生活，实质是文化要贴近生活世界的总体意义。我们通常所说的某种文化形式缺少生活，其实是缺少生活世界的总体意义。文化即生活，任何一种文化形式本身都是生活，问题不在于它是不是生活，而在于它是否具有生活世界的总体意义。离开文化世界的总体意义，文化或文化世界就会沦为物化、资本化、工具化、个人化、权力中心化的单面存在或异化生态。而文化世界的总体意义是人民主体的意义，文化世界的总体存在本质上就是人民性的总体生态，就是以人民为中心的文化生态，文化世界的总体性就是文化世界的人民性，或者说，文化世界的人民性就在于或取决于文化世界的总体意义。

二　工作世界的本质蕴涵
——人民性的根本意义[①]

从工作生存论的意义上说，人民大众真正的物质家园、精神家园、梦想家园以及话语家园都在工作世界以及共创共享的工作世界共同体。文化世界历史演进的基础是工作世界，文化世界观的递进趋向是工作世界。西方马克思主义的社会批判理论指向工作世界，许茨的生活世界现象学走向工作世界，马克思毕生都在批判和改造异化和罪恶的资本主义工作世界、为人民大众建构共创共享的工作世界共同体。但是从总体上看，工作世界还是以一个自在或潜能范式的方式存在于历史和哲学理论中的概念。正因如此，提出和阐明工作世界概念，开启马克思主义哲学的工作世界范式，探究其本质意义及其人民性生态，就成为当今哲学研

[①] 此文为国家社会科学基金项目（17XZX003）的阶段性成果，原载于《社会科学辑刊》2018年第5期，收入本著作时有所改动，原题目为《文化世界的工作世界本质——人民性的根本意义》。

究的一个非常有意义的创新方向，并对建构新时代人民美好生活的工作世界基础发挥着重要的指导作用。

（一）文化世界的本质是工作世界

文化世界的本质是工作世界。文化世界生成和演进的历史过程表明，文化世界的最初或发端是劳动，即工作世界。蒙昧低级阶段的人和文化只是使用工具意义上的工作人和工作文化，吃、穿、住、行主要还是动物性的，还不具有人化即文化的意义。随着工作世界特别是工具文化的进步，人们的吃、穿、住、行等日常生活才一步步有了文化的意义。到了文明阶段，人类社会产生了国家生活和政治社会生活文化。由此可以说，工作世界是文化世界历史演进的基础并创造了日常生活以及国家生活文化的意义，工作世界的水平、性质规定日常生活和国家生活的水平和性质。文化世界从乡村到城市、从大陆到海洋的空间进展基础亦是工作世界，居住空间的本质和基础亦是工作世界。

从文化世界的现实生态看，一个普遍得无所不在的事实就是人依靠工作生存，或者说，人依靠实践生存现实化地表现为依靠工作生存。离开现实的工作活动，人既不能生存也不能生活，更无法实践下去。工作生存论是每个人现实地持有并永不离弃的生存论。无劳动能力或丧失劳动能力的人，其工作生存论就是要靠他人的工作或自己以往工作的贡献生存下去；失业工人的工作生存论就是要通过再就业和创业来养家糊口，维持生计和尊严；在校大学生的工作生存论就是努力学习、掌握技能、提高素质，以便将来找个好工作成家立业并立足社会；孩童的工作生存论就是从懂事时就知道要靠父母的工作给自己提供营养、食物和生存条件。人依靠工作生存，没有工作创造，就没有生活资料、生活价值和生存意义，人和生活都是工作创造出来的。人依靠工作生存，这是现实人生存也是文化生存论的第一原则或原理。

从文化世界观递进的理论趋向看，文化世界的本质是工作世界。文化世界观递进的历史与逻辑趋向是：从古代客体化文化世界观到近代主体化文化世界观、现代主客体统一的文化世界观、现当代主体间性关系的文化世界观（从主体间性生活世界到主体间性工作世界，从异化工作世界批判到主体化工作世界建构）。这一趋向表明，文化世界观运行到现当代文化世界观，开始指向工作世界的本质意义。马克思较早地将人和生活世界即文化世界建立在工作世界基础上，表明了工作世界的本质意义。"任何一个民族，如果停止劳动，不用说一年，就是几个星期，也要灭亡，这是每一个小孩都知道的。"[1] 在马克思看来，人依靠工作（劳动）生存、生活，这是连"小孩都知道"持有的生存论。他把实践、生产、劳动以及社会关系或生产关系作为人的生存基础、根本或生存意义的源泉，就是把人的工作活动看作人的生活依靠。工作就是主体化、实体化的生产活动，工作活动是社会实践、生产、劳动的实体存在和主体化形式，工作生存论是实践生存论的核心层次，是实践生存论的日常化、主体化和实体化。西方马克思主义的日常生活和社会批判理论主要指向工作世界，特别是从工作世界的技术、制度和工作关系探寻了生活异化或社会异化的根源，这表明它把工作世界置于生活世界或文化世界的本质层面。现象学社会学家许茨把现实或现象世界视为文化世界，把文化世界视为生活世界，认为工作世界是生活世界意义的源泉、核心和最高的社会实在。

文化世界的本质是工作世界，这不仅是历史与现实描述的观念以及文化世界观递进的理论趋向观念，还是一个生活世界总体意义生成的逻辑观念，即文化世界或生活世界作为一个关联总体，是靠工作世界关联起来的，由此，工作世界构成文化世界的本质意义。马克思认为社会生活是被生产关联起来的总体。生产是一个总体[2]，也就是说，生产本身是一个由生产、分配、交换等环节构成的总体，这个总体又将社会生活联系起来构成社会生活的总体，即生产使生活世界成为一个关联总体。同样，生产关系亦构成一个生产关系自身的总体和社会生活关系的总体，即生产关系构造了社会关系的总体。"以一定的方式进行生产活动

---

[1] 《马克思恩格斯选集》第4卷，人民出版社1995年版，第580页。
[2] 参见《马克思恩格斯文集》第8卷，人民出版社2009年版，第10页。

的一定的个人，发生一定的社会关系和政治关系。"① 个人在工作生产中形成的工作关系构成总体的社会关系，"生产关系总和起来就构成所谓社会关系，构成所谓社会"②。社会生产关系的具体化、现实化、主体化、实体化是工作关系，社会生产的具体化、实体化、主体化是工作世界。马克思指出："因此，说到生产，总是指在一定社会发展阶段上的生产——社会个人的生产。"③ 社会生产总是一定时代的生产，一定时代的生产总是具体化为个人的生产，个人的生产即主体化的工作世界，也就是说，社会化的生产活动总是要表现为具体的主体化的工作活动才具有现实性和实体性，否则就是抽象的生产。如此，个人生产即人民大众主体化的工作世界构成社会生产的基础和本质。

马克思认为自己研究的主题就是时代化的资本主义生产，而资本主义生产的具体化、大众化和主体化就是表现"个人生产"的资本主义的工作世界生态，这恰好是马克思《资本论》研究的主题。马克思的《资本论》是将资本主义生产关系这一研究主题置于具体化、主体化的工作关系之中来研究的，如工人和资本家之间的雇佣劳动关系特别是其占有和分配关系等方面。生产或生产关系构造生活世界，就是说工作世界或工作关系构造生活世界。工作世界还将意识形态文化关联成一个总体："宗教、家庭、国家、法、道德、科学、艺术等等，都不过是生产的一些特殊的方式，并且受生产的普遍规律的支配。"④ 总之，工作生产或工作世界构造生活世界总体，将物质生活资料的生产（包括"再生产整个自然界"）、人的生产（家庭）、精神生产（宗教、法、道德、科学、艺术）和社会关系的生产（社会、国家）联系起来，构成社会生活世界的总体。

工作世界构造生活世界或文化世界，许茨直截了当地表达了这一观念。在他看来，文化世界作为一个主体间性的世界总体，是被工作世界

---

① 《马克思恩格斯选集》第1卷，人民出版社1995年版，第71页。
② 《马克思恩格斯选集》第1卷，人民出版社1995年版，第345页。
③ 《马克思恩格斯文集》第8卷（上），人民出版社2009年版，第6—9页。
④ 《马克思恩格斯全集》第42卷，人民出版社1979年版，第121页。

连接起来的，时间文化和空间文化的总体意义也是被工作世界连接起来的。"精明成熟的自我在它的工作中并且通过它的工作，把它的现在、过去和未来结合成一种特殊的时间维度；它通过它的工作活动实现作为一种整体性的自身；它通过工作活动与他人进行沟通；它通过工作活动把这个日常生活世界的不同空间视角组织起来。"① 许茨认为，工作世界是一个由自然、身体的运动与操作、工作任务、工作目标目的、工作成功与失败的效果以及工作同伴关系构成的总体，构造人与人、自然和社会的总体关系，从而成为生活世界总体的基础、本质和核心意义。但许茨把这种总体化归结为狭小的意识化的主体间性的沟通交往关系。而工作世界构造文化世界或生活世界，实际上是以占有、分配关系为基础的人民群众构造的总体化过程，因为工作世界是以人民群众为主体的实践活动。

（二）工作世界的本质是工作世界总体意义

工作世界构造文化世界总体，从而成为文化世界的本质、基础和意义的源泉。那么工作世界的本质又是什么呢？上面关于工作世界构造文化世界的阐述实际上已经预示了这个问题的答案，即工作的本质是工作世界，工作世界的本质是工作世界总体意义。从逻辑演绎上看，工作是什么？有人可能会说是赚钱，也有人说是维持生计和尊严，也有人说就是劳动、干活，等等。但进一步看，工作还有很多意义内涵，比如要处理人际关系、制定工作目标任务，还要有方法，要使用工具技术，要有自然环境和人文环境以及劳动资料或工作资源，等等。由此发现，工作是一个工作的世界，管理学、社会学、职业生涯设计以及人们日常对工作的定义，都是非世界总体意义上的不完整的职业化或要素化的界定。由此可以推论，工作的本质是工作世界。那么工作世界又是什么呢？之所以把工作界定为工作世界，是因为"世界"这个词内含了工作的全部

---

① ［美］阿尔弗雷德·许茨：《社会实在问题》，霍桂桓译，华夏出版社 2001 年版，第 289 页。

要素和意义，是一个总体的世界，由此又可推论，工作世界或工作世界的本质是工作世界总体性。工作世界的总体性即工作世界的总体意义。下面我们将循着文化世界的总体意义理路，阐述工作世界总体意义。

其一，世界意义的总体性，即工作世界的世界性。（1）工作世界是生活世界的总体。生活世界的本质是工作世界，生活世界总体本质上是工作世界总体。生活世界是总体的世界，而生活世界一切被工作世界化了。物质生活和精神生活的产品都是工作世界的创造物；各种社会关系主要是工作世界占有、分配和交往关系以及由此而生的各种生活关系；各种实践活动主要是工作世界活动以及由此而生的各种生活实践活动。总之，文化世界或生活世界是主体化的世界，主体化就是主体的"造化"，工作世界就是工作"造化"的世界。从这个意义上讲，工作世界的总体就是整个的文化世界或生活世界。（2）工作世界是人与人、人与自然和社会关系的总体，是人的自然关系和社会关系的双重关系生产，是人和物的双重存在的生产。（3）工作世界是内含了世界各个要素的生命活动的总体世界，而不是世界的一部分或一个要素。工作世界是包容了主体与客体、主体与主体、自然存在与社会存在、物质生产与精神生产、感性活动与理性活动以及非理性活动的总体；是异质性与同质性、逻辑性与逆逻辑性、中心性与边缘性的总体；是不同产业、行业、职业、群体工作世界的总体。

其二，个体意义的总体性，即每个个体的工作世界都是一个世界的总体。作为世界总体的工作世界具有这种世界性，每个个人的工作世界以及具体的工作世界形态也具有这种世界性，也是一个工作世界的总体。每个个体的工作活动都具有主体与客体、人与自然、社会以及感性和理性相融的世界感、世界性。工作世界是多元、多维的个体工作世界意义的总和，每个个体的工作世界本质上都是总体存在，而不是单面的异化、物化存在。"社会结构和国家总是从一定的个人的生活的过程中产生的。"[①] 社会工作世界的总体意义由个人工作世界总体构成或产生，

---

① 《马克思恩格斯选集》第 1 卷，人民出版社 1995 年版，第 71 页。

是个人工作世界总体意义的总和，个人工作世界总体构成社会工作世界的总体。

其三，层次意义的总体性，即从社会、单位和个人三个层次的工作世界看，每个层次的工作世界都是一个总体。工作世界有宏观的社会工作世界、中观的单位工作世界和微观的个人工作世界，这三重工作世界都具有世界的总体性。社会工作世界就是整个社会世界意义上的工作世界，也可分为不同的层次，如中国社会、美国社会、日本社会的工作世界等。单位工作世界主要是具体的工作机构或工作组织，如机关和企事业单位等，它们都有强烈的工作世界感，各个单位工作世界又是由不同的工作部门或单元的工作世界构成的。个人工作世界即大众工作者每个人的工作世界，又可分为不同阶级、阶层、身份的个人工作世界。这三个层次的工作世界构成一个世界视域的关联总体，又分别是相对独立的工作世界总体，如个人工作世界也是一个世界总体，它既融合了社会工作世界和单位工作世界的总体意义，又自我构成一个总体的世界，即个人工作世界是内含了主客体存在、物质与精神存在等世界要素的总体。

社会工作世界首先或直接是由单位工作世界构成的，单位工作世界首先或直接是由个人工作世界构成的，个人工作世界具有工作世界的根本意义和最高实在地位以及最终价值归属向度。个人工作世界不单是指某个人或某些人的工作世界，而是各个个人的工作世界即广大人民群众主体的工作世界。这样，个人工作世界就取得了人民工作世界的内涵，人民也获得了个人工作世界的实有规定性，并被这个工作世界有机连接在一起，成为每个个人的存在。个人工作世界构成社会、单位工作世界，社会、单位工作世界是个人工作世界存在和关系的总和，它们互相规定、互相生成，构成总体的工作世界，也构成片段的个体或个人的工作世界。

其四，生成意义的总体性，即工作世界的意义是由工作世界总体生成而不单是某个本体或中心。工作世界本质意义即工作世界共同体意义处在工作世界总体意义的核心层次，是工作世界意义生成的源泉。工作世界的本质意义源于其结构意义，工作世界的结构是工作力和工作关系的互构关系，它是社会化的生产力与生产关系结构的主体化、实体化和现实化,是工作世界意义的最终源泉。

文化世界的本质是工作世界,工作世界的本质是工作世界总体性。工作世界的总体意义是人民性的根本意义、根本生态。由此,个人、单位和社会构建工作世界就是构建工作世界总体性或工作共同体,追求工作世界意义就是追求工作世界的总体意义,而不单是利润、价值和物质成果。其中,提高工作力、优化工作关系是工作世界的根本追求。要重视社会生产力的发展,更要重视人民群众个人工作能力特别是工作创造力的发挥和发展;要重视社会生产关系的变革,更要重视个人和单位工作关系及工作制度的变革、改进和建构;要重视社会上层建筑和意识形态的变革,更要重视个人工作意识和精神文化的建设,重视个人工作世界的思维方式、价值取向、工作态度和工作理念的创新与发展。

(三) 工作世界总体性的本质是共创共享的工作共同体

工作世界总体意义表明,工作世界是以人民群众为主体的各种存在和要素的关联体系。工作世界构造生活世界,那么,工作世界自身又是怎样关联起来的呢？工作世界总体性的本质又是什么？我们知道工作世界是一个总体,但这里的总体并不是指所有岗位、工作职业、工作环节和要素的简单堆砌和相加,而是一个由各种相互作用的关联要素和环节构成的总体,如果没有关联和相互作用,就不能成为工作世界总体。工作世界的组织性、关联性不仅比其他世界更为强烈,而且使其他世界成为与工作世界相关联的世界,即工作世界不仅构造自己,而且构造整个世界,包括自然山川都是工作世界的关联成分。工作世界总体是一个和谐关联的世界,工作世界总体性的本质是主体化的工作世界共同体。工作世界的本质是工作世界总体性,但并不是所有的工作世界都具有总体性。以资本为中心的、异化的、对抗的工作世界就是分裂的、丧失了总体性的工作世界。工人的工作只是赚钱的方法和手段而不是生活世界的本质。"自由工人自己出卖自己,并且是零碎地出卖。"[①] "当他坐在饭

---

① 《马克思恩格斯选集》第 1 卷,人民出版社 1995 年版,第 337 页。

桌旁，站在酒店柜台前，睡在床上的时候，生活才算开始。在他看来，12小时劳动的意义并不在于织布、纺纱、钻孔等等，而在于这是赚钱的方法，挣钱使他吃饭、喝酒、睡觉。"① 只有在真实的工作世界共同体中，工人才能作为"完整的人"全面地占有自己的本质。由此，工作世界总体性的本质是工作世界共同体，工作共同体使工作世界具有总体意义和人民性。

马克思的工作世界观较早地揭示了工作世界的共同体本质。马克思认为原始工作世界是共同体世界。"财产最初（在它的亚细亚的、斯拉夫的、古代的、日耳曼的形式中）意味着，劳动的（进行生产的）主体（或再生产自身的主体）把自己的生产或再生产的条件看作是自己的东西这样一种关系。……个人把劳动条件看作是自己的财产（这不是劳动即生产的结果，而是其前提）是以个人作为某一部落体或共同体的成员的一定的存在为前提的。"② 原始工作世界就是共同占有和享受工作成果的工作世界共同体，进入阶级社会后这种共同体发生了分裂，成为"虚假的共同体"。马克思认为资本主义破坏了工作世界的总体性，使工人失去了工作世界的总体性意义并沦为资本的工具。"他是为生活而工作的。他甚至不认为劳动是自己生活的一部分；相反，对于他来说，劳动就是牺牲自己的生活。"③ 资本主义社会生产的总体性掩盖了个人工作世界的孤立性，生产的发达性掩盖了个人工作世界的片面性和贫穷，这种社会生产与个人工作世界的对立即社会化大生产与个人工作世界的对立。所以要把生产总体性还给个人，要把社会生产力总体意义还给个人生产力即工作力，把社会生产关系总体意义还给个人工作关系，把社会产品和财富还给大众工作者共同占有，建立人民群众共创共享的工作世界共同体，而这种自由自主活动就是"对生产力总和的占有以及由此而来的才能总和的发挥"。

共同体就是主体与主体共同创造、占有和享受物质财富和精神财富

---

① 《马克思恩格斯选集》第1卷，人民出版社1995年版，第336页。
② 《马克思恩格斯全集》第30卷，人民出版社1995年版，第488—489页。
③ 《马克思恩格斯选集》第1卷，人民出版社1995年版，第336页。

的社会关系的总体，它具有多样的具体形式，国家共同体或社会共同体是较大的共同体。共同体本质上是生产劳动即工作共同体，因为共同体是靠工作生产建立的。政治、经济、文化、国家、社会共同体都建立在生产共同体或工作共同体的基础上。

工作共同体的本质是人民群众的共创共享关系。平等占有和公平分配、和谐的技术关系、消解现实冲突以及自由的工作和生活，这些工作共同体的意义都离不开工作创造，都是工作创造出来的意义，工作或工作共同体的本质就是创造。生活世界或文化世界是工作实践创造出来的。马克思认为，人在他所创造的文化世界或生活世界中展现或直观自己，而且这种创造是人类的共同创造，是"类生活"。"工业的历史和工业的已经产生的对象性的存在，是一本打开了的关于人本质力量的书。"工业的历史即以机器技术为标志的工作世界的历史，极大地张扬了人的工作创造本质，而这个工业化的生活世界是广大工作者的共同创造。马克思还认为，真正的财富并不是金钱、资本和物质，而是创造力，"真正的财富就是所有个人的发达的生产力"①，"个人发达的生产力"即工作创造力，劳动"即工人的生产活动，亦即创造力量"，但在资本主义社会，工人把这种贵重的再生产力量让给了资本，工人自己失去了这种力量。在马克思看来，失去了共同体就失去了创造力量，共同体本身就是创造力量，"作为第一个伟大的生产力出现的是共同体本身"②，马克思这句话更直截了当地表明了工作共同体的本质是"伟大的生产力"即工作创造力。由此，要建立未来社会的工作共同体，实现对"生产力总和的占有和才能总和的发挥"，即人民群众工作者要自由占有、支配和发挥自己的创造力，这样才能成为"总体的人"或"全面的人"。人的本质是创造，而创造的本质是工作共同体的审美创造，就是要体现出物种的价值和人的价值的双重统一。与自然万物、社会的和谐是人区别于其他动物的本性。按美的规律创造就是和谐共同体

---

① 《马克思恩格斯全集》第46卷（下），人民出版社1980年版，第222页。
② 《马克思恩格斯全集》第30卷，人民出版社1995年版，第488页。

的共同创造,就是工作共同体的审美创造本性。

建设性后现代主义的代表格里芬认为人的本质是创造性存在物,创造性能量是每个人都具有的,人的工作活动就是创造活动。这种创造性工作又离不开人与人互相需要、互相贡献的工作关系,即接受他人贡献的"接受性需要"和为他人创造的"创造性贡献"的关系。工作并不只是为了金钱,而是追求和实现创造性本质,若忽视人们工作的创造性能量、价值和本质,就会使一些"掌握政治经济大权的人们制定出不现实的政策",他告诫决策者们:"工人不仅仅是'工人',他们首先是人,因而他们需要从工作中获得某种满足感,需要创造性地行事;需要感觉到他们对某些事情作出了有价值的贡献;需要参与公司的决策程序。"[①] 但是,与许茨现象学的工作生存思想一样,建设性后现代主义的创造性工作生存理念最后又复归为意识生存论,如霍兰德把格里芬的"创造性能量"归结为"精神能量",认为精神能量的首要性是第一原则,所有社会能量都以精神性为基础和根源。[②]

工作共同体的本质就是创造,创造的本质是工作创造,工作创造的本质是共同体创造。共同创造注定了共同占有和享受的共同体关系,也注定了有共同创造而没有共同占有和享受的共同体是"虚假的共同体"。由此,创造、工作创造、工作共同体创造就构成工作世界的三位一体本质,亦构成文化世界的三位一体本质,即文化的本质是创造,创造的本质是工作创造,工作创造的本质是工作共同体创造。而这三位一体本质归结为一体,即人民群众共创共享的共同体关系。这是工作世界乃至整个文化世界或生活世界的最根本意义所在,亦是人民性的根本意义或根本生态所在。人民群众的自由、平等、创新、创造、快乐、幸福以及全面发展价值都生成和实现于这个共创共享的工作世界共同体。文化世界的总体是生活世界,核心是工作世界。文化世界的工作世界本质

---

① [美]大卫·雷·格里芬:《后现代精神》,王成兵译,中央编译出版社1998年版,第223页。
② [美]大卫·雷·格里芬:《后现代精神》,王成兵译,中央编译出版社1998年版,第73页。

是人民性，亦即文化人民性的根本意义或根本生态。且不可一提中国文化实际就误以为是传统文化、精神文化或意识形态文化，中国文化实际的总体是人民大众的生活世界文化，基础和核心是人民大众的工作世界文化，根本是人民大众的工作创造力文化。文化的精髓、精华、实质、基础和核心，都在于人民群众的生活世界特别是工作世界，精神文化或意识形态文化不过是生活世界特别是工作世界文化实际的反映、折射、回声以及能动的超越和导向，都不是文化实际的核心。我们通常所说的哲学是文化的精髓，实际只局限于精神文化视域。"哲学是时代精神的精华"指的是哲学是时代"精神"文化的精华，而不是时代的文化世界的精华，哲学文化精华不过是对生活世界特别是工作世界文化精华的反映、抽象或意识化的建构。在文化世界总体性意义上，任何时代的文化精华都不可能是哲学或其他什么意识形态，而只能是人民大众的生活、工作创造或社会变革实践。比如中国古代文化的精华就不可能只是道家、儒家的思想文化，而是中华民族实践创造的辉煌的历史。由此，文化建构、文化生存的核心或我们的安身立命之本，都是人民大众的实践特别是工作世界文化，而我们的哲学研究和文化研究离工作世界、离人民群众的实践还有一段距离。

三 人民健康的基础地位与价值选择[①]

人民健康作为生命生产活动或人民的基础存在，其与物质生产同处在社会生活和工作世界的基础层次，既属于生活世界人民性总体范畴，又属于工作世界人民性核心范畴。在抗击新冠疫情期间，人民健康问题又一次凸显出来，这是一个终极的生命存在和生活意义的问题。它表明，一旦人民健康出现问题，就会严重影响企业生产、学校教育、交通运营等各行各业的正常运行，人们的生活更是

[①] 此文为笔者国家社会科学基金项目（17XZX003）的阶段性成果，原载于《沈阳工业大学学报》2023年第2期，收入本著作时略有改动，原题目为《论人民健康的基础地位与价值选择》。

简单化为一种宅居和独处状态。这是我们目睹和亲身体验的人民健康问题对生活世界的决定作用或基础地位，当然这是一种反向作用或反向证明，即没有人民健康就没有社会生活。那么，人民健康这种基础地位及由此而生的第一价值取向，是在重大疫情发生期间的一时凸显还是在生活世界中的始终存在或恒久表现？受这个问题的激发，本书力图探究人民健康在生活世界中的基础地位及因此而生的价值选择意义问题。

党的二十大报告指出："人民健康是民族昌盛和国家富强的重要标志。把保障人民健康放在优先发展的战略位置，完善人民健康促进政策。"① 理解这一论断和精神，就要回到唯物史观对人民健康基础地位的确立。人民健康是马克思主义理论以及无产阶级革命、人民美好生活、全面建设社会主义现代化强国的重要价值取向，是坚持人民至上的重要现实向度。人民健康的基础地位与价值选择相统一是马克思主义健康观的基本理论，更是习近平总书记关于人民健康重要论述的重要原理。人民健康问题不仅是一个政治理论问题，而且是一个哲学问题。目前学界对人民健康的理论特别是习近平总书记关于人民健康重要论述虽多有研究并取得丰富成果，但主要还局限于政治学或政治理论视角，尚缺乏对此问题的唯物史观阐释。以往唯物史观关于物质生产活动在社会生活中的基础地位的理论，虽蕴含着人民健康的基础地位思想，但没有凸显这一点，更没有提出和阐明人民健康基础地位与第一价值取向相统一原理。健康中国战略实施以来，特别是在抗击新冠肺炎疫情的过程中，人民健康的基础地位和价值意义更加凸显，这就更需要探寻人民健康理论和实践的唯物史观基础。人民健康在社会历史或生活世界中处在什么样的地位？人民健康与物质生产二者的基础地位具有怎样的同一性及何者更具有优先性？人民健康的价值选择趋向如何？这些人民健康的总体性、根本性问题是唯物史观的新视域，需从唯物史观的大历史观视

---

① 习近平：《高举中国特色社会主义伟大旗帜 为全面建设社会主义现代化国家而团结奋斗》，《求是》2022年第21期。

角进一步厘清。

人民健康问题不仅是一个政治理论问题,而且是一个哲学问题,是唯物史观的一个新视域,需要从唯物史观视角予以研究和阐释。人民健康的基础地位有三重蕴涵:从人类历史产生和社会文明发展以及人的存在与本质看,人民健康是生活世界的基础;从生产的总体以及现代大健康的内涵看,人民健康与物质生产共同构成生活世界的基础,如果只讲物质生产的基础地位,就会遮蔽人民健康性质的生命活动;从生产的逻辑前提以及人民健康与生产和生活的关系看,人民健康是生活世界的第一基础,比物质生产更具有优先地位。人民健康的基础地位和社会性质注定了人民健康的价值选择,新时代中国特色社会主义要将人民健康的基础地位与第一价值取向统一起来,以此推进人民健康事业、美好生活和全面建成社会主义现代化强国。

(一) 人民健康是生活世界总体的基础

生活世界是一个总体,物质生产处于基础地位,但它不是单一的基础,在这个总体中,还有人民健康这个生命基础。这里所说的人民健康,总体上是指人民体智的健全与发达状态,主要内涵是现代"大健康"意义上的健康,即生活健康或健康生活,亦即生命健康或"整体人"的健康,而身体健康是健康的直接基础。人民健康的基础地位有三重逻辑蕴涵,首先表现为人民健康是生活世界总体的基础,下面从社会历史和人这两个方面来阐明这一基础地位。

1. 人民健康是社会历史和文明产生与发展的基础

人民健康的基础地位贯穿人类历史产生和发展的全过程,从人类社会诞生到现代社会,从史前文化到文明社会,人民健康一直都处在基础地位。

第一,人民健康是社会历史产生的基础。历史的起点也是人民健康的逻辑起点。人类最初的健康是低级的健康,主要是人的健全体智意义上的健康。有了人才有了社会历史,那么,人是怎么诞生的呢?从唯物史观和文化人类学视角看,有了体智健全即健康的人才算有了人。与其说有了人才有了人类历史,不如说有了健全即健康的人才有了历史。摩尔根认为,最早期的人类诞生在热带亚热带的果木林中,主要以棍棒为采集坚果的工具和对付野兽的武器,而"周围到处都是凶猛的野兽,那么,为了保障安全,他们很可能栖息在树上"[1]。试想一下,如果没有健康的身体或健全的体智,人类怎能攀爬到树上去居住,又怎能挥动着棍棒与野兽战斗?可见,生命安全和体智健康在人类诞生亦即历史诞生之初就具有决定性意义。"整个所谓世界历史不外是人通过人的劳动而诞生的过程,是自然界对人来说的生成过程"[2],而劳动就是健康人的生成过程,因为"劳动创造了人本身"[3]。健康的人首先是身体和心智健全的人,劳动的过程即人的手脚、语言和大脑形成的过程,即人的健全的身体和精神意识的形成过程,劳动创造人的过程即劳动创造人的健全、健康身体或生命的过程。劳动一方面靠健康人的健康肢体和意识,另一方面为健康人的健康生产提供物质资料。从这个意义上讲,历史通过劳动诞生即通过人的健康身体或生命诞生,通过健康人的活动即生产劳动诞生。而人的健康总是以人民为主体的大多数人的健康,人的健康是历史诞生的基础即人民健康是历史诞生的基础。

第二,人民健康是社会文明的基础。随着社会的发展,人类的健康生态由蒙昧走向文明、由低级的健全体智走向高级的发达体智。摩尔根认为:最早期的人类极其幼稚,而"幼稚"意味着体智的健康或健全处在最低级的水平,这就使人类历史长时期处在以采集水果和坚果为生的蒙昧低级阶段;用火知识的获得使人类开始吃熟食,并沿着江河捕鱼过移居生活,进入蒙昧中级阶段;进而又发明弓箭过上狩猎和采集并行的生活,进入蒙昧高级阶段;进而又学会制造陶器进入野蛮低级阶段;学会饲养动物、种植农作物并开始定居进入野蛮中级阶段;而冶铁技术

---

[1] [美]路易斯·亨利·摩尔根:《古代社会》(上),杨东莼等译,商务印书馆1977年版,第19页。
[2] 《马克思恩格斯全集》第42卷,人民出版社1979年版,第131页。
[3] 《马克思恩格斯选集》第4卷,人民出版社1995年版,第373页。

的发明和铁器的使用标志进入野蛮高级阶段；文字的使用标志进入文明时代①。这个历史文明的产生过程表明，人类智力的不断提高推动"生存技术"的不断进步，进而使人类走进文明社会。而这人类智力的发展就是人类智力从极其幼稚的低级健全健康走向较成熟、较高一级的健全健康的发展过程，就是以人民为主体的人类身体和智力的健康发展过程。学会用火，吃熟食，过定居生活，饲养动物，种植植物，一夫一妻制，这些都是史前文化时期人民较高级的健康生产、健康生活、健康生态，就是这些以生存技术为标志的人民健康生产、健康生活及健康体魄的发展，使生产力水平得到很大提高，使人类步入文明社会。从此，人类就开启了从古代农业文明到近现代的工业文明再到当代的信息文明的文明之旅。

在人类文明漫长的旅程中，人民健康始终是社会文明发展的基础。从手工技术到机器技术再到以信息技术为核心的高技术，从乡村文明到城市文明，从手工技术支撑的古代城镇到近现代的工业化城市再到现当代的信息化城市，都是由以人民为主体的人类更发达的智力和体力所创造，而发达的智力和体力就是人类健康智力和体力的发达生态。习近平总书记立足当代社会，更明确指出了人民健康对社会、民族和国家的基础作用："人民健康是经济社会发展的基础条件，是民族昌盛和国家富强的标志"，"没有全民健康，就没有全面小康"。②这里，"标志"与"基础"具有同等的地位，具有决定性或基础性意义的东西才能成为"标志"，人民健康作为国家和民族的标志以及全面小康的重要内涵，正是其在社会历史和文明发展中基础地位和决定性作用的显示。党的十八大以来，以人民健康为主题的"健康中国"上升为国家战略，这就从国家战略层面进一步凸显了人民健康在社会生活中的基础地位。

第三，从马克思主义健康理论看，人民健康是人类历史产生和发

---

① ［美］路易斯·亨利·摩尔根：《古代社会》（上），杨东莼等译，商务印书馆1977年版，第9—12页。

② 《习近平谈治国理政》第2卷，外文出版社2018年版，第370页。

展的基础。人民健康在人类历史中一直具有根源性或基础性地位，正如马克思指出，资本主义生产"已经多么迅速多么深刻地摧残了人民的生命根源"①，这"生命的根源"即人民的健康身体和智力，在马克思看来，人民健康具有社会历史的根源性或基础性意义，人民健康问题是社会革命的重要根源，人民为健康而斗争就是为自由全面发展而斗争。习近平指出："人类文明史也是一部同疾病和灾难的斗争史"②；"我们党从成立起就把保障人民健康同争取民族独立、人民解放的事业紧紧联系在一起"③。即人类历史也是人民健康发展的历史，没有人民健康，人民就不能创造历史，也不能争取民族独立和实现自身解放。可见，习近平和马克思都把人民健康置于人类历史和社会文明的基础地位。

2. 人民健康是人的存在与本质的基础

上述人民健康在人类历史产生和社会文明中的基础地位与其在人的存在与本质中的基础地位是一致的。人即人的历史过程，历史即人的生活过程。人民健康在社会历史中的基础地位亦是其在人的存在与本质中的基础地位。但人和历史的这种同一性并不是无差别的同一性，从马克思主义哲学视角看，人和历史又有所不同，人是历史的主体，历史是人的客体，历史具有客观规律性，人具有主体选择性，人民健康在生活世界的基础地位不仅存在于社会历史中，还表现在人的存在与本质中。

第一，人民健康是人的存在的基础。马克思认为人的存在就是人的生活过程。没有健康，人就不能存在，也不能生活，或身患疾病就会生存艰难、生活痛苦，人有多少健康就有多少存在，这是最直接的生活经验。健康的身体和精神是幸福生活或快乐人生的基础。"天行健，君子以自强不息"，体魄强健的人才能行走于天地间，才能在世上安身立

---

① 马克思：《资本论》第1卷，人民出版社2004年版，第311页。
② 习近平：《团结合作战胜疫情 共同构建人类卫生健康共同体——在第73届世界卫生大会视频会议开幕式上的致辞》，《人民日报》2020年5月19日第2版。
③ 《习近平谈治国理政》第2卷，外文出版社2018年版，第370页。

命。习近平总书记强调人民健康在社会、民族和国家中的基础地位和标志性意义,同时指出人民健康是个人成长和幸福生活的基础。

第二,人民健康是人的本质的基础。从人的全面发展本质看,党的十七大报告明确指出,人民健康是人的全面发展的基础;习近平总书记亦强调,人民健康是人的全面发展的必然要求,他强调健康是个人成长的基础亦表明健康是人的全面发展的基础,因为个人成长即人的全面发展过程。人民健康是人的全面发展的基础即人民健康是人的本质的基础,因为人的最高本质就是自由全面发展。

第三,人民健康是国家、社会的基础。健康是人的存在与本质的基础,这个基础又将人的存在关联成一个总体,从此意义上讲,健康就是人的总体存在,就是建立在健康生活和工作基础上的人的健全和发达的体智或人的体智的健全与发达生态。而所谓健康生活、工作、生产就是有益于或增强人的体智的生活、工作、生产,不健康生活、工作、生产就是有害于或削弱人的体智的生活、工作、生产。人与国家、社会是统一的,"人就是人的世界,就是国家、社会"①。人民健康是人的存在与本质的基础,同时也是国家、社会的基础。人的世界即生活世界,人民健康是历史、人类、国家、社会的基础表明,人民健康是生活世界总体的基础。

(二) 人民健康与物质生产共同构成生活世界的基础

上面我们说人民健康是生活世界的基础,那么问题又来了,这与马克思主义哲学或马克思主义者一直强调的物质生产是社会生活的基础是不是矛盾呢?是不是否定了物质生产的基础地位呢?当然不是,恰恰相反,从唯物史观视角看,人民健康与物质生产共同构成生活世界的基础,这个共同基础才是全面或完整的基础。

1. 生产总体性注定了人民健康与物质生产共同构成生活世界的基础

第一,从生产总体看,人民健康与物质生产构成生产的总体,进

---

① 《马克思恩格斯选集》第 1 卷,人民出版社 1995 年版,第 1 页。

而共同构成生活世界基础。马克思指出:"物质资料的生产方式制约着整个社会的经济生活、政治生活和精神生活的过程"①,这就明确表达了物质生产在社会生活中的基础或决定作用。而生产是一个总体②,从物质生产活动看,人民健康是其主体要素,其基础地位内含了人民健康的基础地位,人民健康与物质生产共同构成社会生活基础。"个人怎样表现自己的生活,他们自己就是怎样。因此,他们是什么样的,这同他们的生产是一致的——既和他们生产什么一致,又和他们怎样生产一致。"③ 人与生产的一致性即人民健康主体与生产的一致性,一般情况下,人民身体和生命越健康,生产就越发达,如体魄强健发达的人就比身心虚弱病态的人更能生产和创造财富;生产健康人民身体和生命就健康,生产不健康人民身体就不健康,如异化劳动或高污染环境会造成工人的"畸形"和疾病。人民健康与生产活动这种互动互构的统一关系,使二者作为生产的总体共同构成社会生活的基础。马克思恩格斯认为,生产是由物质资料的生产、人的需要的生产、人自身的生产构成的总体,这三重生产同时在社会历史中起着基础作用:"从历史的最初时期起,从第一批人出现时,三者就同时存在着,而且就是现在也还在历史上起着作用。"④ 这里,物质资料的生产和人的需要的生产都属于物质生产,人自身的生产即人民健康身体或生命的生产,这样,所谓"三重生产"也是二重生产,即人民健康的生产(通过生育)和物质资料的生产(通过劳动和需要),这两重生产作为生产的总体,共同构成社会历史的基础,决定精神生产乃至整个历史活动。

第二,马克思主义两种生产理论更明确表达了人民健康与物质生产共同构成生活世界的基础。恩格斯指出:"根据唯物主义观点,历史中

---

① 《马克思恩格斯选集》第2卷,人民出版社1995年版,第32页。
② 参见《马克思恩格斯文集》第8卷,人民出版社2009年版,第10页。
③ 《马克思恩格斯选集》第1卷,人民出版社1995年版,第67—68页。
④ 《马克思恩格斯选集》第1卷,人民出版社1995年版,第80页。

的决定性因素,归根结底是直接生活的生产和再生产。但是,生产本身又有两种。一方面是生活资料即食物、衣服、住房以及为此所必需的工具的生产;另一方面是人自身的生产,即种的繁衍。一定历史时代和一定地区内的人们生活于其下的社会制度,受着两种生产的制约。"① 这里,恩格斯首先肯定了物质生产对历史的基础或决定作用,然后又明确指出了物质资料的生产和人类自身的生产这两种生产都是历史中的决定性因素。如果只讲物质生产的基础地位就把人民健康主体淹没在生产总体中,就把生产活动的性质归为单向度的物质性活动,而不是人民健康性质的生命活动,至少没有凸显人民的生命活动,而人民的生命活动就是人民健康生命的健康活动。物质生产与生命生产是一个总体,又有所区别,物质生产指向物质产品、生产资料、工具等物质要素,生命生产指向生命有机体即人民主体。如果说人民健康与物质生产共同构成生活世界的基础,则把生产活动的主体即人民健康从总体中凸显出来,使其摆脱了被总体淹没、埋没的处境,与物质生产具有了同等显耀的基础地位,这既没有把人民健康主体淹没在物质生产总体中使其丧失相对独立的基础地位从而成为物化的要素,也没有把人民健康从总体中分离出来使其成为绝对独立于物质生产的孤立基础。

2. 现代大健康逻辑注定了人民健康与物质生产共同构成生活世界基础

从现代大健康逻辑或内涵看,人民健康与物质生产都趋向健康生产,共同构成生活世界基础。作为人民大健康的重要构成健康产业是由健康生产构成的总体,这样,健康生产作为物质生产活动就具有了与一般物质生产同等意义的对社会生活的基础地位。由此,人民健康在健康生产或健康产业的意义上就有了基础地位。除了直接生产健康产品、提供健康服务和保障的健康生产,其他不直接提供健康产品和服务的一般生产活动,也越来越渗透着健康因素,比如生态技术的采用、生态产业的发展、生产和工作环境的生态化,等等,一般生产活动的基础作用越

---

① 《马克思恩格斯选集》第4卷,人民出版社1995年版,第2页。

来越内含了健康生产要素，越来越与健康生产共同构成社会生活基础，而健康生产正是人民健康的大健康意指。在现代生产体系中，人民健康生产与物质生产作为生活世界的双重基础，二者互动互为。没有人民健康生产就没有物质生产，人民健康生产是物质生产的主导因素；物质生产内含人民健康生产，趋向人民健康生产。同样，没有物质生产就没有人民健康生产，人民健康生产在物质生产中实现，需要物质生产提供生命健康的生活资料，同时，物质生产本身也是强健人民体魄和发挥人民健康生命力的健康活动。人民健康与物质生产趋向健康生产，共同构成生产活动的基础，同时又促进工作世界趋向健康工作，注定生活世界趋向健康生活。

（三）人民健康是生活世界的第一基础

人民健康与物质生产共同构成生活世界的基础，那么它们谁是主导或主要方面呢？即谁是第一基础呢？相对而言，人民健康在这双重基础中是第一基础。

1. 从人民健康与生产的关系看，人民健康是物质生产的前提，具有第一基础地位

第一，从生产活动的逻辑前提看，物质生产是历史的逻辑前提，而生命又是物质生产的逻辑前提，是第一历史前提。马克思恩格斯指出："我们首先应当确定一切人类生存的第一个前提也就是一切历史的第一个前提，这个前提就是：人们为了能够'创造历史'，必须能够生活。但是为了生活，首先就需要衣、食、住以及其他东西。因此第一个历史活动就是生产满足这些需要的资料，即生产物质生活本身。"[①] 这是说物质生产是历史前提，肯定了其历史基础地位，那么，物质生产又以什么为前提呢？马克思恩格斯又明确指出，新世界观是从"现实的、有生命的个人本身出发"[②]；"全部人类历史的第一个前提无疑是有生命的

[①] 《马克思恩格斯选集》第1卷，人民出版社1995年版，第78—79页。
[②] 《马克思恩格斯选集》第1卷，人民出版社1995年版，第73页。

个人的存在。因此第一个要确定的具体事实就是这些个人的肉体组织，以及受肉体组织制约的他们与自然界的关系"①。这"有生命的个人本身"、"个人的肉体组织"及"他们与自然界的关系"即人民大众的健康生命，因为只有健康的生命才是"有生命的人"，才能"创造历史"，才"能够生活"。可见，马克思恩格斯关于历史出发点或第一前提的思想，昭示了人民健康在历史或生活中相对物质生产更具有前提或基础的地位，即第一基础地位。马克思还更为直接地指出："人本身是他自己的物质生产的基础，也是他进行的其他各种生产的基础……在这个意义上，确实可以证明，所有人的关系和职能，不管它们以什么形式和在什么地方表现出来，都会影响物质生产发生或多或少起决定的作用。"②这就更为明确地指出了人本身即以人民为主体的健康生命是物质生产和"其他各种生产"的基础，是第一基础，并对其"或多或少起决定的作用"，而人自身或人民健康不是抽象的存在，而是表现为"所有人的关系和职能"。

第二，从人民健康与生产的关系看，人民健康构成生产方式和价值主体，是第一基础。首先，从人民健康与生产方式的关系看，人民健康主体是生产力和生产关系的总体，生产方式决定生产活动就是人民健康决定生产活动，从而相对物质生产具有第一基础地位。其次，从人民健康与生产的互动关系看，二者互相构造，互为目的，但终极目的是人民健康，是人民生命的延续和发展。物质生产依靠人民主体的生产力和生产关系，同时也是为了维持和发展人民的身体或生命健康，吃、穿、住、行等物质生活也都是为了满足人民身体或生命健康需要。人民健康高于或优于物质生产在新冠疫情防控期间表现得更为直接和突出。中国为了保障人民生命安全和身体健康，防控病毒传播，在疫情严重期间不惜暂时让企业停产停工、交通停运、市场停业，这就在决定生产停滞的反向作用上显示了人民健康相对生产的第一基础地位。最后，从人民健

---

① 《马克思恩格斯选集》第1卷，人民出版社1995年版，第67页。
② 《马克思恩格斯全集》第26卷，人民出版社1972年版，第300页。

康与物质生产的渗透关系看，人民健康是第一基础，不仅因为没有人民身体健康就不能生产，还因为人民健康内含了健康生产，从而内含了物质生产基础的意蕴和地位。

2. 从人民健康与生活的关系看，人民健康是生活的第一位基础

第一，从人民健康与日常生活关系看，日常生活中人们常说，"有人在就有一切在"，"有健康在就有一切在"，这些观念表明，生命健康是人的存在和生活的根本，健康在生活中不仅是基础而且是第一基础，健康高于物质、资本、利润和财富，健康才是最大的财富，人民健康才是人民最大的财富。人民健康是人民吃、穿、住、行等日常生活的基础，更是家庭幸福、生活幸福的基础。

第二，从人民健康与劳动生活的关系看，人民大众的劳动构成社会生产活动，而人民健康是劳动的基础，从而是生产和生活的第一基础。"任何一个民族，如果停止劳动，不用说一年，就是几个星期，也要灭亡，这是每一个小孩都知道的。"[1] 劳动本身亦是人民的生命活动亦即健康活动，没有人民健康和健康劳动就没有生活世界，这是每个小孩都明白的生活之道。马克思认为，人的最大的财富就是个人发达的生产力，这"发达的生产力"就是人民健康发达的体智。人民生活离不开物质和精神财富，而人民健康是人民创造财富的基础。

第三，从人民健康与工作生活关系看，生产劳动的主体化、现实化就是工作世界，工作世界处在生活世界的核心和基础地位，工作能力和工作关系构成工作世界的基本结构并起决定性作用[2]。工作世界最需要人民健康的体魄特别是工作创造力，这就注定了人民健康是工作世界的第一基础。人民健康是创造美好生活的基础，正如习近平强调，没有人民健康，就没有全面小康；人民高于一切，生命重于泰山，人民群众生命安全和身体健康始终是第一位的。人民健康的第一位地位即人民健康在工作、生活中的第一基础地位、作用和价值。

---

[1] 《马克思恩格斯选集》第4卷，人民出版社1995年版，第580页。
[2] 李晓元：《文化世界的工作世界本质——人民性的根本意义》，《社会科学辑刊》2018年第5期。

(四) 基于人民健康基础地位的价值选择

地位决定价值，人民健康的基础地位决定价值选择，这也是我们探究人民健康基础地位的价值意义所在，这个价值意义就在于我们要重视人民健康的基础地位，把人民健康作为核心价值特别是第一价值取向，反对和弃绝将资本、利润、物质财富以及物质生产作为单一核心价值甚至第一价值的价值偏向。

1. 要重视人民健康的基础地位，把人民健康作为生活世界的核心价值取向之一

人民健康是生活世界总体的基础，把人民健康作为核心价值取向，就是重视人或生命的终极意义，就是重视生产力特别是健康生命的创新创造力量，就是重视人与人、自然和社会的共同体健康关系，就是重视健康的自然生活和社会生活。人民健康的基础地位注定了其核心价值意义，但人民健康却不能成为每个社会的核心价值取向，只有在无产阶级革命以及社会主义和共产主义的共同体条件下才能成为核心价值取向。

第一，资本主义以资本为价值核心，人民健康沦为资本的工具，人民丧失了健康生命的意义和价值。马克思指出，工人的产品越完美，他们自己越畸形，工人在劳动中，"不是感到幸福，而是感到不幸，不是自由地发挥自己的体力和智力，而是使自己的肉体受折磨、精神遭摧残"[1]。"资本是根本不关心工人的健康和寿命的，除非社会迫使它去关心。人们为体力和智力的衰退、夭折、过度劳动的折磨而愤愤不平，资本却回答说：既然这种痛苦会增加我们的快乐（利润），我们又何必为此苦恼呢？"[2] 资本以牺牲人民健康换取自己赚钱的快乐，资本主义摧残人民的健康生命。当代发达资本主义由于医疗卫生事业和社会福利事业的发展，人民虽然在没有疾病意义上的身体健康得到一些保障，但健康生活特别是健康工作意义上的大健康依旧处在异化的状态。弗洛姆指

---

[1] 《马克思恩格斯选集》第1卷，人民出版社1995年版，第43页。
[2] 马克思：《资本论》第1卷，人民出版社2004年版，第311—312页。

出，当代资本主义的工人只是"机器原子"，资本家依旧是金钱的化身，"资本家作为人，他是除了金钱以外什么都没有的人"①。马尔库塞认为，资本主义社会中每个个体都是社会这部大机器的一个零件，强迫接受各种"虚假的需求"，把"社会的需求和政治的需要必须变为个人的本能的需要"②。人民成为机器零件，就失去了血肉之躯的健康；只追求本能的需求，就失去人之为人的精神健康。这就使社会成为不健康的"单面社会"，使人成为不健康的"单面人"。人民健康在资本主义的基础地位是以其健康的丧失为代价的，不可能成为核心价值取向。由此，必须消灭压制人民生命自由从而导致人民不健康的私人占有制，建立共创共享的社会共同体关系，才能实现人民自由全面发展的健康生态。

第二，社会主义和共产主义社会才能实现人民健康基础地位与核心价值取向的统一。马克思指出，在自由人联合体中，"能够实现自己的充分的、不再受限制的自主活动，这种自主活动就是对生产力总和的占有以及由此而来的才能总和的发挥"③。"共同占有生产力总和"和"才能总和的发挥"，就是人民健康的生产力和生产关系，这是历史上人民健康的最发达生态。但是，"真正的共同体"的实践是一个不断发展和完善的过程，社会主义特别是新时代中国特色社会主义极大地推动了人民健康的发展，但还存在一些不利于人民健康和生命成长的具体制度、体制机制；在工作世界，还存在着诸如下岗失业、过度竞争、任务繁重、超负荷劳动、阻碍创新、收入低等满足不了基本生活需求等不利于人民身心健康的问题，由此，一方面要重视构建、优化和完善促进人民健康成长和发展的体制机制，另一方面不仅要重视充分就业问题，也要重视建构共创共享的工作共同体关系和自由自觉的劳动生态，让工作劳动成为人民健康发展的生命活动。

---

① [美]弗洛姆：《健全的社会》，欧阳谦译，中国文联出版公司1988年版，第111页。
② [美]赫伯特·马尔库塞：《工业社会与新左派》，任立译，商务印书馆1982年版，第5页。
③ 《马克思恩格斯选集》第1卷，人民出版社1995年版，第129页。

2. 要重视人民健康与物质生产的双重基础，把人民健康和物质生产作为双重核心价值取向

人民健康与物质生产共同构成生活世界的基础，二者都不具有单一的基础地位，这就注定了人民健康与物质生产的双重核心价值取向。但是，在现实的生产生活中还存在着割裂二者双重价值核心的倾向。如在抗击新冠疫情的过程中，一些西方国家为了生产活动、经济利益，打着"自由至上"的幌子，不顾人民健康，消极防疫甚至任疫情放任自流，给人民的生命健康造成极大危害。而国内一些地方、区域和部门不能很好地落实国家的防疫政策和举措，出现了"过度防疫"的现象，在一定程度上人为地抑制和阻碍了人民群众正常的生产生活和经济活动。由此，要从理论和认识上明晰人民健康同生产生活和经济社会发展的关系。一是无论是在疫情、后疫情还是无疫情时代，都不能只强调物质生产的基础作用，忽视人民健康价值，否则，就会陷入利润至上、资本中心的境地，就会让生命的意义陷落在物质、资本、财富、技术、商品、景观的物化或异化境地，就会丧失人和生命的意义。同样，不能只强调人民健康的基础作用，不顾生产生活，否则，就会使人民健康失去物质支撑，成为抽象的脱离现实的虚幻。二是要摒弃只顾物质生产不顾人民健康的生产生活方式，舍弃只求利润财富价值不求人民健康价值的单面价值取向，为人民美好生活的实现不断夯实人民健康和物质生产这一双重基础，不断升华人民健康的核心价值意义。人民健康与生产活动是统一的，健康不仅直接表现在身体健康方面，也融合在健康产业、健康生产条件、健康生产制度等方面。要大力发展医疗产品及服务、健康管理、健康环境、康体养生、健康养老等全产业链的直接关涉人民健康的健康产业，还要在安全、环保、劳动强度、劳动制度等健康生产要素方面不断提高其他产业的健康生产水平。要继续大力实施以人民健康为主题的"健康中国"战略，并"将健康融入所有政策"[①]，还要在人类命运共同体的意义上推动构建人类卫生健康共同体。

---

① 《习近平谈治国理政》第 2 卷，外文出版社 2018 年版，第 371 页。

3. 要重视人民健康的第一基础地位，把人民健康作为第一核心价值取向

人民健康的第一价值取向不只是身体健康意义的第一位，而是以身体健康为基础的大健康意义的第一位，是德智体美劳全面健康意义的第一位，是身体精神生产生活工作总体健康意义的第一位，是人与人、自然和社会关系总体健康意义的第一位。虽然人民健康是生活世界总体的基础，是历史、社会和人的存在的持续的基础，虽然其基础地位注定了其价值核心地位，但还存在异化的情况，如资本主义是以资本为中心或价值核心，本来是第一价值取向的人民健康被异化为资本的附属物或赚钱的工具。人民健康的核心价值或第一核心价值只有在"共同占有生产力总和"的社会生活共同体中才能实现，只有在这个共同体中人民健康才既是第一基础又是第一价值。"作为第一个伟大的生产力出现的是共同体本身"①，共同体即人民健康的社会关系生态，亦是人民健康的应有之义。在新时代中国特色社会主义共同体条件下，人民健康是党和政府工作的第一价值取向，也要成为各行各业的第一价值取向，全体社会成员都要将人民健康或生命健康作为第一价值取向。"上工治未病"，将人民健康作为第一价值取向，就能时刻警觉，关爱生命，在"未病"时发现"病症"、"病灶"，从而提前将危害人民生命健康的各种"病毒"、"疫情"、"灾害"、"毒瘤"、"疾患"扼杀在摇篮中。人民健康是最发达的生产力和最大的财富，是人民美好生活的第一基础和第一价值取向。人民健康的生命或发达的体智也是全体人民共同富裕的第一宝贵财富。

---

① 《马克思恩格斯全集》第30卷，人民出版社1995年版，第488页。

参考文献

一 马克思主义经典文献

《马克思恩格斯全集》第30、31卷，人民出版社1995年版。
《马克思恩格斯文集》（全十卷），人民出版社2009年版。
《马克思恩格斯选集》第1—4卷，人民出版社2012年版。
《马克思恩格斯选集》第1—4卷，人民出版社1995年版。
马克思：《资本论》第1卷，人民出版社2004年版。
《列宁全集》第33卷，人民出版社1992年版。
《列宁选集》第3卷，人民出版社1995年版。
《毛泽东选集》第1—4卷，人民出版社1991年版。
《毛泽东早期文稿》，湖南出版社1990年版。
《邓小平文选》第1—2卷，人民出版社1994年版。
《邓小平文选》第3卷，人民出版社1993年版。
《习近平谈治国理政》第1—2卷，外文出版社2018年版。
《习近平谈治国理政》第3卷，外文出版社2020年版。
《习近平谈治国理政》第4卷，外文出版社2022年版。

二 中文专著

陈劲等：《大国创新》，中国人民大学出版社2021年版。
陈先达等：《马克思主义哲学原理》，中国人民大学出版社2010年版。
陈先达：《马克思与马克思主义》，中国人民大学出版社2006年版。
丁立群等：《实践哲学：传统与超越》，北京师范大学出版社2012年版。

冯友兰:《中国哲学简史》,北京大学出版社 2013 年版。

韩庆祥:《面向中国问题的马克思主义哲学》,武汉大学出版社 2010 年版。

郝立新:《仰望星空:当代哲学前沿问题论集》,中国人民大学出版社 2011 年版。

郝立新主编:《马克思主义哲学研究述评》,中国人民大学出版社 2002 年版。

何林等:《许茨的生活世界现象学理论研究》,吉林人民出版社 2017 年版。

黄楠森:《马克思主义哲学史》,高等教育出版社 1998 年版。

黄楠森:《〈哲学笔记〉与唯物辩证法》,中央编译出版社 2018 年版。

李晓元:《人学走进工作世界——主体化人学初探》,人民出版社 2012 年版。

李晓元:《文化世界的意义结构:马克思主义哲学中国化向度》,社会科学文献出版社 2017 年版。

刘睿:《批判与建构:马克思共同体思想研究》,中国社会科学出版社 2020 年版。

马俊峰:《马克思主义哲学新形态探索》,中国人民大学出版社 2019 年版。

聂锦芳主编:《马克思的"新哲学":原型与流变》,中国社会科学出版社 2013 年版。

欧阳康:《对话与反思:当代英美哲学、文化及其他》,人民出版社 2005 年版。

欧阳谦:《20 世纪西方人学思想导论》,中国人民大学出版社 2002 年版。

施德福:《马克思主义哲学史论稿》,中国社会科学出版社 2016 年版。

孙正聿:《哲学通论》,辽宁人民出版社 1998 年版。

田鹏颖等:《文化哲学视野中的"中国方案"》,社会科学文献出版社 2017 年版。

王南湜、谢永康:《后主体性哲学的视域——马克思唯物主义的当代阐释》,中国人民大学出版社 2004 年版。

萧前等：《唯物主义的现代形态：实践唯物主义研究》，中国人民大学出版社2012年版。

杨耕等：《马克思主义哲学研究》，中国人民大学出版社2000年版。

杨金海：《人的存在论》，广西人民出版社1995年版。

俞吾金：《俞吾金集》，黑龙江教育出版社1995年版。

张一兵：《当代国外马克思主义哲学思潮》，江西人民出版社2012年版。

张一兵等：《西方马克思主义的历史逻辑》，南京大学出版社2003年版。

张一兵：《回到列宁：关于"哲学笔记"的一种后文本解读》，江苏人民出版社2018年版。

张再林：《中西哲学比较论》，西北大学出版社1997年版。

朱荣英：《中国哲学的现代化与马克思主义哲学的中国化》，中国社会科学出版社2016年版。

三 中文译著

[德] 阿多诺：《否定的辩证法》，张峰译，上海人民出版社2020年版。

[德] 恩斯特·卡西尔：《人论》，甘阳译，上海译文出版社2003年版。

[德] 费尔巴哈：《费尔巴哈哲学著作选集》上、下卷，荣震华等译，商务印书馆1984年版。

[德] 哈贝马斯：《后形而上学思想》，曹卫东等译，译林出版社2001年版。

[德] 海德格尔：《形而上学导论》，熊伟等译，商务印书馆2005年版。

[德] 黑格尔：《哲学史讲演录》第1卷，贺麟等译，商务印书馆1960年版。

[德] 胡塞尔：《生活世界现象学》，倪梁康等译，上海译文出版社2002年版。

[德] 柯尔施：《马克思主义和哲学》，王南湜等译，重庆出版社1989年版。

[德] 马克斯·韦伯：《新教伦理与资本主义精神》，于晓等译，陕西师范大学出版社2006年版。

[德]约·狄慈根：《狄慈根哲学著作选集》，杨东莼译，生活·读书·新知三联书店1978年版。

[俄]格·瓦·普列汉诺夫：《论一元论历史观之发展》，博古译，生活·读书·新知三联书店1991年版。

[法]埃蒂安·巴利巴尔：《马克思的哲学》，王吉会译，中国人民大学出版社2007年版。

[古希腊]亚里士多德：《亚里士多德全集》第7卷，苗力田译，中国人民大学出版社1997年版。

[美]阿尔弗雷德·许茨：《社会实在问题》，霍桂桓等译，华夏出版社2001年版。

[美]汉娜·阿伦特：《人的境况》，王寅丽译，上海人民出版社2009年版。

[美]埃·弗洛姆：《马克思论人》，陈世夫等译，陕西人民出版社1991年版。

[美]大卫·雷·格里芬：《后现代精神》，王成兵译，中央编译出版社1998年版。

[英]大卫·哈维：《新帝国主义》，初立忠等译，社会科学文献出版社2009年版。

[英]戴维·哈维：《后现代的状况——对文化变迁之缘起的探究》，阎嘉译，商务印书馆2003年版。

[美]赫伯特·马尔库塞：《爱欲与文明》，黄勇、薛民译，上海译文出版社2012年版。

[美]赫伯特·马尔库塞：《单向度的人：发达工业社会意识形态研究》，刘继译，上海译文出版社2008年版。

[美]路易斯·亨利·摩尔根：《古代社会》（上、下卷），杨东莼等译，商务印书馆1977年版。

[苏联]德波林：《哲学与政治》下册，李光漠等译，生活·读书·新知三联书店1965年版。

[苏联]敦尼克等主编：《哲学史》第5卷，秦念方等译，生活·读书·

新知三联书店1976年版。

［苏联］凯德诺夫：《论辩证法的叙述方法》，贾泽林等译，中国社会科学出版社1986年版。

［苏联］罗森塔尔：《马克思主义辩证法史：从马克思主义产生到列宁主义阶段之前》，汤侠声译，人民出版社1986年版。

［匈］阿格尼斯·赫勒：《日常生活》，衣俊卿译，重庆出版社1993年版。

［匈］卢卡奇：《历史与阶级意识》，杜章智译，商务印书馆1999年版。

［英］罗素：《西方哲学史》上、下卷，何兆武、李约瑟译，商务印书馆1963年版。

［英］齐格蒙特·鲍曼：《工作、消费、新穷人》，仇子明等译，吉林出版集团有限责任公司2010年版。

［英］伊格尔顿：《马克思为什么是对的》，李杨等译，新星出版社2011年版。

［英］约翰·阿特金森·霍布森：《帝国主义》，卢刚译，商务印书馆2017年版。

四　外文专著

Castells M., *The Urban Question: A Marxist Approach*, London: Edward Arnold, 1977.

J. Habermas, *The Theory of Communication Action*, Vol. 2, Stafford: Polity Press, 1989.

Martin Heidegger, *The Fundamental Concepts of Metaphysics*, trans: WcNeill and Nicholas Walker, Bloomington: Indiana University Press, 1995.

R. Hoggart, *Speaking to Each Other*, Vol. 2: About Literature, London: Penguin Book, 1973.

Smith, M. P. (Ed.), *Cities in Transformation: Class Capital and the State*, Beverly Hills: Sage Publications Inc., 1984.

后　　记

　　本研究是国家社会科学基金项目"马克思主义哲学的人民性及其创新问题研究"（批准号17XZX003）的最终研究成果。多年来，笔者一直致力于现实世界哲学研究，特别是在现实世界哲学研究观、生活世界哲学、工作世界哲学、文化世界哲学、现实人学及城市空间理论和区域文化哲学等领域取得了一点点成绩，而人民性一直是贯穿笔者这些研究领域的一条若隐若现的主线，一条有意无意遵循的基本线索。由此，笔者才能在2016年8月国家社科基金项目"马克思主义哲学中国化的文化世界向度研究"刚结题之际，即于次年2017年再立项本课题。这确是一种幸运，更是得益于2016年习近平总书记提出了以人民为中心的哲学社会科学研究观以及国家对马克思主义哲学人民性研究课题的重视。由此，笔者才能有幸通过马克思主义哲学的人民性及其创新问题研究，让人民性、生活世界人民性、工作世界人民性、马克思主义哲学人民性等诸多关涉人民性概念、问题和人民性的意义在哲学研究至少在笔者自身的哲学研究中进一步凸显和明亮起来，才能有幸进而走在"人民哲学"的研究途中。而这种研究还只是一个开始，对笔者来说至多处在初级的水平上，至多能起到一点抛砖引玉的作用。

　　本书的写作分工为：本课题主持人闽南师范大学李晓元教授负责写作导论，第一章第二、三节，第二章第一节，第四章，第五章，大连海洋大学李昂博士为本课题第一参加人，负责写作第一章第一节，第二章第二、三、四节，第三章。

　　哲学历史就是一部从客体中心到主体中心再到人民中心演进的历

史。为人民立世、为人民立业、为人民立人、为天地立中心，人民性或人民中心性是马克思主义哲学的本质属性，是 21 世纪马克思主义哲学创新的根本路向，而工作世界人民性是马克思主义哲学人民性创新的根本路径，是马克思主义哲学人民性的核心范式，是本研究的主线或基本线索。与物质中心、神灵中心、资本中心等中心相对峙，马克思主义哲学循着人民性的意义不断开拓人民性疆域，在现实和理论的双重天地树起人民中心的丰碑。这是哲学研究者的初心和使命，这是哲学研究者的共同担当和使命。而笔者的努力和研究比起这共同的担当和使命，至多是沧海一粟，确实微不足道。更由于笔者水平所限，本研究定会存在诸多问题，敬请同行、专家和读者批评指正，笔者将不胜荣幸和感激。

李晓元
2023 年 2 月 18 日于芗城白鹭园